YIWANG TONGGUAN XIA CHENGSHI WANGGEHUA
ZONGHE GUANLI XINMOSHI DE TANSUO HE SHIJIAN

一网统管下城市网格化综合管理新模式的探索和实践

邬伦 刘贤明 童云海 / 主编

图书在版编目(CIP)数据

一网统管下城市网格化综合管理新模式的探索和实践/邬伦，刘贤明，童云海主编. —北京：北京大学出版社，2023.10

ISBN 978-7-301-34685-3

Ⅰ.①一… Ⅱ.①邬…②刘…③童… Ⅲ.①城市管理–研究–中国 Ⅳ.①F299.22

中国版本图书馆CIP数据核字（2023）第221903号

书　　名	一网统管下城市网格化综合管理新模式的探索和实践 YIWANG TONGGUAN XIA CHENGSHI WANGGEHUA ZONGHE GUANLI XINMOSHI DE TANSUO HE SHIJIAN
著作责任者	邬　伦　刘贤明　童云海　主编
责任编辑	王　华
标准书号	ISBN 978-7-301-34685-3
出版发行	北京大学出版社
地　　址	北京市海淀区成府路205号　100871
网　　址	http://www.pup.cn　新浪微博：@北京大学出版社
电子邮箱	编辑部 lk1@pup.cn　总编室 zpup@pup.cn
电　　话	邮购部 010-62752015　发行部 010-62750672　编辑部 010-62765014
印 刷 者	北京宏伟双华印刷有限公司
经 销 者	新华书店
	787毫米×1092毫米　16开本　16.5印张　380千字 2023年10月第1版　2023年10月第1次印刷
定　　价	128.00元

未经许可，不得以任何方式复制或抄袭本书之部分或全部内容。
版权所有，侵权必究
举报电话：010-62752024　电子邮箱：fd@pup.cn
图书如有印装质量问题，请与出版部联系，电话：010-62756370

编委会

（按照姓氏笔画排序）

王洪深　邬　伦　刘贤明　杨天猛　吴江寿
沈永林　宋宇震　张　洋　林正杰　周　虹
赵　建　赵贺飞　胡楚丽　徐士林　韩　畅
童云海　蔡　恒

序　　言

经过多年的发展,城市网格化管理已经成为数字化城市治理体系的重要组成部分。在体制机制层面,制定了一系列集业务标准、工作流程和管理机制于一体的城市网格化管理标准规范,完善了多级网格化管理的体系建设,强化了基层执法、管理、服务等行业力量的整合;在数字化技术应用层面,搭建了相对高效的业务流转平台,实现了城市管理领域部分数据的共享和交换,奠定了全国城市网格化管理的基础。

建设数字中国是数字时代推进中国式现代化的重要引擎,是构建国家竞争新优势的有力支撑。目前数字中国建设进入了整体布局、全面推进的新阶段。2019年,党的十九届四中全会明确提出关于推进国家治理体系和治理能力现代化若干重大问题的决定,强调了建立健全运用互联网、大数据、人工智能等技术手段进行行政管理的制度规则。这也意味着我国将进一步推进数字化转型和智能化发展,通过数字化和智能化全面提升决策能力和服务效率。

数字中国的建设必须以习近平新时代中国特色社会主义思想为指导,全面落实习近平总书记考察上海时的重要讲话精神,认真践行"人民城市人民建,人民城市为人民"的重要理念,深入推进政务服务"一网通办"、城市运行"一网统管",主动顺应数字时代新趋势,树立城市生命体、有机体理念,协同推进数字经济发展、数字社会建设和数字政府转型,通过推进数字化转型整体驱动城市治理模式变革、治理方式重塑、治理体系重构、治理能力升级,以高效能治理助推高质量发展、赋能高品质生活,全力打造科学化、精细化、智能化的城市"数治"新范式,全面提升城市能级和核心竞争力,努力探索一条符合不同城市特点和规律的治理新路子,不断增强人民群众的获得感、幸福感、安全感。

我们亟须强化数字化技术的深度应用,促进城市治理体系和治理能力的数字化、现代化,帮助政府更好地了解市民需求、监测城市体征、制定决议和政策、提供公共服务等,并加强政府部门间和政府与公众间的互动,提高政府信息透明度和公众参与度。

为落实《国家中长期科学和技术发展规划纲要(2006—2020年)》,科学技术部于2020年启动实施了国家重点研发计划"物联网与智慧城市关键技术及示范"重点专项。项目围绕网络强国战略与社会经济转型需求,重点突破智慧城市"感—联—知—用—融"的基础理论与关键技术,提升城市治理能力和公共服务水平,推动我国成为智慧城市技术创新与产业应用的全球引领者。其中"城市网格化综合管理应用支撑平台与示范"项目聚焦一网统管下城市网格化综合管理新模式的研究,形成面向特大城市治理的科学化、精细化、智能化,研究城市运行监测指标体系;研究多渠道城市运行管理事件关联分析、预警预报和综合决策技术,研发面向现场巡查和执法以及非现场执法的智能化、模块化、成套化装备;研发全面感知、数据汇集、功能集成、联勤联动、共享开放的人机物融合的新一代城市网格化综合管理应用支撑平台,并开展应用示范。本书是该项目的重要研究成果之一。

城市网格化管理是我国提升城市治理现代化的重大举措,它助推了从传统城管到数字城管的飞跃;经过近20年的建设和推广,城市网格化管理逐渐延伸到综合治理、社会管理和公共服务等领域,实现了从"狭义城管"到"广义城管"的拓展,实现了城市管理从粗放到精细、从静态到动态、从开环到闭环、从分散到集中的转变,全面提高了城市管理水平。随着国家提出城市精准治理和一网统管下城市网格化综合管理新目标,如何以科技创新驱动城市治理的科学化、精细化、智能化,以物联网、大数据、人工智能、5G等前沿技术为支撑,整合城市运行管理服务相关信息系统,汇聚、共享数据资源,加快现有城市网格化综合管理体系的迭代升级,解决现存的多网格割裂、感知不全面、分析不智能、服务不及时、应用不协同等问题,是亟须开展的重大研究课题。

本书旨在以一网统管下城市网格化综合管理新模式(以下简称"新模式")的理论探索为基础,以丰富的实践案例为依托,重点围绕城市治理的科学化、精细化、智能化需求,深入探讨在一网统管背景下城市网格化综合管理的模式创新与实际应用。其中,第一部分为理论研究篇,深入剖析了我国城市管理模式的历史演变,揭示了管理模式的发展趋势,提出了 eGBCP 的基础理论模型,并构建了新模式所需的共性支撑体系,呈现了一个全面清晰的理论框架;第二部分为关键技术篇,关键技术一直是实现城市治理新模式的核心动力,基于城市管理相关的多源多模态数据,在智能感知、民情事件检测、关联分析等方面搭建了多个有针对性的数据模型,为城市治理赋予了更强大的数据驱动能力;第三部分为装备研发篇,聚焦于城市网格化综合管理在线服务和智能装备的研发,形成了一整套现场巡查与执法,以及非现场执法的解决方案,为城市管理人员提供了高效的管理工具,以更好地应对复杂多变的城市治理挑战;第四部分为应用示范篇,聚焦于构建人机物融合的新一代城市网格化综合管理应用支撑平台,通过在北京、上海、天津、重庆等示范城市开展应用实践,将之前的理论和技术的探讨与实际运用相结合,为读者呈现了多个真实而生动的城市管理新模式的案例。

我们希望,通过组织编写《一网统管下城市网格化综合管理新模式的探索和实践》一书,总结项目研究成果,提炼有益的经验和启示,并通过在示范城市的应用实践展示城市治理的丰富内涵;理论指引往往与实践检验相辅相成,本书致力于在这一领域探索前进的新方向,为我国城市治理现代化贡献一份力量。

本书作为国家重点研发计划"物联网与智慧城市关键技术及示范"重点专项"城市网格化综合管理应用支撑平台与示范"项目(2020YFB2103400)的重要成果,得到了科学技术部、住房和城乡建设部、工业和信息化部产业发展促进中心、北京市城市运行管理事务中心、上海市数字化城市管理中心、天津市城市管理委员会网络安全和信息化办公室、重庆市市政信息中心、杭州市城市管理指挥保障中心、西安市数字化城市管理信息处置中心、郑州市数字化城市运行中心、宁波市智慧城管中心信息技术部、宁波市城管局信息化工作领导小组办公室、青岛市综合行政执法支队等单位领导的关心和支持。

本书由"城市网格化综合管理应用支撑平台与示范"项目编委会组织编写。北京大学、上海市数字化城市管理中心、北京数字政通科技股份有限公司、中国地质大学(武汉)、北京市城市管理研究院、阿里云计算有限公司、太极计算机股份有限公司、中外建设信息有限责任公司、北京化工大学、深圳前海优管信息技术有限公司等共同参与编写。

我们深知,城市治理是一个复杂而多层次的领域,任何一本书都难以穷尽其中的所有方面。因此,我们对书中可能存在的不足之处表示诚挚的歉意,并欢迎您的批评和建议,以便我们在未来的研究和工作中不断改进和完善,共同推进城市管理工作走向更高水平。

目　　录

第一部分　一网统管下城市网格化综合管理新模式

第1章　我国城市管理模式的变迁 (3)
1.1　从传统城市管理模式到网格化城市管理模式 (3)
1.2　网格化城市管理模式的理论与实践 (4)

第2章　一网统管下城市网格化综合管理新模式 (13)
2.1　新模式提出的背景 (13)
2.2　新模式的内涵和特点 (13)
2.3　新模式落地的理论模型 (14)

第3章　一网统管下城市网格化综合管理新模式的支撑体系 (18)
3.1　标准体系 (18)
3.2　业务模式体系 (21)
3.3　运行监测指标体系 (23)
3.4　服务评价体系 (25)

第二部分　城市管理事件的智能感知与标识关键技术

第4章　基于监控视频的城市管理复杂事件的感知与标识 (31)
4.1　面向图像和视频分析技术的研究进展 (31)
4.2　基于监控视频的城市管理复杂事件感知与标识的主要挑战 (33)
4.3　基于目标检测的城市管理复杂事件的感知与标识 (35)
4.4　基于图像和视频语义分割的城市管理复杂事件的感知与标识 (37)
4.5　面向城市监控视频的复杂场景理解 (39)
4.6　面向遥感图像的城市管理复杂事件感知与标识 (41)
4.7　面向开放词汇的城市管理复杂事件感知与标识 (44)

第5章　基于互联网文本大数据的民情事件感知与标识 (47)
5.1　民情事件及其自动检测 (47)
5.2　面向互联网文本的数据挖掘的研究进展 (47)
5.3　面向民情事件分类的基于任务注意力的多任务学习框架 (51)
5.4　面向民情事件分类的语法结构信息增强的预训练语言模型 (53)

5.5 面向民情事件分类的多种知识增强预训练语言模型的统一框架 ………… (54)
5.6 基于互联网文本大数据的民情事件标识的原型系统 ………………………… (56)

第 6 章 基于时间序列分析的城市运行事件预警预报 ……………………… (59)
6.1 时间序列分析模型的研究现状 ……………………………………………… (59)
6.2 基于深度学习的通用时间序列表示模型 …………………………………… (62)
6.3 基于深度学习的时间序列分析模型与应用 ………………………………… (65)

第 7 章 基于事理图谱的城市运行事件关联分析 …………………………… (72)
7.1 事件关联分析方法概述 ……………………………………………………… (72)
7.2 事理图谱的概念和研究概况 ………………………………………………… (74)
7.3 基于事理图谱的城市重大突发事件分析研究 ……………………………… (76)
7.4 基于事理图谱的城市内涝成因分析研究 …………………………………… (78)

第三部分　面向城市综合管理在线服务的智能装备

第 8 章 智能巡查与执法装备 …………………………………………………… (85)
8.1 面向城市污染事件的现场智能巡查装备 …………………………………… (86)
8.2 面向小区治理的便民智能装备 …………………………………………… (103)
8.3 面向城市综合执法的现场智能执法装备 ………………………………… (131)
8.4 以智能手机为载体的城市综合管理服务集成装备 ……………………… (157)
8.5 面向公共安全事件的非现场智能巡查和执法集成装备 ………………… (163)

第四部分　人机物融合的新一代城市网格化综合管理应用支撑平台

第 9 章 人机物融合的城市网格化综合管理应用支撑平台 ………………… (181)
9.1 平台概述 …………………………………………………………………… (181)
9.2 平台架构 …………………………………………………………………… (182)
9.3 平台主要功能 ……………………………………………………………… (188)

第 10 章 基于时空区块链的城市网格化综合管理与协同调度系统 ………… (190)
10.1 统一受理功能 ……………………………………………………………… (190)
10.2 案件分拨功能 ……………………………………………………………… (191)
10.3 协同处置功能 ……………………………………………………………… (192)
10.4 绩效考核功能 ……………………………………………………………… (192)
10.5 公众服务功能 ……………………………………………………………… (193)
10.6 综合评价功能 ……………………………………………………………… (194)

第 11 章 基于大数据的分析与决策辅助系统 ………………………………… (195)
11.1 城市体征专题 ……………………………………………………………… (195)
11.2 运行分析专题 ……………………………………………………………… (195)
11.3 部件事件专题 ……………………………………………………………… (197)
11.4 指挥协调专题 ……………………………………………………………… (197)
11.5 市政监管专题 ……………………………………………………………… (198)

11.6　环卫监管专题 ……………………………………………… (199)
11.7　园林绿化专题 ……………………………………………… (199)
11.8　综合执法专题 ……………………………………………… (201)
11.9　社情民意专题 ……………………………………………… (201)
11.10　物联感知专题 ……………………………………………… (202)
11.11　慧眼识别专题 ……………………………………………… (202)

第12章　城市管理行业应用系统 ……………………………………… (204)
12.1　市政公用 …………………………………………………… (204)
12.2　市容环卫 …………………………………………………… (208)
12.3　园林绿化 …………………………………………………… (212)
12.4　综合执法 …………………………………………………… (216)

第13章　城市应用示范模式及案例 …………………………………… (219)
13.1　示范模式 …………………………………………………… (219)
13.2　北京市应用示范 …………………………………………… (222)
13.3　上海市应用示范 …………………………………………… (226)
13.4　天津市应用示范 …………………………………………… (227)
13.5　重庆市应用示范 …………………………………………… (232)
13.6　青岛市应用示范 …………………………………………… (234)
13.7　杭州市应用示范 …………………………………………… (239)
13.8　宁波市应用示范 …………………………………………… (242)
13.9　郑州市应用示范 …………………………………………… (244)
13.10　西安市应用示范 …………………………………………… (246)

第一部分

一网统管下城市网格化综合管理新模式

第 1 章 我国城市管理模式的变迁

城市是现代文明的重要标志,是经济、政治、科技、文化、教育的中心,集中体现一个国家的综合国力、政府管理能力和国际竞争力。从人文视角来看,城市是工作、财富和创意的诞生地,是经济社会活动和各类要素资源的聚集地和活跃地,同时也是市民的栖息地。城市管理是城市健康运行和经济社会持续发展的基础保障,即政府部门对城市进行规划、组织、实施和控制,以实现城市可持续发展和提高居民生活质量的一种管理方式,它对城市的可持续发展、社会和谐以及生态环境持续改善具有不可替代的作用。随着社会经济的不断发展,尤其是信息技术的突飞猛进,城市管理的理念、模式和方法也在不断创新和演变,推动城市管理模式从经验化管理迈向科学化管理,与此同时,城市管理的分工呈现精细化发展趋势[1],并逐步走向科学化和智能化。

1.1 从传统城市管理模式到网格化城市管理模式

在中国改革开放以前,城市管理内容主要停留在城市基础设施建设和城市维护等方面,即狭义的城市管理[2],重点是对城市基础设施和环境卫生等领域的管理。随着改革的深入,城市管理的范围逐步扩大,涉及城市生活的更多方面。尤其是进入 21 世纪以来,城市复杂巨系统特征[3]日益凸显,城市管理面临着新的机遇和挑战,如城市化进程的加速、人口增长的加快、环境问题的凸显等。

传统城市管理模式主要表现为以行政手段为主,突出财政对城市基础设施建设的投入,在日常管理方面往往基于经验化管理模式运行。随着 21 世纪快速的城市化进程,当面对城市经济发展失调、环境建设失衡、社会管理失稳、城市运行失序等由于城市规划、建设、运行和发展带来的问题时,传统的城市管理模式已完全不能应对城区快速扩张和人口急剧增加带来的负荷,以粗放、低效、依赖突击式和运动式的管理方式虽然短时效果较好,但缺乏长效机制和合理的监督机制,成为城市可持续发展的瓶颈,其背后指向的条块分割、各自为政、职责交叉、管理粗放、缺乏协调等一系列问题是我国传统城市管理模式普遍存在的问题。

传统城市管理模式已经难以满足城市化进程的需要,如何突破传统城市管理普遍存在的问题,国内各城市开展了有益的探索,北京市东城区形成了以"万米单元网格管理法"和"城市部件、事件管理法"等为鲜明特征的网格化城市管理模式[4],并在全国各地得到推广应用。相对于传统城市管理模式,网格化城市管理模式在城市管理理念上实现了重大转变,传统的城市管理模式主要以行政区划为基础,管理范围较为模糊。而网格化城市管理通过划分空间网格,将城市管理单元精细划分为多个小的网格单元,每个网格单元都有明确的职责和任务,为实现城市管理的职能下沉和精细化探索出一条可行的、高效的落地路径,也为城市管理进一步实现科学化和智能化奠定了实践基础。

1.2 网格化城市管理模式的理论与实践

网格化城市管理模式从 2004 年开始在北京、上海等城市逐步落地和推广,由于各地经济社会发展的差异性和空间异质性,如何将各地网格化城市管理工作中积累的大量经验上升为可复制、可推广的理论方法,成为城市管理的重大现实需求和关键科学问题。

从城市管理的系统视角看,现代城市作为区域内政治、经济、文化、教育、科技和信息的汇集中心,是劳动力、资本、各类经济活动、生活基础设施高度聚集,人流、资金流、物资流、能量流、信息流高度交汇的复杂综合体,是一个子系统繁多的多主体、多层级、多要素间关联关系高度繁杂的开放的复杂巨系统[5]。因此,需要从理论方法上探索现代城市的管理理论,而且必须遵从复杂巨系统的规律。研究以复杂巨系统为对象,以多主体、多层级、多要素关联关系为主要脉络,以实现城市管理整体效能最优为目标的网格化城市管理模式的理论,推动网格化城市管理模式实践和创新的重大科学问题,进而可为城市管理模式向以公共服务为主的理念与机制、体制转变提供重要理论支撑。

1.2.1 城市管理模式的原则

城市管理作为一门学科已经有很长一段历史了,早期的研究者们注意到了城市的发展过程,提出了用人类生态学[6]、城市规划学[7]、系统动力学[8]、复杂科学等理论和方法解释并解决城市问题,这些理论和方法主要是从物质因素考虑城市的发展。随着信息技术的发展,借鉴可持续发展理论,以及已有的城市管理理论和方法,顾及我国城市经济社会发展的差异性和空间异质性,发展出一个全面的、可操作的,以信息和物质共同作为基本对象的城市管理模式,是网格化城市管理模式的理论背景。

世界各国之间政体不同,城市管理模式多种多样,各个城市管理模式之间也各有优劣。根据联合国住房和城市可持续发展大会 2016 年提出的城市采取可持续的发展战略,以人为本,落实各级政策、发展和行动原则[9],城市管理模式的相关原则可以简要概括为:

(1) 建立城市和人类住区综合体系,并促进各级政府之间的合作,促成其实现可持续综合城市发展;

(2) 加强城市治理,建立健全的机构和机制,增强各类城市利益攸关方的权能,使其参与其中,并建立适当的制衡机制,使城市发展计划具有可预测性和协调一致性,以实现社会包容,促进持久、包容和可持续的经济增长,并促进环境保护;

(3) 振兴长期综合城市和地域规划与设计,以优化城市形态的空间维度,使城市化发挥积极成效;

(4) 通过有效、创新和可持续的融资框架和工具提供支持,加强市政财政和地方财政系统,以包容的方式创造、维持和分享城市可持续发展带来的价值。

上述原则为城市管理模式在我国发展提供了重要参考和借鉴,同时也需要结合我国不同城市的发展特点进一步深化、细化,并进行相应的定制和改进。

1.2.2 网格化城市管理模式的基础理论模型 eGBCP

为了构建起网格化城市管理模式的基础理论,需要首先回顾一下传统城市管理模式,并对其进行抽象分析,以构建网格化城市管理模式的基础理论。

1.2.2.1 传统城市管理模式

我国传统城市管理模式是以行政手段为主,其特点为计划指令,政府作为核心主体对城市事务进行管理。政府向社会公众直接提供公共物品和公共服务;社会公众很难对政府部门提供的公共物品和公共服务提出意见、建议,政策的实施也很难得到快速的反馈[10]。如图 1-1 所示,通过符号抽象的方法,可以将政府部门(G)、公共物品(包括公共服务)(P)和它们之间的单向箭头抽象为传统城市管理模式。在传统城市管理模式中只有两个要素参与其中,即政府部门和其提供的公共物品。

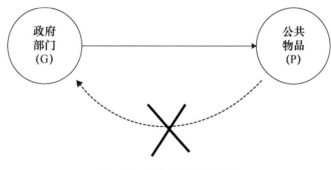

图 1-1 传统城市管理模式

改革开放以来,我国的城市管理更加科学化。传统城市管理模式逐渐被打破。企事业单位(B)、社会公众(C)等多元主体开始逐步加入城市管理的主体领域。B 和 C 对城市管理的参与程度不断提高。如图 1-2 所示,新的城市管理模式要素相较于传统城市管理模式要素增加了许多,特别是 B 和 C 的加入,并且此阶段 B 和 C 对 G 已经具有一定的反作用力。

经过对上述城市管理的各类主体以及它们之间相互作用的概括,可发现现有城市管理模式存在以下问题:

(1) P 的信息无法及时、有效地传递到 G,导致 G 管理被动。

(2) G 内部责任不清、联系混乱,导致出现问题无法迅速找到相关责任单位解决。

(3) G 对 P 缺乏长期有效的管理和控制,导致 G 只能在发生事件时才对 P 进行修复,并且对 P 的管理不明确,导致业务处理低效。

(4) C 对 G 的监督作用还不显著,没有一个合理的评价机制。

(5) G 与 G 之间的协调关系并不明确,导致出现问题互相推诿。

总而言之,现有城市管理模式虽然基本明确了四个要素的参与地位,但是不同要素之间、相同要素之间的联系并没有明晰化;对要素 P 更是缺乏精准、细致的管理。前者导致当有事件发生时,无法根据要素之间的联系立即形成业务处理流程;后者导致目前的管理只能是有事才管,缺乏常态化管理,并且只能进行粗放式管理。

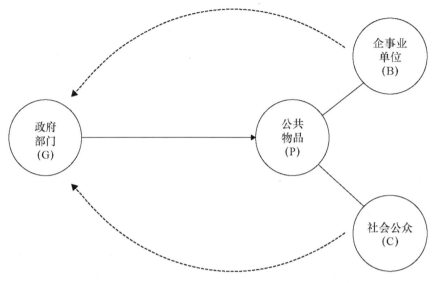

图 1-2　多元主体参与的城市管理模式示意图

1.2.2.2　eGBCP 模型的概念

eGBCP 是一种电子公务的模型[11],其中各个字母的意义分别为:e 表示以信息化为手段的电子公务实现模式,G 是政府部门(Government),B 是企事业单位(Business),C 是社会公众(Citizen),P 是公共物品(Product)。

eGBCP 模型描述了由 G、B、C、P 构成的,涵盖城市管理各个方面的,完整的,动态的循环系统。在 eGBCP 模型中,P 通过间接发送、接收信息成为城市管理服务的核心;C 是 G、B、P 服务的对象,eGBCP 模型循环运转的最终目的是满足 C 的需求;G 通过接收和发送信息达到监管 B、管理 P 和服务 C 的目的,同时接受 B 和 C 的监督;B 接收来自 G、C 的信息,通过施加作用力于 P 达到满足 G、C 需求的目的。在整个模式中,G 居于主导地位,B 作为 G 的职能完成主体和监管协调对象,C 通过 G 参与公务管理并快速获得 B 提供的服务,并且所有的关系是围绕 P 展开的。P 发生损坏,此信息在信息化系统上经过 C,上报到 G,G 根据此信息,经过核实,协调 B 修复 P,这便是一个最简单的 eGBCP 模型。

1.2.2.3　eGBCP 模型的特点

与传统城市管理模式的"科层结构"相比,基于 eGBCP 模型的动态城市管理模式有了较为突出的进步,主要表现为以下五个方面:

(1) 更为全面地导入了多主体参与的思想。从 P 的使用历程可以看出,这种城市管理模式充分照顾了多元主体的参与,将 G、C、B 三个主体有机地融合在一起,构建了更为完善的管理体系。

(2) 凸显 C 参与的作用。将 C 参与对城市管理的反馈纳入城市管理整体框架之中,提高了城市管理工作的敏捷性、时效性,提升了 C 的满意度。

(3) 这种城市管理模式改变了传统城市管理模式注重 G 本身运作的特点,将 B 纳入城市管理模式要素之中,并较为清晰地指明了 B 是 G 的职能完成主体和监管协调对象,对传统城市管理模式进行了有益的补充。

(4) 强化了对 C 满意度的科学测评。通过信息化手段采集 C 对城市管理问题反馈的内容,一定程度上标定了 C 对城市管理满意度测评的指标。测评准确性的提升,有利于 G 在有限的预算内解决 C 最为急迫的问题。

综上所述,基于 eGBCP 模型的动态城市管理模式比较准确地把握了城市管理需要的若干要求,比传统城市管理模式有了较为长足的进步。

1.2.2.4 eGBCP 模型的形式化描述

为了更清晰地描述 eGBCP 模型,需要对 eGBCP 模型中各类要素及其关系进行形式化描述,为城市管理信息系统的建设提供理论指导,明确信息系统建设的重点,提高信息系统建设的效率和有效性。下面从要素描述、数据描述和业务描述三个方面具体介绍。

1. 要素描述

各类要素是 eGBCP 模型关注的主体。经过分析,发现城市管理涉及的最为本质的要素有四种,分别是 G、B、C、P。

在识别出要关注的各类要素后,再对各类要素间的关系作一个界定。各类要素间的关系从大类来看包括 G2G、G2B、G2C、B2B、B2C 和 C2C 六种关系。其中,G2G、G2B 和 G2C 是电子政务的研究内容,B2B 和 B2C 是电子商务的研究内容,C2C 则是电子社区的研究内容。

eGBCP 模型具有两个特点:以 P 为核心;G、B、C 三者均作为能动主体,通过信息化方式有机结合,协调互动。

eGBCP 模型的要素描述,如图 1-3 所示。

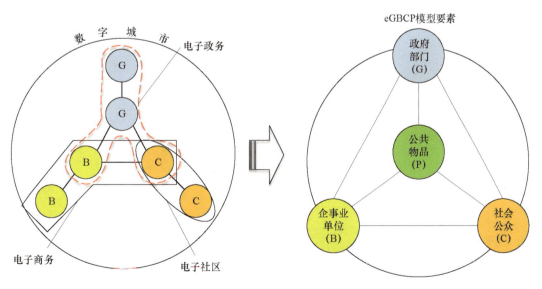

图 1-3 eGBCP 模型的要素描述

2. 数据描述

数据是描述要素特征的,而要素则是数据的载体。为了保证信息系统中数据的完整性、准确性、可扩展性,实现数据的更新、共享,依据数据与要素的关系以及数据间的逻辑关系,建立了 eGBCP 的数据模型,详细描述了各类要素需要的数据项。

要素 P 的数据可分类为:GBCP 编码(详见下文)、属性信息(长度、材质、型号、能源类型等)、状态信息(是否正常、流量、压力、温度等)、地理位置、权属信息(P 的责任主体和责任范围)、运营费用等。

要素 G 的数据可分类为:机构职能、场地设施、人员设备、法律法规、内部管理(办公自动化、考勤、党务、档案等)、政务公开等。

要素 B 的数据可分类为:注册信息(名称等)、经营许可(服务标准、规范等)、服务质量(信用等级等)、场地设施、人员设备(抢修、服务网点,设备分布图等)、运营记录。

要素 C 的数据可分类为:身份信息、居住地址、联系方式、服务请求(请求的种类、内容等)、服务反馈(意见、建议等)、质量评价(满意度等)。

其中,GBCP 编码是相关数据的组织大纲和共享索引,其特征如下。① 全面:G、B、C、P 各类要素需要编码;公共设施以及城市环境中的事件需要编码;编码能够体现地理位置、权属以及编码对象本身的信息。② 灵活:可以是单一字符串编码,也可以采用多个字符串组合编码。③ 高效:数据采集者通过该编码可直接获得 G、B、C、P 各类要素数据,直接发送较为全面的数据给相关各方,减少了中转环节,从而在数据层提高了效能。

综上所述,eGBCP 模型的数据描述如图 1-4 所示。

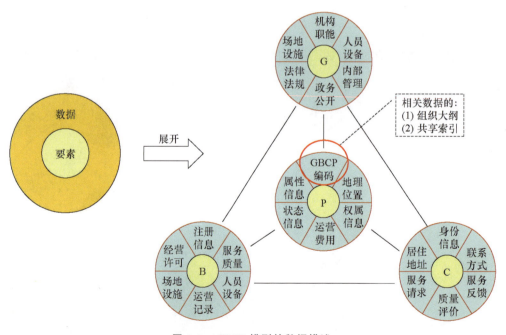

图 1-4 eGBCP 模型的数据描述

3. 业务描述

eGBCP 模型中,各类要素有其独特的与自身相关的事务需要处理,其中能动要素 G、B 和 C 的分工各不相同。G 的管理职能分为两类:重复类管理,表现在日常的、具有可重复特征的行业规划、特许经营、企业监管等;事件类管理,表现在对 P 进行监督,以及受理来自 C 的投诉、咨询、救援请求等。B 作为服务提供者,运营 P,为 C 提供服务。C 则从 P 和 B 获得服务,并以监督者的身份参与到城市管理中。P 并不主动处理事务,但业务描述大都是围绕其展开的。eGBCP 模型的业务描述如图 1-5 所示。

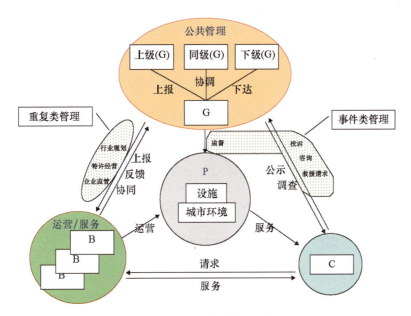

图 1-5　eGBCP 模型的业务描述

1.2.3　网格化城市管理模式在我国的实践

网格化城市管理模式在我国各城市的推广和实践过程,是一个实践—认识—理论—再实践—再认识—再理论的迭代过程[12-14]。从 2004 年北京市东城区开始,网格化城市管理模式凭借着精细化、高效化、行政下沉等特点,取得显著成效,其推广、实践和应用可归纳为以下三个阶段:

(1) 网格化城市管理发展期(2003—2011 年)。此时期数字城市建设刚刚起步,城市各行业处于"信息荒岛",传统城市管理模式粗放落后、效率低下,严重制约城市现代化发展和人民生活水平的提高。2003 年北京市东城区政府率先组建了创新城市管理模式课题组,依托数字城市信息技术提出了网格化城市管理理念,开发了全国首个网格化城市管理平台,形成了以"万米单元网格管理法"和"城市部件、事件管理法"等为代表的数字化城市管理新模式。在此基础上,建设部发文于 2005—2007 年分三批共遴选 51 个城市开展数字化城市管理新模式试点工作。该阶段以管理各类事件和部件为主,可称为"狭义"网格化城市管理阶段。

(2) 网格化社会管理与公共服务拓展期(2012—2017 年)。2012 年在前阶段"狭义"

网格化城市管理的基础上探索开展网格化社会管理与公共服务,取得成功实践经验。网格化城市管理模式得到党中央认可并写入党的十八大文件,中共中央政法委等先后发文将城市管理、社会管理和公共服务事项纳入网格化管理。自此,城市管理范围、管理对象及其内涵不断延伸,从狭义城市管理拓展至广义城市管理的范畴。截至2017年底,全国700余个城市已建成网格化城市管理服务平台,大部分平台均涵盖了社会管理与公共服务的拓展,形成了城市管理多网格并存的局面,此时期也可称为"广义"网格化城市管理阶段。

(3) 城市网格化综合管理新时期(2018年至今)。2018年底,习近平总书记在上海考察时强调要走出一条中国特色超大城市管理的新路子,注重在科学化、精细化、智能化上下功夫,"以人民为中心"推进城市建设。前期多网并行造成的建设条块多、重复建设、信息烟囱等问题逐渐显现,严重制约了城市综合管理,亟须通过实现"多网(格)融合"和一网统管加以解决。国务院于2019年正式出台了"多网合一"的政策文件,住房和城乡建设部(以下简称"住建部")明确提出应搭建城市综合管理服务平台,形成"城市综合管理服务平台技术标准"。特别提到的是城市网格化综合管理应在重大公众事件管理中发挥核心作用。

北京、上海、杭州等超大城市陆续开展城市网格化综合管理的初步探索。城市管理进入了以一网统管为特征的城市网格化综合管理新时期。

1.2.4 新形势下网格化城市管理面临新的机遇和挑战

党的二十大报告提出:"坚持人民城市人民建、人民城市为人民,提高城市规划、建设、治理水平,加快转变超大特大城市发展方式,实施城市更新行动,加强城市基础设施建设,打造宜居、韧性、智慧城市。"《中共中央关于制定国民经济和社会发展第十四个五年规划和二〇三五年远景目标的建议》也为城市治理提出明确要求。城市治理是国家治理体系和治理能力现代化的重要内容。一流城市要有一流治理,要注重在科学化、精细化、智能化上下功夫。新形势下网格化城市管理面临新的机遇与挑战。

(1) 一网统管下城市网格化综合管理新模式与理论。城市管理是一个复杂的巨系统,涉及多个行政层级、多个行业部门、海量的事务对象和庞大的服务人群。当前城市管理多网格割裂,缺乏统筹协同;城市管理依然侧重于有限的事务管理,缺乏预见性与综合性,城市复杂业务处置效率较低;社会公众的主体作用没有得到充分发挥,对"以人为本"的服务关注度不够。因此需要构建面向一网统管的城市网格化综合管理新模式与理论,通过系统关联和信息分析,发现城市管理模式与各类要素的相互作用及驱动机制,基于区块链等新一代信息技术建立多网格融合、多要素关联和多主体互动的城市综合管理信息协同理论,创新一网统管新模式,实现"人民城市为人民"的服务理念与机制、体制的转变。

(2) 支撑一网统管下城市网格化综合管理新模式的新技术与新方法。新模式需要感知能力、智能分析与综合决策、服务评价等支撑。其一,感知能力重要性不言而喻,但当前存在感知时效滞后、感知内容不全面、主动感知能力不足等问题,尤其是基于互联网舆情感知城市社情民意事件十分薄弱。其二,在当今物联网、大数据与人工智能等技术背景下，实现城市综合管理智能分析与综合决策是关键环节。尽管城市运行的智能分析与综合决策技术取得较好进展，但依然存在多渠道城市运行管理事件关联分析技术不足、行业应用不深入等瓶颈。其三，服务评价是实现高位监管的终极手段，日本、法国等构建了城市管理服务评价指标体系，但由于国家体制差异，难以被我国直接借鉴。近期，住建部定义了城市综合管理服务评价的五维度标准（干净、整洁、有序、安全、群众满意度），但服务评价贯穿城市管理的感知、分析、服务、指挥、监察等环节，其科学性与全局性有待在一网统管的目标下进一步提升。

（3）与高质量城市网格化综合管理相适应的巡查与执法的集成化智能装备。我国城市管理长期以人巡为主，效率低下，无法满足城市网格化高效、智能的综合管理需求。住建部办公厅印发《城市管理执法装备配备指导标准（试行）》，但均是常规交通、取证、通信、防护类的执法装备，感知的来源、手段、内容等较为简单，亟须研制现场巡查和执法以及非现场执法的智能化、模块化、成套化装备。

（4）现有的大量成型的城市综合管理服务平台亟待升级。经过多年发展，数字化城市管理信息系统已在国内主要城市进行了部署和实践，暴露出了数据关联分析弱、业务协同效率低、社会公众参与感不强等问题，亟须在一网统管下城市网格化综合管理新模式下，实现人机物高度融合，打造全面感知、数据汇集、功能集成、联勤联动、共享开放的城市网格化综合管理服务平台，并通过应用示范逐步实现城市网格化综合管理水平的提升。

进入新时代，需要直面传统城市管理模式和目前多网格并存城市管理模式中的问题，进行反思、批判和超越，尤其需要思考基于新一代信息技术，如何推动城市治理新形态的高效应对，这代表了城市治理现代化的基本方向，也是未来我国城市治理和发展的主导性策略。

一网统管是解决目前多网格并存现象和新时代城市治理现代化的必然要求和应有之义。为了更好地实现在一网统管的总体要求下城市网格化综合管理新模式，需要着重解决三个方面的冲突：首先，是"以人民为中心""办好一件事"的要求与多网格并存现象的冲突；其次，是单一部门处置与多部门协同管理需求的冲突；最后，是重管理、轻服务的现实与城市公共服务多样化、社会公众参与评价需求的冲突。

参考文献

[1] 宋刚.超越还原论：现代城市管理之路[J].城市管理与科技,2007(02)：27-30.

[2] 詹世良.城市建设管理依法行政的几个问题[J].长江建设,2002(02)：17-18.

[3] 宋刚,唐蔷.现代城市及其管理：一类开放的复杂巨系统[J].城市发展研究,2007,14(02)：66-70.

[4] 陈平.依托数字城市技术 创建城市管理新模式[J].中国科学院院刊,2005(03)：220-222.

[5] 邬伦.数字城市、电子公务与城市管理[J].中国建设信息,2007(12)：26-28.

[6] 范广垠.城市管理学的基础理论体系[J].陕西行政学院学报,2009,23(02)：75-78.

[7] 朱林兴.略论城市管理及其学科的研究对象、性质和特点[J].财经研究,1987(08)：20-24,31-64.

[8] Tan Y, Jiao L D, Shuai C Y, et al. A system dynamics model for simulating urban sustainability performance: a China case study[J]. Journal of Cleaner Production, 2018, 199: 1107-1115.

[9] 联合国.新城市议程[EB/OL].(2016-10-20)[2023-01-11]. https://www.un.org/zh/node/182272

[10] 李立明,程永强,曹鹏,等.信息化城市管理和谐模型建模再探[J].城市管理与科技,2005(06):227-230.

[11] 李立明,宋刚,曹杰峰,等.电子公务 eGBCP 初探[J].城市管理与科技,2006(01):1-6.

[12] 刘伟,王柏秀.国内学界的网格化管理研究:回顾、反思与展望[J].公共管理与政策评论,2022,11(01):157-168.

[13] 侯甜甜,曹海军.中国城市网格化管理研究回顾与前瞻:基于"六何"分析框架的探讨[J].城市问题,2022(07):94-103.

[14] 王喜,范况生,杨华,等.现代城市管理新模式:城市网格化管理综述[J].人文地理,2007(03):116-119.

第 2 章 一网统管下城市网格化综合管理新模式

一网统管下城市网格化综合管理已成为新时代现代化城市的重要基础设施和智慧城市建设的重要内容[1],我国各主要城市开展一网统管的实践时间较短,相关理论和方法主要围绕政策[2]、空间组织[3]、应急管理[4]和潜在风险[5]等视角进行探索,针对网格化城市管理模式的基本要求,以新一代信息化技术为突破手段,需要重点研究一网统管和多网合一需求背景下的关键问题和业务难点,通过以城市复杂巨系统为研究目标,以 eGBCP 模型为基础,以新"五位一体"为功能目标,在城市复杂巨系统下,对城市管理模式的主体模型、交互模型、功能模型以及数据模型开展研究。

2.1 新模式提出的背景

网格化城市管理的基本职能始终是及时发现问题和快速解决问题,从而保障市政公用设施的完好和安全运行,保障市容环境的整洁有序。随着网格化城市管理从单一城市管理向城管、公安、综治、安全、消防等多个部门扩展,呈现出多网格并存现象,表现为多个系统交错布局、职责重叠、各自为战,在面临复杂城市管理事件时容易形成互相推诿、资源浪费、效率低下等问题,其背后指向多网格并存的网格化城市管理已有模式的弊病。

分析产生多网格并存的网格化城市管理已有模式的弊病的原因,归纳为四个方面:首先是城市管理的各个部门独立感知、系统分散、智能化覆盖不充分;其次是城市管理业务流程局限于单个部门,处理复杂城市管理事件时,融合能力不足;再次是多个部门信息技术水平参差不齐、跨部门协同治理壁垒高;最后是城市服务的最终对象——社会公众,对城市治理水平的评价仍然较低。

2.2 新模式的内涵和特点

新模式的内涵和特点可概括为以下五个方面:第一,在管理模式上,实现城市管理的多部门有限管理向多部门全覆盖管理升级;第二,对现有城市管理中以事件、部件监测为中心的业务向以城市运行综合感知为中心的业务转变,实现流程再造;第三,解决的重点问题,由城市管理领域问题向多领域复杂城市运行问题转变;第四,实现监督模式突破,从单一部门监督模式向多个部门协同监督的模式突破;第五,将单一的城市管理评价向城市运管服平台的实际运行和社会公众的获得感(便利性、宜居性、多样性、安全感、公正性等)的城市综合管理服务评价转变。

2.3 新模式落地的理论模型

新模式实现了网格化城市管理模式理论和实践的再次升级,为此需要对已有网格化城市管理的 eGBCP 模型实现新的拓展和创新,以支撑和助力新模式的实践与推广,其中包括在主体模型、交互模型、功能模型和数据模型等方面的全面提升。

2.3.1 主体模型

主体模型是新模式的信息化理论基础,在原有 eGBCP 模型的基础上,针对一网统管整体性要求,构建以地理信息系统(Geography Information System,GIS)为底层支撑,以天候要素、城市地理环境和人口要素为约束条件,主体 G(城市管理与公共服务部门)、B(生产主体:企事业单位、社会组织和第三方机构等)、C(生活主体:市民、村民、志愿者、社会群团、专家、工程师等),以及 P(城市地理环境:自然要素、土地利用、基础设施、生命线和行政区划等),还包含上述之间的组织关系以及相互作用关系,如图 2-1 所示。

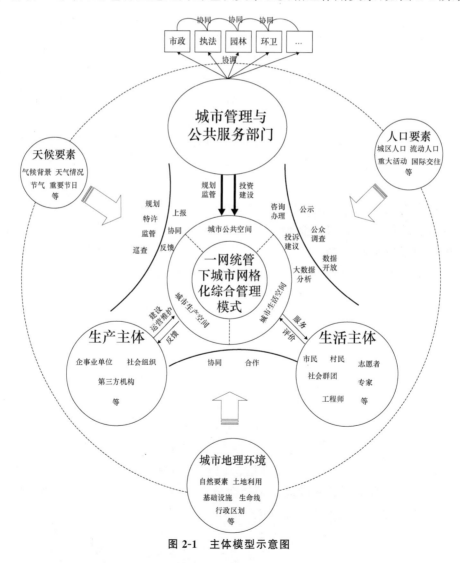

图 2-1 主体模型示意图

2.3.2 交互模型

交互模型的核心作用是明确主体模型中四大类主体之间的交互方式,为实现多网格融合和协同交互提供共性参考,各类主体之间组织关系以及相互作用关系定义为政府部门-公共物品(G-P)、政府部门-企事业单位(G-B)、政府部门-社会公众(G-C)、社会公众-公共物品(C-P)、社会公众-企事业单位(C-B)、企事业单位-公共物品(B-P),上述主体之间的关系是双向交互的。交互模型建立在主体模型和数据模型的基础之上,将城市运行的参与主体、主体之间的交互行为进行规范化。交互模型按照四大类主体之间的相互作用构建交互矩阵,如图2-2所示。

图 2-2 交互模型示意图

区别于现有多个部门网格化独立的平行管理模式,新模式中,交互模型的主要特点是关注多个专业领域的组合交互以及交互过程中的多部门协同。为此,将上述复杂的组合交互拆解为多个基本业务。与此同时,城市网格化综合管理的业务交互会涉及政府部门、企事业单位、社会公众之间的综合协调与处理。因此,需要将基本业务按某种控制流程组合起来形成组合业务。如:复杂城市管理事件(E)中,某个社会公众(C_1)发现公共物品(P_1)被损坏,并通过公众号或者市民投诉平台向政府部门($G_{市政}$、$G_{执法}$、$G_{园林}$、$G_{环卫}$…)报告,通过城市网格化综合管理平台,指派最近的网格员($G_{网格员}$)去现场勘查,网格员($G_{网格员}$)采集当时的公共物品(P_1)数据(图片、报表等形式),将数据发回城市网格化综合管理平台,经政府协调多个相关部门($G_{市政}$、$G_{执法}$、$G_{园林}$、$G_{环卫}$…)处置并向企事业单位(B)发出处理指令,直到企事业单位(B)最终解决了事件。组合业务可以高度概括为基本业务组合,上面的例子可以描述为 C2P-C2G-G2G-G2P-G2G-G2B-B2P。

2.3.3 功能模型

基于物联网、大数据、人工智能和5G技术,为实现新"五位一体"的功能目标构建功能模型,如图2-3所示,功能模型由支持层、技术层、业务层、管理层和用户层组成。其中

支持层为各主体提供基础支撑，包括组织体系、标准体系和数据体系。技术层实现多种动态感知数据的汇聚、分析和分发，包括人工智能、物联网和区块链等技术。业务层开展城市网格化综合管理的各项业务，是新模式的核心层，包括：多源感知，主要实现城市运行综合监测，通过 eGBCP 模型构建的逻辑层链为 P->G|P->B|P->P|C->P，实现需要技术层提供物联网、时空区块链等技术；智能分析主要是对一网统管下城市复杂场景的综合分析，逻辑层链为 G->P|B->P|G->C|B->C，需要技术层提供人工智能技术等；协同指挥是新模式的重点也是难点，其核心逻辑层链为 G->G|G->B|G->C|P->P，为了实现多部门、多主体的协同交互，需要技术层提供区块链、人工智能等技术；精细服务是新模式的实现目标，其核心逻辑层链为 G->C|B->C|P->C，需要技术层提供物联网技术；综合评价是新模式持续改进的重要保障，其核心逻辑层链是 G->B|G->G|C->P|C->B|C->G，需要技术层提供人工智能、物联网等技术，综合评价为实现"以人民为中心"的城市综合管理目标提供了依据，为决策者决策的有效性和科学性提供辅助依据。管理层实现的是新模式的全要素管理、全生命周期管理和全数字管理，为跨部门、多层级、多参与主体等方面提供共性支撑。用户层为政府部门、企事业单位和社会公众提供定制化用户交互界面，满足多样化用户需求。

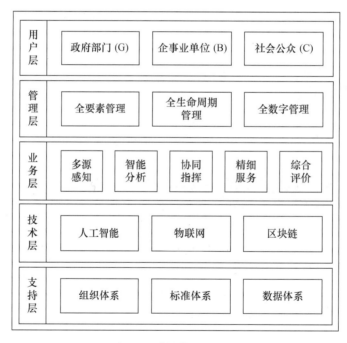

图 2-3　功能模型示意图

2.3.4　数据模型

数据模型建立在主体模型的基础上，为了规范城市管理中各类主体之间交互的数据，需要将这些数据标准化。数据模型按照 eGBCP 模型的四类要素，划分为城市治理空间、城市生产空间数据及社会群落、城市生活空间主体及社区、城市公共空间及城市运行四个方面的数据集合。

根据城市治理相关研究[6]，城市治理空间包括：城市运行中政府部门行政职责范围内的相关数据，分别是城市规划决策数据、社会化专业运行服务管理数据、综合管理监督数据，以及党政机关所在地、机构分布等。

城市生产空间数据及社会群落包括：城市生产空间社会感知数据、城市生产空间物联感知数据、城市生产空间及相关参与者数据。适用于城市运行相关单位作为城市运行参与者形成的数据。

城市生活空间主体及社区包括：城市生活空间社会感知数据、城市生活空间主体数据、城市生活空间数据。适用于城市运行主体形成的数据。

城市公共空间及城市运行包括：城市公共空间社会感知数据、城市公共空间物联感知数据、城市公共空间及相关主体数据、城市建筑数据、城市基础设施数据、生态环境数据、城市基础地理数据。

参考文献

[1] 陈水生.数字时代平台治理的运作逻辑：以上海"一网统管"为例[J].电子政务,2021(08)：2-14.

[2] 刘伟.技术运行与"一网统管"新型组织模式的建构[J].行政论坛,2021,28(03)：125-130.

[3] 王英伟.政府治理数字化转型对城市空间的塑造逻辑[J].城市发展研究,2022,29(06)：85-91.

[4] 董幼鸿,叶岚.技术治理与城市疫情防控：实践逻辑及理论反思——以上海市 X 区"一网统管"运行体系为例[J].东南学术,2020(03)：24-33.

[5] 李汉卿,孟子龙.城市数字治理的生成及其风险防控：以上海市 M 区"一网统管"为例[J].当代经济管理,2022,44(09)：72-79.

[6] 王连峰,宋刚,张楠,等.面向智慧城市治理的数据模型建构[J].城市发展研究,2021,28(03)：70-76.

第 3 章   一网统管下城市网格化综合管理新模式的支撑体系

新模式的支撑体系,包括标准体系、业务模式体系、运行监测指标体系以及服务评价体系。这些支撑体系作为城市管理的基础底座,互相关联并共同支持技术研发、环境配置以及实践应用。标准体系是新模式的基础,提供了全国性、总体性的标准设置指导,确保城市管理工作的一致性和通用性;业务模式体系提供了城市运行管理操作实施的步骤和最佳实践引导,有助于提高体系建设质量和效益;运行监测指标体系通过对指标的科学设定,为城市管理精细化、感知监测智能化奠定基础;服务评价体系通过对城市管理和服务水平等方面的评价,加强对城市管理的监督工作。

3.1 标准体系

建立新模式的标准体系,旨在为城市网格化综合管理平台的建设、运行和维护提供标准化支撑。自 2005 年起,建设部(现为"住建部")陆续编制、修订并发布《城市市政综合监管信息系统技术规范》系列行业标准,在新模式推广过程中,对规范系统建设、数据建设、模式建设等方面起到了指导作用。2013 年起,住建部陆续发布《数字化城市管理信息系统》系列国家标准,并已实施,进一步推动了各地按照相关技术标准进行系统建设和运行管理。现有标准如表 3-1 所示。

表 3-1   现有标准情况

序号	标准名称	标准号	范围
1	《数字化城市管理信息系统 第 1 部分:单元网格》	GB/T 30428.1—2013	本标准规定了数字化城市管理单元网格的划分原则、编码规则、数据要求和图示表达等
2	《数字化城市管理信息系统 第 2 部分:管理部件和事件》	GB/T 30428.2—2013	本标准规定了数字化城市管理信息系统管理部件和事件的分类、编码及数据要求、专业部门编码规则,以及管理部件和事件类型扩展规则
3	《数字化城市管理信息系统 第 3 部分:地理编码》	GB/T 30428.3—2016	本标准规定了数字化城市管理信息系统地理编码的一般要求、基本地点数据内容、地理编码规则和数据质量要求
4	《数字化城市管理信息系统 第 4 部分:绩效评价》	GB/T 30428.4—2016	本标准规定了数字化城市管理绩效评价的基本规定、评价周期、评价指标、评价方法、评价实施与保障和外部评价
5	《数字化城市管理信息系统 第 5 部分:监管信息采集设备》	GB/T 30428.5—2017	本标准规定了数字化城市管理信息系统中监管信息采集设备的要求,应用软件功能、性能要求和其他要求等

续表

序号	标准名称	标准号	范围
6	《数字化城市管理信息系统 第6部分：验收》	GB/T 30428.6—2017	本标准规定了数字化城市管理信息系统模式建设和运行效果验收一般规定、验收内容、验收指标与评分以及验收结论等
7	《数字化城市管理信息系统 第7部分：监管信息采集》	GB/T 30428.7—2017	本标准规定了数字化城市管理信息系统监管信息采集的一般规定、流程与要求、管理要求和质量评价等
8	《数字化城市管理信息系统 第8部分：立案、处置和结案》	GB/T 30428.8—2020	本标准规定了数字化城市管理信息系统立案、处置和结案的案件分类依据、工作时限规定、管理要求、应用要求及智能化拓展应用
9	《数字化城市管理信息系统 第9部分：通用要求》	在编	
10	《数字化城市管理信息系统 第10部分：社会监督信息受理》	在编	

在此基础上，新增的标准如表3-2所示。

表3-2 新增标准情况

序号	标准名称	标准号	范围
1	《城市运行管理服务平台技术标准》	CJJ/T 312—2021	本标准适用于城市运行管理服务平台的设计、建设、验收、运行和维护
2	《城市运行管理服务平台 管理监督指标及评价标准》	CJ/T551—2023	本标准规定了城市管理监督评价的总体要求、管理监督指标体系、管理监督指标分值及数据采集方法、评价方法等
3	《城市网格化综合管理模式设计指南》	T/BSTAUM 003—2023	本文件规定了城市网格化综合管理模式设计的要求、支撑体系的建设原则以及信息系统的建设框架
4	《城市生命线监测数据分析指南》	T/BSTAUM 001—2023	本文件规定了城市生命线监测数据分析的运行事件、采集及预处理和分析与预测
5	《城市网格化综合管理关键监测指标体系设计指南》	T/BSTAUM 002—2023	本文件规定了城市网格化综合管理监测关键指标的总体要求、城市网格化综合管理监测关键指标体系、指标分值及数据来源和汇集方法等
6	《通用物联感知设备数据交换规范》	T/ZSA 179—2023	本文件规定了物联感知设备数据的通用模型和数据格式，以及数据接入、数据接出的方式、数据存储的要求

根据《标准体系构建原则和要求》(GB/T 13016—2018)，同时借鉴国际相关领域信息化标准参考模型和住建部关于信息化平台标准体系框架的构建思路，确定城市网格化标准体系由三层标准构成。第一层基础标准，是适用于城市网格化发展总体性和框架性的标准，由术语、图形符号和质量控制组成。第二层通用标准，由建设与运维、管理

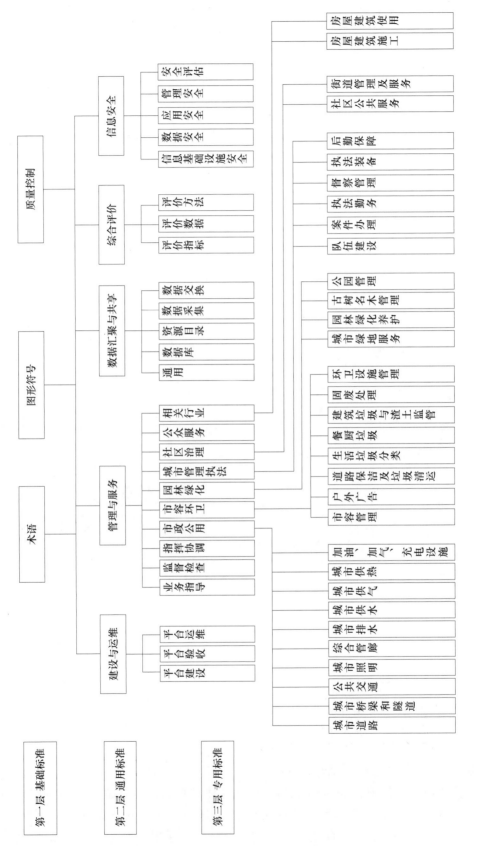

图 3-1 标准体系框架图

与服务、数据汇聚与共享、综合评价和信息安全组成，其中，建设与运维，适用于城市网格化综合管理平台的设计、建设、验收、运行和维护，包括第三层专业标准的平台建设、平台验收、平台运维三类；管理与服务，覆盖城市网格化综合管理服务平台的全部业务范围，同时整合市政基础设施建设和运行、房屋建筑施工和使用安全等标准，包括第三层专业标准的业务指导、监督检查、指挥协调、市政公用、市容环卫、园林绿化、城市管理执法、社区治理、公众服务和相关行业等十类；数据汇聚与共享，适用于城市网格化发展与数据相关的全部规范和要求，包括第三层专业标准的通用、数据库、资源目录、数据采集、数据交换五类；综合评价，针对城市网格化在评价方面的标准化工作，包括第三层专业标准的评价指标、评价数据、评价方法三类；信息安全，落实信息安全防护体系，保障城市网格化综合管理服务平台的安全稳定，包括第三层专业标准的信息基础设施安全、数据安全、应用安全、管理安全、安全评估五类。

随着城市管理工作的要求不断提高，技术规范的水平也应该不断提高，并保持标准体系的更新。标准体系的建设不断完善，可以提高城市管理工作的效率，同时也减少了城市管理的成本，实现城市精细化管理服务，推动城市治理体系和治理能力的现代化。

3.2 业务模式体系

建立新模式的业务模式体系，旨在通过明确模式范式，构建"横向到边、纵向到底"的城市运行管理服务体系，逐步实现城市治理一网统管，推动城市运行突发事件应急处置工作向事前预防预警转变，城市管理向城市治理转变，为民服务向精准化转变，切实提升城市综合管理服务水平。业务模式的建立在总体上遵循"政府主导、多方参与、资源整合、共建共享、安全可靠"的原则，满足统一资源、提供接口、数据汇聚、业务协同和信息联动的要求。实现多源感知、智能分析、协同指挥、精细服务、综合评价新"五位一体"的功能目标；构建政府部门、企事业单位、社会公众三方互相监督管理的组织体系。

新"五位一体"的设计是业务模式体系的关键核心，通过以下五个方面来构建，如图3-2所示。

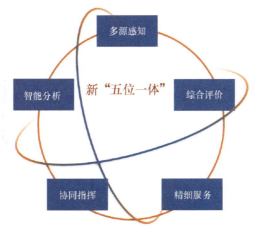

图 3-2　一网统管的新"五位一体"网格化综合管理业务模式

3.2.1 多源感知

多源感知是要实现城市运行和管理事件的全方位发现。以网格监督员巡查发现作为根基,在此基础上突破时间、空间、作业环境等人力限制,探索建立多源发现机制,实现态势全面感知。以物联、数联、智联为基础,充分发挥"网络端"舆情捕捉作用、"市民端"哨点作用、"感知端"应用价值和"策源端"支撑能力。针对人手不够、效率不足、发现不到位和不及时等实际问题,挖掘智能发现潜力,实现人力发现与智能发现的资源、效率、成本的动态平衡。值得注意的是,监管对象的选择尤其要优先考虑与社会公众切身利益相关的、人工巡查无法触及的、人工巡查成本较高或专业性较强的城市管理热点或难点问题。

3.2.2 智能分析

智能分析是要围绕市政公用、市容环卫、园林绿化、城市管理执法等场景,融合专业要素,打破数据壁垒,实现全流程、全要素、全数字、全生命周期的可视化评估分析和动态展示。运用智能技术对实时在线数据进行分析,及时准确地发现问题、对接需求、研判形势、预防风险。智能分析的结果可以作为提高城市管理效率、提升行业管理水平、实现城市管理科学决策的依据之一。

3.2.3 协同指挥

协同指挥是要实现一般事件的指挥处置和复杂事件的跨部门、跨层级、跨区域协同指挥。在一网统管的背景下,进一步提升处置能效,以"在最低的层级,在最早的时间,以相对较小的成本,解决最突出的问题,取得最佳综合效应"作为目标,进一步完善协同指挥体系。在管理方式上,从多层授权向精准授权转向,依托移动互联网实现数据的共享;在操作层面上,应用大数据、深度学习等技术,在明确问题事项和处置单位或人员在管理职责上的对应关系后,系统将符合条件的有效案件自动派单至处置单位或人员;在基层多网合一的工作中,统筹考虑网格内事项的数量、服务对象数量以及网格内工作人员的数量和协同工作能力,科学合理地划分多网合一网格,在统一网格工作的基础上,实现协同指挥。

3.2.4 精细服务

精细服务是基于城市网格化综合管理,将资源、服务和管理放到基层,通过赋能基层以服务社会公众,建立各类服务应用场景,并列出服务事项清单、配备相应人员、优化协同处置流程、实现数据共享等工作。将城市网格化综合管理的重心落到城乡社区,使基层有职有权有物,以更好地为社会公众提供精准有效的服务。

3.2.5 综合评价

综合评价是基于城市网格化综合管理数据,对城市网格化综合管理工作绩效、城市管理和服务水平等方面进行评价。针对城市管理的不同领域和层面,制定相应的评价体系，建立长效管理评价机制，包括管理效能评价、实地检查评价、案件质量评价等多种评价形式，可以全面了解各区块、各条线在城市管理方面的工作表现和成效。评价结果可以提供给城市运行管理或相关管理部门，为改进工作方式、优化资源配置和推动城市精细化管理提供参考和依据。综合评价的实施主体应为城市网格化综合管理机构，按照高位监督、高位协调、高位考核的基本原则，确保评价结果的准确性和时效性。

3.3 运行监测指标体系

面向特大城市"以人为本"的城市运行服务需求和城市治理的监测需求，突破现有以事件与部件为主的监测指标体系，以一网统管城市管理信息组织模式为依据，基于"领域-主题-要素"层级框架，围绕城市基础保障、生态环境、公共交通、公共安全、公共服务、民生、民情等主题，以城市基础功能发挥、公共空间管理和城市居民服务等民生领域指标为重点来源，研究并形成具备常态与非常态相结合、多层级精细刻画、实时动态更新能力的城市运行监测指标体系，为城市管理的精细化、运行监测的智能化奠定指标基础。

3.3.1 主要特点与设计要点

3.3.1.1 跨部门

一网统管城市运行监测所需跨部门指标优先考虑与老百姓切身利益相关的、多部门取证共享、业务协同、结果互认等传统城市管理共性难题。城市运行监测的跨部门涵盖城市市政公用、园林绿化、市容环卫、城市管理执法等多个城市管理部门。从各部门获取其业务领域的监测指标作为城市运行监测的主要指标来源。这些监测指标应按照统一规则构建指标编码。跨部门获取的监测指标应具备客观性、定量性、可比性。

3.3.1.2 多层级

一网统管城市运行监测的多层级涵盖城市运行涉及的全市行政划分的多个层级，包括市、县（区）、乡镇（街道）、行政村（社区）等。一网统管城市运行监测以多层级行政管理部门为评价对象，自顶向下对评价内容逐级细化，下层级行政管理部门的评价内容需涵盖上层级的评价内容，以实现多种行政颗粒度的细化。一网统管城市运行监测指标中全局性指标按层级使用行政划分、空间分割、汇总组合等方法实现自顶向下逐级分解。一网统管城市运行监测指标可在精细化区域使用行政从属、空间拓扑、统计规则等方法实现自底向上逐级汇总。

3.3.1.3 多参与主体

城市运行的多个参与者主要包括城市运行主管部门、企事业单位、多层级行政管理部门、社会公众等。一网统管城市运行监测在以事件与部件为主的监测指标体系上，面向城市运行的多个参与主体，以"以人为本"的城市运行服务需求和城市治理需求为重点监测指标。

3.3.2 关键指标

3.3.2.1 关键指标分组

主题层划分以城市的基础现状、城市服务的承载能力、城市服务的实时情况以及城市服务的效果为依据,划分为基础情况、服务能力和服务效果三大类。

主题层将每个类别进一步细分为多个子主题。其中,基础情况从天候要素、地理要素、人口要素三个子主题对城市的基本情况进行刻画;服务能力从交通出行、城市生命线、市政服务、执法、园林、环卫六个子主题对指标进行梳理;服务效果从便利性、宜居性、多样性、安全性、公正性五个子主题形成城市居民对城市服务的反馈。

3.3.2.2 关键指标来源

从各部门获取其各自业务领域的城市运行监测指标作为主要来源,其中涉及的监测指标应具备客观性、定量性、可比性。与此同时,一网统管城市运行监测所需关键指标优先考虑与老百姓切身利益相关的传统城市管理共性难题,将通过网络调研,获得社会公众参与和反馈的指标作为关键指标来源。

3.3.2.3 关键指标体系

基于文献阅读和调研结果,将一网统管城市运行监测指标自顶向下分为主题层、指标层、子指标层和感知要素层四大类。其中主题层又划分为基础情况、服务能力和服务效果三大类,一网统管城市运行监测主题层关键指标体系如表3-3所示。

表3-3 一网统管城市运行监测主题层关键指标体系

一级指标	二级指标		三级指标	
	序号	名称	序号	名称
1. 基础情况	1-1	天候要素	1-1-1	温度
			1-1-2	湿度
			1-1-3	降水
			1-1-4	降雪
			1-1-5	雾霾
	1-2	地理要素	1-2-1	居民用地
			1-2-2	绿化面积
			1-2-3	水库面积
			1-2-4	交通布局
	1-3	人口要素	1-3-1	常住人口
			1-3-2	年龄分层
			1-3-3	就业人口
			1-3-4	民族信息

续表

一级指标	二级指标		三级指标	
	序号	名称	序号	名称
2. 服务能力	2-1	交通出行	2-1-1	道路监控面积
			2-1-2	车辆智能感知
			2-1-3	行人智能感知
	2-2	城市生命线	2-2-1	供水
			2-2-2	供热
			2-2-3	供气
			2-2-4	供电
			2-2-5	通信
	2-3	市政服务	2-3-1	市政设施
			2-3-2	巡检
			2-3-3	城市照明设施
			2-3-4	户外广告设施安全隐患排查
	2-4	执法	2-4-1	街道规范
			2-4-2	街区活力
			2-4-3	管理水平
	2-5	园林	2-5-1	绿地服务能力
			2-5-2	街道绿化效果
			2-5-3	园林应急救助
	2-6	环卫	2-6-1	环卫设施
			2-6-2	垃圾处理
			2-6-3	道路保洁
			2-6-4	建筑垃圾监管
3. 服务效果	3-1	便利性	3-1-1	市民表扬
			3-1-2	出行便利问题反映频率
			3-1-3	生活便利投诉频率
	3-2	宜居性	3-2-1	拆迁问题投诉频率
			3-2-2	居住质量问题投诉频率
			3-2-3	背街小巷反映频率
			3-2-4	施工扰民反映频率
	3-3	多样性	3-3-1	文化设施问题投诉频率
			3-3-2	文娱活动问题反映频率
			3-3-3	其他城市文化投诉频率
	3-4	安全性	3-4-1	路面设施破损问题反映频率
			3-4-2	路灯照明问题反映频率
			3-4-3	安全标识维护问题反映频率
	3-5	公正性	3-5-1	社会参与程度
			3-5-2	维护群众合法权益

3.4 服务评价体系

建立新模式的服务评价体系,应基于城市网格化综合管理数据,聚焦城市精细化管理,全力打造干净、整洁、有序、群众满意的市容环境,对城市管理和服务水平等方面进行评价,以加强城市管理的监督工作,全面提升城市精细化管理和服务水平,促进城市高质量发展。

服务评价体系的实施主体应为城市网格化综合管理机构,制订的服务评价方案应按照高位监督、高位协调、高位考核的基本原则,明确并公布服务评价的对象、周期、指标和方法,并确保服务评价结果的准确性和时效性,建立量化的长效考核机制。

新模式的服务评价体系,紧扣新发展理念和高质量发展内涵,围绕干净、整洁、有序、群众满意度四大核心指标,以综合评价城市管理服务的能力和水平。其中:干净指标,主要评价环卫设施、垃圾处理能力、道路保洁、渣土监管、环境卫生公众参与、干净现场评价(城市"六乱")等内容;整洁指标,主要评价绿地服务能力、道路养护、城市照明、街道景观效果、整洁现场评价(城市"六乱")等内容;有序指标,主要评价道路设施、社区公共服务设施、交通设施、交通能力与秩序、街道活力、有序现场评价(城市"六乱")等内容;群众满意度指标,主要评价信息化水平、平台问题处置、市民公共参与、制度保障、满意度等内容。服务评价体系如表 3-4 所示。

表 3-4 服务评价体系

一级指标	二级指标		三级指标		分值	测评方法
	序号	指标名称	序号	指标名称		
1. 干净	1-1	环卫设施	1-1-1	建成区公厕设置密度(座/km²)	2	平台上报、实地考察
	1-2	垃圾处理能力	1-2-1	☆生活垃圾处理能力与产生量的比例(%)	2	平台上报
			1-2-2	生活垃圾分类覆盖率(%)	3	平台上报、实地考察
	1-3	道路保洁	1-3-1	道路清扫覆盖率(%)	2	平台上报
			1-3-2	各级道路巡回保洁时间(小时/日)	2	平台上报
			1-3-3	城市道路机械化清扫率(%)	2	平台上报
	1-4	渣土监管	1-4-1	渣土全流程监管达标率(%)	2	平台上报
			1-4-2	☆渣土消纳能力与清运量的比例(%)	3	平台上报
	1-5	环境卫生公众参与	1-5-1	城市门前责任区制度履约率(%)	1	实地考察
	1-6	干净现场评价(城市"六乱")	1-6-1	道路干净	3	实地考察
			1-6-2	建(构)筑物立面干净	3	实地考察
			1-6-3	公共场所干净	4	实地考察
			1-6-4	水体干净(不黑不臭)	2	实地考察
2. 整洁	2-1	绿地服务能力	2-1-1	建成区公园绿地覆盖率(%)服务半径	2	平台上报
			2-1-2	建成区绿地率(%)	2	平台上报
			2-1-3	建成区绿化覆盖率(%)	2	平台上报
			2-1-4	人均公园绿地面积(m²/人)	2	平台上报
	2-2	道路养护	2-2-1	☆一等养护城镇道路占比(%)	2	平台上报
	2-3	城市照明	2-3-1	城市道路照明亮灯率(%)	2	平台上报
			2-3-2	☆夜景照明舒适和谐度	1	实地考察
	2-4	街道景观效果	2-4-1	☆建成区街道绿视率(%)	2	实地考察
	2-5	整洁现场评价(城市"六乱")	2-5-1	各类站亭设置规范	2	实地考察
			2-5-2	绿化整洁	2	实地考察
			2-5-3	广告设施和招牌整洁	4	平台上报、实地考察
			2-5-4	立杆、空中线路(电线、电缆等)规整性	4	实地考察

续表

一级指标	序号	二级指标 指标名称	序号	三级指标 指标名称	分值	测评方法
3. 有序	3-1	道路设施	3-1-1	建成区道路网密度(km/km²)	2	平台上报
			3-1-2	建成区道路面积率(%)	2	平台上报
			3-1-3	☆建成区慢行道密度(km/km²)	2	平台上报
			3-1-4	建成区公共空间无障碍设施覆盖率(%)	2	实地考察
	3-2	社区公共服务设施	3-2-1	☆建成区完整居住社区覆盖率(%)	3	平台上报、实地考察
			3-2-2	☆社区养老服务设施覆盖率(%)	2	平台上报
	3-3	交通设施	3-3-1	建成区公交站点(或轨道交通站点)覆盖率(%)	2	平台上报
			3-3-2	每万人拥有公共汽(电)车(标台/万人)	2	平台上报
			3-3-3	停车位与小汽车保有量的比例(%)	3	平台上报
			3-3-4	人行道步行适宜性	3	实地考察
	3-4	交通能力与秩序	3-4-1	☆建成区高峰时段主干道平均车速(km/h)	2	平台上报
			3-4-2	高峰时段主要交叉口守法率(%)	3	实地考察
			3-4-3	非机动车、行人路口守法率(%)	3	实地考察
	3-5	街道活力	3-5-1	☆建成区人均信息点(POD)数(人/千人)	1	平台上报
	3-6	有序现场评价(城市"六乱")	3-6-1	便民摊点规范性	2	实地考察
			3-6-2	无乱搭乱建	2	实地考察
			3-6-3	无沿街晾挂	2	实地考察
			3-6-4	无乱停乱放	4	实地考察
4. 群众满意度	4-1	信息化水平	4-1-1	城市管理信息化平台覆盖率(%)	2	平台上报
	4-2	平台问题处置	4-2-1	按期处置率(%)	2	平台上报
			4-2-2	群众诉求处置回访满意度	2	平台上报
	4-3	市民公共参与	4-3-1	志愿者参与度	2	平台上报
	4-4	制度保障	4-4-1	规章制度、标准规范、统筹协调机制、年度绩效考核等完善度	2	平台上报
	4-5	满意度	4-5-1	城市管理满意度	5	问卷调查
			4-5-2	城市人居环境满意度	5	问卷调查

参考文献

[1] 住房和城乡建设部标准定额研究所.数字化城市管理系列标准应用实施指南[M].北京:中国建筑工业出版社,2020.

[2] 中国城市科学研究会.中国数字化城市管理发展报告2018[M].北京:中国城市出版社,2019.

[3] 陈苍,梁世福.基于智慧城市的城市运行监测体系初探与实践[C]//管理科学和工业工程协会.探索科学2016年6月学术研讨.深圳市易行网交通科技有限公司;中兴通讯股份有限公司,2016:1.

第二部分

城市管理事件的智能感知与标识关键技术

第4章 基于监控视频的城市管理复杂事件的感知与标识

随着人工智能的发展,深度神经网络已经极大提升了图片和视频的理解和识别能力。同时,众多面向实时视频理解的模型设计也极大丰富了人工智能在现实生活的应用场景。基于人工智能的城市管理智能感知将增加事件感知的类别,提高事件感知的准确率,加快事件感知的速度。因此人工智能将在城市管理复杂事件感知场景中承担更加重要的角色。例如,基于监控视频的车辆检测有效减少了车辆超速等行为;井盖异常识别可以提高城市基础设施的安全性和维护效率;对违法占道经营和道路垃圾问题的识别,可以提高城市环境和居民的生活质量。

4.1 面向图像和视频分析技术的研究进展

面向图像和视频分析的主要任务涵盖了多个计算机视觉领域内的核心任务,这些任务旨在从图像和视频数据中提取信息、理解场景以及做出有意义的预测和决策。主要任务包括目标分类、目标检测、语义分割、实例分割、图像生成、图像描述生成、光流分析、情感分析等。这些任务在计算机视觉领域扮演着重要的角色,涵盖了从低级的像素处理到高级的场景理解。它们在自动驾驶、安防监控、医疗影像、媒体内容分析等多个领域被广泛应用。在现阶段城市管理复杂事件感知场景中,主要关注目标检测、语义分割、实例分割等任务。

4.1.1 检测技术进展研究

目标分类旨在将输入的图像或图像中的物体分为不同的预定义类别。目标分类仅关注识别图像中的主要目标,并不涉及目标位置的定位,其分类结果取决于图像中的主要物体。当面临复杂场景时,如场景中出现物体数量过多,图像的分类取决于标注人员的人为判断,其分类结果往往出现歧义。因此目标分类难以满足复杂场景的应用需求。在传统的目标分类方法中,特征提取是一个关键步骤。通过计算图像中的特征,如颜色、纹理、形状等,可以将图像表示为一个向量,然后使用机器学习算法[如支持向量机(Support Vector Machine, SVM)、随机森林]对这些向量进行分类。基于深度学习的方法包括 AlexNet[1]、VGG[2]、ResNet[3]等技术,通过卷积神经网络(Convolutional Neural Network, CNN)提取特征后,完成对输入图像的分类。

目标检测旨在从图像或视频中准确地识别和定位多个不同类别的目标物体。目标检测与目标分类的区别在于,目标检测不仅需要识别出不同类别的目标物体,还需要确定目标物体在图像或视频中的位置,通常使用矩形边界框来表示目标的位置。目标检测在许多实际应用中具有重要意义,如行人定位与追踪、自动驾驶车辆定位等。早期的目标检测方法依赖于人工设计的特征和规则,如Haar和方向梯度直方图(Histogram of Oriented Gradient,HOG)特征结合SVM等。这些方法在一些简单的场景下表现良好,但是难以应付复杂场景的目标检测。深度学习的卷积神经网络在复杂场景的目标检测任务上表现同样出色。Faster R-CNN[4]、YOLO[5]、SSD[6]等方法的相继提出,进一步提高了目标检测的性能和效率。根据目标检测的不同实现方案,其方法可以分为一阶段检测器和二阶段检测器。一阶段检测器直接通过网络预测目标的位置和类别;二阶段检测器先进行候选框的生成,然后对候选框进行分类和回归。一阶段检测器如YOLO和SSD方法更加高效,适合于对实时性要求较高的场景,而二阶段检测器如Faster R-CNN方法通常更准确,适合于对准确率要求较高的场景。无论是一阶段检测器还是二阶段检测器,都需要一些人为设计的模块进行推理,如极大值抑制方法等。随着DETR[7]方法的提出,目标检测迎来新的端到端的检测范式。该范式采用二维图匹配的方式极大减小了候选框的数量,从而摒弃了检测器中极大值抑制方法。基于DETR方法,后续又有Deformable DETR[8]等方法解决了DETR方法收敛慢的问题。

4.1.2 分割技术进展研究

语义分割旨在将图像中的每个像素标记为特定语义类别。早期语义分割主要基于传统的计算机视觉技术,如边缘检测、区域分割等。通常依赖于人工设计的特征和规则,此类特征和规则一般需要专家针对特定场景做出设计和优化。因此基于传统的计算机视觉技术的语义分割难以泛化到通用场景且性能表现难以应用到城市管理复杂事件感知场景中。随着深度学习的兴起,语义分割也迎来长足的发展。深度学习的卷积神经网络被广泛应用于语义分割任务,尤其是全卷积神经网络(FCN[9])的出现为像素级别的语义分割提供了高效的解决方案。后续众多改进方法,如U-Net[10]、SegNet[11]、DeepLab[12-14]等,进一步提高了语义分割的性能,这些方法不仅提升了各种应用场景的分割准确度,也同时提高了复杂场景的分割效率。但是对像素级别的语义分割,传统卷积神经网络对图像做卷积和池化操作,降低特征图尺寸的同时增加了感受野,但是,在做了卷积和池化操作后,采样产生了一个非常严重的问题:细节信息被丢失。空洞卷积通过引入扩张率这一参数使得同样尺寸的特征图获得更大的感受野。相应地,也可以使得在相同感受野的前提下,空洞卷积比普通卷积的参数量更少。DeepLab系列论文讲述通过将ResNet最后几个块替换为空洞卷积,使得特征图的输出尺寸变大了很多。在没有增大运算量的情况下,维持分辨率不降低,获得了更密集的特征响应,从而使得特征图还原到原图时细节更好。除了关注感受野之外,部分工作目标转移到物体边缘的分割。物体边缘充满高频信息,特征较为混乱,通常语义分割难以准确区分物体边缘。边缘检测算法旨在检测不同目标的边界信息。使用边缘检测算法通常可以增强语义分割的效果。

随着目标检测的发展,实例分割也出现了新的进展。实例分割是指在图像中同时识别并分割出不同的物体实例。与语义分割仅将图像中的每个像素标记为特定语义类别不同,实例分割还需要将同一类别中的不同实例区分开来,为每个实例都生成独立的分割掩码。早期实例分割方法依赖于传统目标检测和语义分割方法的结合。这种多方案结合的方法通常需要多步骤处理,效率较低,并且在复杂场景下表现有限。目标检测在基于深度学习的方法取得突破后,实例分割也取得相应的进展。深度学习实例分割方法 Mask R-CNN[15]结合了目标检测和语义分割方法的思想,在 Faster R-CNN 的基础上添加一个全新的实例分割分支,为每个实例生成了准确的分割掩码。在此基础上,基于一阶段检测器的实例分割方法如 YOLACT[16]、PolarMask[17]等极大地提高了实例分割的速度。

如前所述,基于传统的计算机视觉技术,目标检测、语义分割和实例分割需要人工设计特征和规则。此类方法不仅性能表现一般且只能针对特定场景进行设计和优化,难以应用到城市管理复杂事件感知场景中。基于深度学习的方法已经取得极大的进步,此类方法不仅摒弃了专家针对特定场景做出的设计和优化,而且利用深度学习中的梯度优化可以自动地适应不同场景,也极大提升了复杂场景中的目标识别能力,可以基于实时性和准确性等不同需求定制化设计不同的模型。因此基于深度学习的目标检测、语义分割和实例分割等研究领域已经足以解决城市管理复杂事件感知中的诸多问题。

4.1.3　现有数据分析

人工智能之所以能够成功的应用到计算机视觉的经典任务上,少不了极为庞大的数据集的帮助。深度学习只有经过大量数据的学习之后才能较好地拟合具体任务。助力深度学习在计算机视觉任务上率先取得突破的 ImageNet 数据集,其中包含约 1 000 个类别和 120 万张图像。数据集中的图像涵盖了多种不同的物体、场景和视角,从自然风景到动物、人物、交通工具等。ImageNet 数据集为计算机视觉研究做出了巨大贡献,特别是对深度学习的卷积神经网络的发展。许多深度学习方法,如 AlexNet、VGG、ResNet 等,都是在 ImageNet 数据集上进行训练和评估,证明了它们的有效性和性能。COCO[18]是一个广泛应用于计算机视觉领域的大规模图像数据集,旨在提供丰富多样的图像和标注,用于训练和评估目标检测、语义分割、实例分割等多种计算机视觉任务的模型。COCO 数据集包含数百万张图像,涵盖了超过 80 个不同的物体类别,以及各种场景和背景。城市管理的公开数据集主要聚焦在自动驾驶领域,包含 KITTI[19]、nuScenes[20]等数据集,这些数据集主要用于目标检测和跟踪:包括机动车、行人和自行车等目标;道路分割:标注了道路和非道路区域,用于自动驾驶车辆在道路上的行驶;3D 目标检测和定位:提供了每个目标的三维边界框、轨迹和运动估计等。这些数据集在评估自动驾驶系统和相关算法的性能时具有重要价值,因为它提供了丰富的真实场景数据和标注信息。正是因为存在如此之多的优秀的数据集,人工智能才能在图像识别和视频理解上取得长足的进步。由此可见,数据才是人工智能发展的催化剂。

4.2　基于监控视频的城市管理复杂事件感知与标识的主要挑战

基于监控视频的城市管理复杂事件感知与标识的内容包括流动商贩、道路破损、工地苫盖、违法横幅、共享单车倒地、垃圾桶满溢、焚烧垃圾、盲道占用等。复杂事件感知主要体现在检测场景的复杂性、检测事件的多样性和检测结果的准确性。检测场景中通常包含多个物体、多个动作、多个因果关系以及丰富的语义信息，需要更高级别的分析和推理才能正确地理解；检测事件丰富多样，不同场景的要求也不尽相同，针对特定场景也需要定制特殊的检测事件；检测结果对城市管理非常重要，错误的检测结果通常会给城市管理带来负面影响，如将正常经营识别成违法经营，因此对检测结果的准确性要求也较高。

基于监控视频的城市管理复杂事件感知面临的主要问题包括数据收集与分析困难、多模态数据难以融合、计算资源和能耗较大、实时性要求较高等。对涉及的技术有开放性、鲁棒性、高效性、层次性的要求。同时需要考虑社会、伦理和法律等多方面的因素。这些都是基于监控视频的城市管理复杂事件感知与标识面临的挑战。

对城市管理复杂事件视频数据的分析是指使用计算机视觉和图像处理技术对已收集到的视频数据进行处理，以从中提取有价值的信息。这种分析可被用于各种领域，包括安全监控、交通管理、智慧城市等。城市管理复杂事件中，数据的种类和来源多种多样，收集到的数据的质量以及数据的分布对感知模型的设计尤为重要。城市感知数据是指从城市中收集和获取的各种数据，包括但不限于传感器数据、监控视频、移动设备数据、社交媒体数据等。城市管理复杂事件感知是面向真实世界的感知，其面临数据分布复杂、场景理解困难、异常情况较多、数据标识困难等问题。复杂的场景中经常包含机动车、行人、自行车、垃圾堆放、小贩经营等多种感知事件，因此城市管理复杂事件感知对数据表的设计和标识都有较高的要求，数据类别较多又导致数据标识困难，存在大量漏标和错标等情况，不同标签中可能存在包含关系，如自行车和共享单车，存在多种包含关系的标签也将给复杂事件感知带来多种歧义。数据表中存在如声音、图像、视频等多模态数据，城市管理复杂事件感知要求能够对在不同时间检测出的同一事件做出准确判断，这就要求多模态数据的融合，综合多模态数据针对同一事件做出不同的判断。例如，正常工作时间的施工造成的噪声是不可避免的，是合法的，如果夜间施工造成的噪声应该归属于违法施工。

在技术层面，城市管理复杂事件感知要求能够做到开放性、鲁棒性、高效性、层次性。城市管理复杂事件感知需要具备开放性，采用开放的数据源、标准和技术，使得感知系统能够获取更多信息，从而提供更全面的事件感知；城市环境复杂多变，可能受到天气、光照、遮挡等因素的影响，城市管理复杂事件感知需要具备鲁棒性，能够在不同环境下准确识别事件，对于噪声和异常情况有一定的容忍度；城市管理需要实时的决策和响应，因此城市管理复杂事件感知需要高效性，处理大量数据，快速准确地识别事件；城市管理复杂事件感知需要层次性，能够捕捉这种层次关系，从而为城市管理人员提供不同层次的决策支持。例如，在城市交通治理中，对个体行为的分析可以帮助改善交通流量，而对整体交通趋势的分析可以用于城市交通的整体规划。综合来看，开放性、鲁棒性、高效性和层次性是城市管理复杂事件感知在技术层面的核心要求。随着技术的不断进步，可以期待在这些要求上取得更多的突破和创新。

4.3 基于目标检测的城市管理复杂事件的感知与标识

基于目标检测的城市管理复杂事件的感知与标识是指利用目标检测技术,通过分析城市监控视频等数据源,标识出城市中发生的各种事件和行为。这种方法可以帮助城市管理人员实时了解城市中的情况,做出有效的决策。基于目标检测的城市管理事件的感知与标识在提升城市治理水平和居民生活质量方面具有重要作用。合理的数据采集、高效的算法和智能的决策支持,可以更好地实现城市管理的目标。

在目标检测中,面向透明物体的目标检测是一项特殊的任务,涉及在图像或视频中准确地识别和定位透明或半透明的物体。由于透明物体可能在不同背景,以及光线的折射和透射下,具有复杂的外观变化,因此这项任务具有一定的挑战性。在城市管理事件的感知与标识中,对透明物体的感知可能会对场景中其他物体的可视性造成影响,从而影响对周围环境的感知和理解。这可能对交通管理、行人行为分析等应用造成困扰。在城市管理复杂事件监测中,可能会存在在室内的合法经营,由于门店的透明玻璃原因经常被识别为出店经营。而且如玻璃、镜子等透明物体在城市管理复杂事件监测中占比较大且处理困难,因此提升对透明或半透明物体的感知与标识可以极大地降低复杂事件的误检率。

透明物体可能会导致光线的折射和透射,使得物体的外观发生变化,难以被传统的目标检测方法准确识别。由于透明物体通常不会完全遮挡背景,背景会透过物体显示出来,增加了背景干扰的可能性。透明物体的边界可能比较模糊,不容易与周围环境区分开。透明物体的形状可能不规则,不同部分的透明度和颜色可能不同,导致难以建立统一的监测模型。传统的基于外观特征的方法可能对透明物体的属性提取存在困难。透明物体通常缺乏明显的颜色、纹理和形状特征,使得在识别和分类透明物体时面临挑战。透明物体的存在增加了感知数据的噪声和不确定性。透明物体可能引入不规则的光线反射和折射,导致图像中出现伪影和失真,使得数据分析和决策制定面临更大的挑战。

现有的目标分割和显著性检测方法都难以识别透明物体。北京大学的研究者们提出使用基于增强边缘学习的方法来提高现有方法在透明物体上的分割效果[21]。该方法受到人类识别镜子和玻璃的启发,认为透明物体识别的关键点在于识别物体的边缘,得到物体的边缘,就能定位物体的大概位置。除此之外,减少透明物体内部信息对最终结果的影响,以此来驱使该方法更加关注透明物体的边缘。

该方法大致可分为三步:首先使用精修差分方法来产生准确的边缘表示;其次,基于已经产生的边缘表示,用基于点的图卷积模块来提升全局的边缘信息表达;最后,结合前面提出的精修差分方法和基于点的图卷积模块,提出了一种级连的框架来进一步提升透明物体分割的效果。

如图 4-1 所示,精修差分方法首先会把输入特征 F_{in} 和低层特征 F_{low} 进行融合,以获取更加精确的特征表示,然后对边缘进行预测。F_{edge} 为预测边缘的特征矩阵。该方法提出一种新的预测边缘的方式,既监督边缘的学习部分,同时监督其非边缘的输入部分,即 $F_{residual}$。该设计思路是受到形态学中的膨胀概念的启发,物体的边缘可以由原图减去膨胀的图得到。在学习 $F_{residual}$ 的时候,由于减法会导致细节信息的丢失,为此该方法又引入了 $F'_{residual}$ 来进一步地补充特征。在图 4-1(b)中可以看到,经过精修差分方法,预测边缘的特征会变得更加细粒度,实验证明这样产生的边缘表示效果更好。

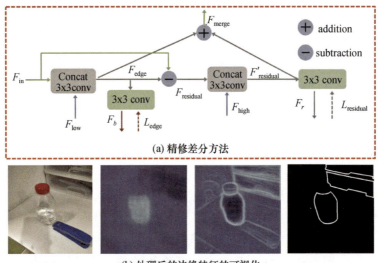

图 4-1　精修差分方法和结果

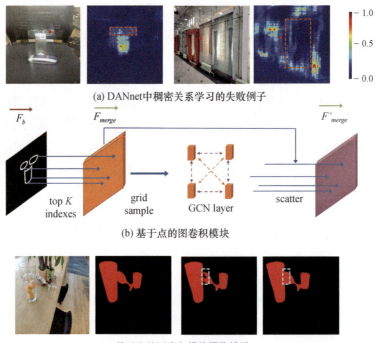

图 4-2　PGM 模块

其次使用基于点的图卷积模块对精修差分方法产生的边缘表示进行进一步的精细化,对已经产生的边缘表示采样 K 个特征点来构建节点图,之后在该图上进行推理,进而获取全局上下文信息。对于这个节点图,经过一次图卷积模块操作,节点之间的信息进行了两次更新,分别是节点内部和节点之间,这样就达到了全局信息的传递,如图4-2所示。

最后是把之前两个步骤进行重复,修改精修差分方法和基于点的图卷积模块的输入,构建一种级联的框架,进一步提升透明物体分割的效果。如图4-3所示,该方法可以得到更加精细以及更加一致的边缘分割结果。

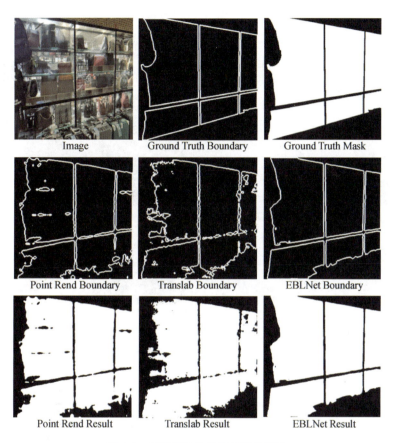

图 4-3 对透明物体分割结果的对比

4.4 基于图像和视频语义分割的城市管理复杂事件的感知与标识

基于图像和视频语义分割的城市管理复杂事件的感知与标识,旨在通过分析图像和视频数据中的物体、场景和区域,自动感知和识别与城市管理相关的事件,从而为城市管理提供支持和指导。使用深度学习对图像和视频进行语义分割,将图像和视频中的不同物体和区域分割成语义上有意义的部分。深度学习常用的方法包括 U-Net、FCN、DeepLab 等。它们将帮助识别出道路、建筑物、车辆等城市元素。

绿视率是指人们眼睛所看到的环境中绿色植物所占的比例,是城市更新生态保护修复效果的表征之一。这个指标可以反映出城市的生态质量。绿视率的计算通常涉遥感图像或空中摄影图像,通过图像识别技术,识别出绿色植物区域,计算其在整个区域中的占比。

传统的绿视率计算方法一般是对图片的像素进行分析,这种方法只能对绿色或者接近绿色的像素进行统计,因此不能有效地统计非绿色植物和树木的主干部分。基于图像和视频的语义分割要求能够识别出场景中的绿色植物,而不仅仅是绿色的像素。如图 4-4 所示,常用的语义分割模型学习过大量的非绿色植物,因此在对待不同颜色的植物、光秃的树木都有着不错的分割效果。

图 4-4　绿视率结果可视化

除绿视率外,全景图像分割也在城市管理复杂事件的标识中扮演着重要的角色。全景图像分割的目标是为每个图像像素分配一个语义标签和唯一标识。全景图像分割模型需要采用统一的方式表示图像前景类(Things)和图像背景类(Stuff)。一个主要的问题来自图像前景类和图像背景类数量上的冲突,因为图像前景类的数量是动态的、可变的,而图像背景类的数量是固定的。全景图像分割是全面研究和理解场景的重要技术,能够解决一些特定领域应用的技术问题,包括自动驾驶的感知模块、机器人的室内导航和无人机航拍等。在城市管理复杂事件感知中,使用更加复杂的场景理解任务,有助于对复杂事件的检测。

为了解决全景图像分割中图像前景类和图像背景类数量上的冲突问题,目前是采用不同的方法来分别处理图像前景类的分割和图像背景类的分割[22]。其中,对于图像前景类,现有的方法[见图 4-5（a）和（b）]是用基于目标检测的方法先把前景类检测出来,再进行每个实例的分割。对于图像背景类,现有的方法是用基于语义分割的方法对每个像素做分割得到背景的分割结果,所以全景图像分割的结果是由两种分割结果进行融合得到的。这些方法涉及大量的工程技巧,每个步骤里面又包含了很多参数需要调节,使得整个流程不仅复杂度高,模型的训练和部署的成本也在增加。最近,基于查询向量(Object Query)的方法[见图 4-5（c）]在目标检测和语义分割领域有了十足的进步。

这种方法最大的优势是可以去除目标检测里面一些复杂的模块,比如最大值抑制、锚点的选取和参数的设置等。但是这种方法的主要缺点在于模型训练收敛的速度较慢,并且分割计算的开销比较大。此外,该方法可以扩展应用于全景图像分割任务,相比于之前的方法,计算流程变得更加简单,但是由于需要两次训练(第一次训练检测器,第二次训练分割器),导致计算流程也比较复杂,训练时间过长,尤其是第一次训练检测器的步骤中,由于没有了锚点的位置先验,整个训练收敛的速度较慢,导致模型很难快速地迭代部署到实际应用中。

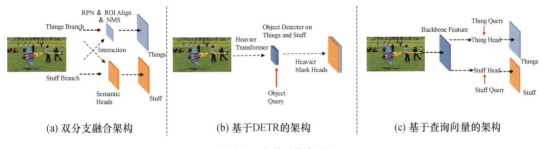

(a) 双分支融合架构　　　(b) 基于DETR的架构　　　(c) 基于查询向量的架构

图 4-5　全景分割框架

为了解决上述问题,北京大学的研究者们研究了一种基于查询向量端到端的全景图像分割方法。这是一种新的基于查询向量的全景图像分割的模型,分别建立图像前景类和背景类分割模型,可同时解决模型训练时间过长和流程比较复杂的两个关键的技术问题。该方法分别在 COCO-2017 的验证集和测试集上,在相同的实验条件下相比于先前的方法均取得了较好的结果。

该方法的核心有两点:第一,如何使用查询向量来有效地表征全景图像分割结果的输出,包括图像前景类分割结果和图像背景类分割结果;第二,如何使模型训练收敛的速度变快(即缩短训练时间),同时保证全景图像分割结果较好。针对第一个问题,该方法提出了两种不同的建模方式,采用查询向量分别来表征前景类分割和背景类分割的过程,并使用前景查询向量(Things Query)和背景查询向量(Stuff Query)分别表示前景类分割的结果和背景类分割的结果,设计对应的模块把前景查询向量和背景查询向量映射到对应的分割结果;针对第二个问题,该方法使用了最新提出的基于稀疏目标框的检测器(Sparse R-CNN 检测器),大大缩短了前景目标的训练时间,由此使得整个模型训练时间缩短,同时该检测器可以完美地结合前景查询向量和背景查询向量,让整个模型的计算流程复杂度降低,做到了端到端同时训练与输出前景类分割结果和背景类分割结果。

4.5　面向城市监控视频的复杂场景理解

监控视频在城市管理复杂场景的理解中扮演着重要角色。监控视频是获取城市管理信息的重要数据来源之一。它提供了广泛的视野,可以覆盖道路、交通工具、行人等城市管理的目标。通过对监控视频的分析和处理,可以获取实时的、高质量的数据,感知和理解城市中发生的复杂事件,这包括交通拥堵、交通事故、行人行为、环境状况等。监控视频可以实时传输这些复杂事件,以便城市管理人员做出响应。综上所述,监控视频在城市管理复杂事件感知中具有重要的作用,为城市管理人员和决策者提供了宝贵的数据来源,帮助实时监测、分析和应对城市管理中的复杂事件。

视频实例分割是计算机视觉领域的新兴问题,其目标是对一段视频上的每一个实例进行检测、分割和跟踪。这个任务属于多任务学习范畴,有不少应用领域。其中就包括对城市管理复杂场景的理解。该任务可以基于动态视频而不是静态的图片对城市管理中的异常事件进行场景分析和理解,然而目前这个领域研究的人数不是很多,很多问题还需要进一步地分析和挖掘。在图像的实例分割上,多尺度特征融合已经是一个必不可少的步骤,然而在视频实例分割上,多尺度特征融合却未被很好地探索。受到图像实例分割上,多尺度特征融合方法的启发,对视频实例分割,提出一种新的动态网络框架来进一步地探索时序上的多尺度特征融合[23],称为时序动态路由(Temporal Pyramid Routing),该方法设计了一个新的时序上的路由空间(Routing Space),在时序上考虑不同尺度(Scale)特征的对齐操作,并且通过设计的门(Gate)控机制来有效地控制时序上特征的传递。如图 4-6 所示,该方法可以动态地把不同层与不同帧之间的特征进行传递。

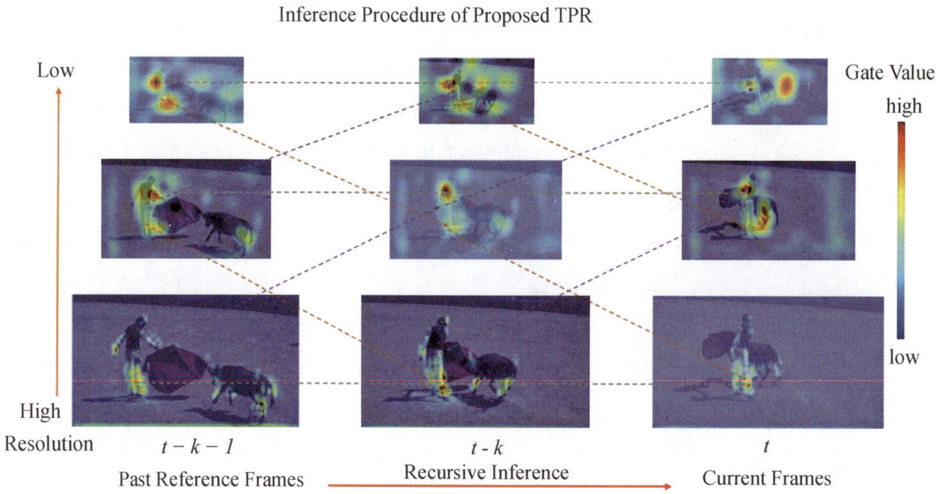

图 4-6 时序动态路由

该方法是基于之前的一些方法,比如动态路由和动态神经网络。动态路由里面的核心算子是通过门控机制把不同尺度特征汇合到同一层。如图 4-7 所示,具体的实现包含两个步骤:时序层次特征路由(Temporal Pyramid Routing)的输入是一组特征金字塔,输出是另外一组特征金字塔。第一步是把不同帧的不同层的特征进行对齐。因为在视频中,由于物体和相机的运动,特征是天然对不齐的,其中,图中空心圆代表的是对齐特征节点(Align Node),对齐特征节点的具体设计如图 4-7(c)所示,两个不同的门被用来融合不同层之间的信息。内部门(Inner Gate)用来融合两帧的特征中最相似和匹配的部分,外部门(Outer Gate)用来融合匹配部分的特征和当前帧的特征。对于寻找到的匹配部分,使用两个独立的样本匹配特征相似的区域;对于外部门,使用一个共享的门,用融合后匹配的特征作为当前帧的一个补充。两个门的作用是信息在时序上进行更加稀疏化的传播，可以有效地抑制背景的噪声。

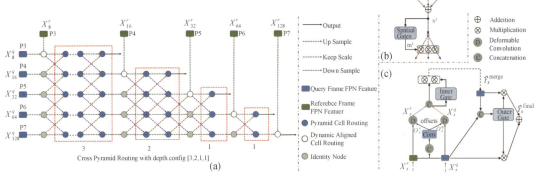

图 4-7　时序动态路由的具体实现图

4.6　面向遥感图像的城市管理复杂事件感知与标识

在城市管理复杂事件监测中，由于尺寸较小的物体难以被捕捉和识别，其事件行为难以分析，因此在复杂事件监测中，对小物体的监测通常存在较多漏检、误检等情况。如路面垃圾、违章建筑等复杂事件监测是城市管理较为关注的点。有效解决复杂事件监测是城市管理的重要组成部分。

随着城市管理复杂事件感知手段的不断拓展，遥感图像逐渐成为城市管理复杂事件监测的重要数据来源，面向遥感图像的违章建筑、垃圾堆放、无序停车等三种城市管理复杂事件感知与标识的相关研究正在开展。

对遥感图像分割本质上属于图像语义分割的一项特定任务，有着广泛的应用，例如对无人机定位和航拍图像处理等，如图 4-8 所示。不同于图像语义分割专注于解决多尺度特征融合问题，遥感图像分割则有一些特定的问题需要解决，其中最为重要的有两个：一是图像前景类目标和图像背景类目标不平衡的问题，图像背景类目标的像素比重过于复杂，导致图像前景类目标的分割效果较差；二是相关的数据集中存在着过多的小目标，小目标分割效果好的要求是必须要做到高分辨率和高语义特征表达。

(a) 遥感图像

(b) 掩码真实值

图 4-8　遥感图像分割的应用

现有的语义分割方法难以解决上述两个问题。一些基于密集相似性（Dense Affinity）的语义分割方法在处理遥感图像时，性能急剧下降，其潜在原因是过量的上下文信息给每个像素点带来了不必要的噪声,例如针对汽车类别,背景可能是路面或者房屋,但是在 iSAID 数据集上,路面和房屋却是一个类别,这种外观和语义之间的差距导致了分割效果的不同。因此,基于密集相似性的语义分割方法性能比基线方法的性能还要差。为此北京大学的研究者们针对上述两个问题提出了一个新的解决方法,即基于点的相似性矩阵进行建模[24],如图 4-9 所示。

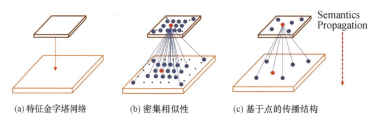

(a) 特征金字塔网络　　(b) 密集相似性　　(c) 基于点的传播结构

图 4-9　基于点的相似性矩阵模型

由于遥感数据集中存在小目标比较多的情况,现有方法采用了多尺度特征融合的框架,实现了语义信息自顶向下地传递,即模型的输入是两个相邻的特征图(低分辨率高语义特征为顶层,高分辨率低语义特征是底层),输出是底层的特征。

该方法提出的点流模型(PointFlow Module,PFM)主要包含四个步骤:

第一步:为输入的两个相邻的特征图找到对应的匹配点的坐标,模型需采用双点匹配器(Dual Point Matcher),从显著性区域和边缘区域选择匹配点的坐标。

第二步:通过双点匹配器输出的点进行相似性矩阵计算。

第三步:根据第二步计算得到的相似性矩阵和第一步得到的匹配点坐标把顶层的点的信息传递到底层特征上。

第四步:把前面三步构建的 PFM 插入到特征金字塔网络,以便高效地把语义信息自顶向下地传递。

如图 4-10 所示,双点匹配器(图中的实线框)为输入的两个相邻的特征图找到对应的匹配点坐标,工作流程大致分为两步:第一产生一个显著性特征图,第二利用该特征图和双指数平台器(Dual Index Generator)找到匹配点的坐标。

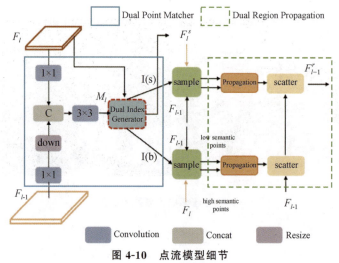

图 4-10　点流模型细节

产生显著性的特征图 M 的过程相对简单,首先,直接用一个 3×3 的卷积层和 Sigmoid 函数产生一个显著性特征图;其次,在双指数生成器中,采用最大值池化的方法去选择匹配点,同时对输入的特征图进行注意力计算;再次,模型使用差值特征进行边缘预测,选择边缘区域预测值最高的点作为匹配点;最后,根据上述输出的匹配点的坐标,选择对应点的特征,根据上下两层点特征的相似性矩阵来进行自顶向下的信息传递(如图 4-10 中虚线框所示)。

在目前最大的开源遥感 iSAID 数据集上,该模型与现有模型进行了大量对比实验,该模型不仅效果好,而且在推理测试时保持高效。与此同时,在三个公开的国际遥感数据集采用了该模型,取得了领先的性能。图 4-11 是三个国际遥感数据集采用该模型的结果,从图中可以看到,该模型在速度和精度上都有着明显的优势。

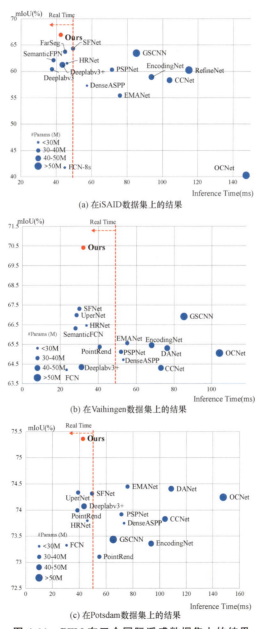

(a) 在iSAID数据集上的结果

(b) 在Vaihingen数据集上的结果

(c) 在Potsdam数据集上的结果

图 4-11　PFM 在三个国际遥感数据集上的结果

4.7 面向开放词汇的城市管理复杂事件感知与标识

尽管基于深度学习的目标检测与语义分割在城市管理复杂事件感知与标识中表现出色,但仍然存在一些挑战需要克服。其中,主要包括以下两方面:第一,固定类标签的限制。传统的深度学习模型在训练时通常使用固定的类标签。这意味着分类器是固定大小的线性层,无法预测和适应新类别标签。如果在测试时引入新类别标签,传统模型需要重新训练以适应新类别标签,这导致了训练时间和资源的浪费。第二,新类别标签的训练成本高。由于传统模型无法直接处理新类别标签,为了适应新数据,需要对模型进行多次重新训练。这不仅带来了显著的时间成本,还伴随着新数据的标注成本,尤其是在目标检测与语义分割任务中,数据标注是一项耗时且繁重的工作。为了解决此类问题,专家们提出全新的开放词汇目标检测任务。该任务要求模型在推理时能够准确识别出没有在训练集中出现过的物体。

在城市管理复杂事件感知中同样存在这种问题,使用固定类标签训练的深度学习模型无法处理场景中新出现的物体,尤其是复杂场景中物体类别过多,人为设计的类别标签难免会有疏漏。如果模型能够识别出场景中从未见过的类别标签,将极大减少模型的错检率。

现有面向开放词汇的目标检测方法可以分成三大类:面向视觉语言模型(Vision-Language Model,VLM)的知识蒸馏、视觉区域-标题单词对齐和扩大训练数据集。面向 VLM 的知识蒸馏[25,26]是一种基于通用基本框架的改进技术,旨在利用 VLM 中的知识来完成计算机视觉领域的目标检测任务。这类方法首先由 VLM 对图像中的目标进行预测,生成边界框;然后,根据 VLM 生成的边界框,从图像中裁剪出对应的物体区域;接下来,将裁剪得到的物体区域输入到 VLM 的图像编码器中,用于将物体区域转换为图像特征;将 VLM 的图像编码器生成的图像特征与嵌入文本进行对比。

视觉区域-标题单词对齐这种改进方法[27,28],旨在将图像特征与嵌入文本之间的信息对齐。首先,使用 VLM 将图像标题内容映射到图像中对应的区域,生成伪标签,即图像区域的标签;然后,利用这些伪标签,将 LVM 生成的图像特征与相应的图像区域进行对齐;为了优化对齐效果,可以在训练过程中显式地计算定位损失函数,用于衡量图像特征与图像区域是否准确。通过这种方式,可以有效地利用伪标签来对齐物体特征与图像区域,从而提高 VLM 的性能。

扩大训练数据集是一种简单有效的方法,可以帮助改进计算机视觉模型在新领域或新类别上的性能。此类方法是一种利用图像级别监督在 ImageNet 21K 数据集上进行目标检测的方法。其主要步骤如下:首先,在 ImageNet 21K 数据集上,使用图像级别监督的方法来检测主要物体,即在每张图像中找出主要的目标物体;其次,通过检测出的主要目标物体,构造具有广泛类别的伪目标检测数据集;最后,使用构造的伪目标检测数据集,在该数据集上训练目标检测模型。由于数据集涵盖了大量类别,这样的训练可以大幅提高该方法在检测新类别上的性能。

总体来说,面向开放词汇的目标检测可以有效提升模型识别从未见过的物体的能力,这将极大增强城市管理复杂事件感知对于突发情况和新出现物体的处理能力。

参考文献

[1] Krizhevsky A, Sutskever I, Hinton G E. Imagenet classification with deep convolutional neural networks[J]. Advances in neural information processing systems, 2012, 25.

[2] Simonyan K, Zisserman A. Very deep convolutional networks for large-scale image recognition[J]. arXiv preprint arXiv:1409.1556, 2014.

[3] He K, Zhang X, Ren S, et al. Deep residual learning for image recognition[C]//Proceedings of the IEEE conference on computer vision and pattern recognition. 2016: 770-778.

[4] Ren S, He K, Girshick R, et al. Faster r-cnn: Towards real-time object detection with region proposal networks[J]. Advances in neural information processing systems, 2015, 28.

[5] Redmon J, Divvala S, Girshick R, et al. You only look once: Unified, real-time object detection[C]//Proceedings of the IEEE conference on computer vision and pattern recognition. 2016: 779-788.

[6] Liu W, Anguelov D, Erhan D, et al. Ssd: Single shot multibox detector[C]//Computer Vision-ECCV 2016: 14th European Conference, Amsterdam, The Netherlands, October 11-14, 2016, Proceedings, Part I 14. Springer International Publishing, 2016: 21-37.

[7] Carion N, Massa F, Synnaeve G, et al. End-to-end object detection with transformers[C]//European conference on computer vision. Cham: Springer International Publishing, 2020: 213-229.

[8] Zhu X, Su W, Lu L, et al. Deformable detr: Deformable transformers for end-to-end object detection[J]. arXiv preprint arXiv:2010.04159, 2020.

[9] Long J, Shelhamer E, Darrell T. Fully convolutional networks for semantic segmentation[C]//Proceedings of the IEEE conference on computer vision and pattern recognition. 2015: 3431-3440.

[10] Ronneberger O, Fischer P, Brox T. U-net: Convolutional networks for biomedical image segmentation[C]//Medical Image Computing and Computer-Assisted Intervention-MICCAI 2015: 18th International Conference, Munich, Germany, October 5-9, 2015, Proceedings, Part III 18. Springer International Publishing, 2015: 234-241.

[11] Badrinarayanan V, Kendall A, Cipolla R. Segnet: A deep convolutional encoder-decoder architecture for image segmentation[J]. IEEE transactions on pattern analysis and machine intelligence, 2017, 39(12): 2481-2495.

[12] Chen L C, Papandreou G, Kokkinos I, et al. Semantic image segmentation with deep convolutional nets and fully connected crfs[J]. arXiv preprint arXiv:1412.7062, 2014.

[13] Chen L C, Papandreou G, Kokkinos I, et al. Deeplab: Semantic image segmentation with deepconvolutional nets, atrous convolution, and fully connected crfs[J]. IEEE transactions on pattern analysis and machine intelligence, 2017, 40(4): 834-848.

[14] Chen L C, Papandreou G, Schroff F, et al. Rethinking atrous convolution for semantic image segmentation[J]. arXiv preprint arXiv:1706.05587, 2017.

[15] He K, Gkioxari G, Dollár P, et al. Mask r-cnn[C]//Proceedings of the IEEE international conference on computer vision. 2017: 2961-2969.

[16] Bolya D, Zhou C, Xiao F, et al. Yolact: Real-time instance segmentation[C]//Proceedings of the IEEE/CVF international conference on computer vision. 2019: 9157-9166.

[17] Xie E, Sun P, Song X, et al. Polarmask: Single shot instance segmentation with polar representation[C]//Proceedings of the IEEE/CVF conference on computer vision and pattern recognition. 2020: 12193-12202.

[18] Lin T Y, Maire M, Belongie S, et al. Microsoft coco: Common objects in context[C]//Computer Vision-ECCV 2014: 13th European Conference, Zurich, Switzerland, September 6-12, 2014, Proceedings, Part V 13. Springer International Publishing, 2014: 740-755.

[19] Garcia-Garcia A, Orts-Escolano S, Oprea S, et al. A review on deep learning techniques applied to semantic segmentation[J]. arXiv preprint arXiv: 1704.06857, 2017.

[20] Caesar H, Bankiti V, Lang A H, et al. nuscenes: A multimodal dataset for autonomous driving [C]//Proceedings of the IEEE/CVF conference on computer vision and pattern recognition. 2020: 11621-11631.

[21] He H, Li X, Cheng G, et al. Enhanced boundary learning for glass-like object segmentation[C]// Proceedings of the IEEE/CVF International Conference on Computer Vision. 2021: 15859-15868.

[22] Xu S, Li X, Yang Y, et al. Query Learning of Both Thing and Stuff for Panoptic Segmentation [C]//2022 IEEE International Conference on Image Processing (ICIP). IEEE, 2022: 716-720.

[23] Zhou Q, Li X, He L, et al. TransVOD: end-to-end video object detection with spatial-temporal-transformers[J]. IEEE Transactions on Pattern Analysis and Machine Intelligence, 2022.

[24] Li X, He H, Li X, et al. Pointflow: Flowing semantics through points for aerial image segmentation[C]//Proceedings of the IEEE/CVF Conference on Computer Vision and Pattern Recognition. 2021: 4217-4226.

[25] Gu X, Lin T Y, Kuo W, et al. Open-vocabulary object detection via vision and language knowledge distillation[J]. arXiv preprint arXiv: 2104.13921, 2021.

[26] Ma Z, Luo G, Gao J, et al. Open-vocabulary one-stage detection with hierarchical visual-language knowledge distillation[C]//Proceedings of the IEEE/CVF Conference on Computer Vision and Pattern Recognition. 2022: 14074-14083.

[27] Zhong Y, Yang J, Zhang P, et al. Regionclip: Region-based language-image pretraining[C]//Proceedings of the IEEE/CVF Conference on Computer Vision and Pattern Recognition. 2022: 16793-16803.

[28] Zareian A, Rosa K D, Hu D H, et al. Open-vocabulary object detection using captions[C]//Proceedings of the IEEE/CVF Conference on Computer Vision and Pattern Recognition. 2021: 14393-14402.

第 5 章 基于互联网文本大数据的民情事件感知与标识

在现代城市发展中,民情事件的感知与标识起着至关重要的作用。民情事件涵盖了居民生活的方方面面,而对这些事件的处理,也涉及城市中的众多领域和部门。尤其在互联网普及的今天,众多社情民意通过互联网平台进行反馈,对城市运行管理中的民情事件标识提出了新的要求和挑战。北京大学的研究者们在预训练大语言模型的基础上,重点探索了文本语义表征的学习,提出了多个新的语言模型,以提高对民情事件感知的准确性和实时性,实现对民情事件的标识。

5.1 民情事件及其自动检测

5.1.1 民情事件的定义

民情事件通常指与社会公众生活息息相关的事件,包含了社会、政治、经济和文化等方方面面。这些事件可能会影响到社会公众的生活质量和幸福感,因此在城市运行中,城市管理人员通常会密切关注这些事件,并采取相应措施来解决。

5.1.2 基于文本的民情事件的检测方法

在新模式下,民情事件通常通过互联网文本的形式收集得到,因此,对于民情事件的检测,主要采用基于文本的检测方法,也就是采用文本分类的方法。民情事件的标识模型首先需要判别出民情事件归属于哪一类,民情事件可以被标识为城管、住建、市场、医疗、交通、教育等多个类别,将标识任务抽象为文本分类任务,在提出新的预训练语言模型的基础上,对学习得到的文本语义表征进行训练和标识。

在进行研究和实验的过程中,北京大学和数字政通的研究者们联合收集了来自政府部门和城市应急管理机构平台上社会公众真实反馈的文本诉求和记录,共计 50 000 条。由于文本诉求较长、涉及部门繁多且分布不均衡,研究者们首先对文本格式进行了规范化处理,删除了敏感信息和部分无效记录,将一些支线部门的数据进行了归并。此外,为了和其他预训练语言模型进行比较,研究者们也在常用的自然语言处理数据集上进行了实验和测试,包括斯坦福情感分类树库(Stanford Sentiment Treebank,SST)、自然语言推理(包括 SNLI 和 MNLI)、GLUE 基准测试等。

5.2 面向互联网文本的数据挖掘的研究进展

文本语义表征是自然语言处理研究领域最为基础性的工作,如何利用计算机从词、句子、篇章等不同层次的非结构化的文本信息中,提取和刻画其内在含义,并构建计算机可直接处理的、结构化的表示,一直是自然语言处理研究领域的热点。近年来,通过低维、连续、稠密的数值向量表征文本语义,已经成为学术界的共识。本章根据文本语义表征的研究路线,兼顾相关研究成果发表的时间顺序,在介绍文本语义的统计表征方法、分布式表征方法的基础上,重点介绍预训练语言模型的提出背景、研究现状、面临挑战,并详细剖析了基于知识增强的预训练语言模型的研究现状和存在问题。

5.2.1 面向互联网文本的研究任务

自然语言处理是计算机科学与语言学的交叉学科,是人工智能的重要研究方向之一,而面向互联网文本的研究任务,则是自然语言处理技术在大数据时代面向互联网文本大语料的应用。面向互联网文本的研究任务的难点是如何从海量的互联网文本数据中获取有价值的信息。这一领域的研究任务包括文本语义表征、实体抽取、关系抽取、文本分类、文本生成等,旨在通过对非结构化文本数据的分析,让计算机更好地理解和使用自然语言文本。

其中,文本语义表征是最为基础性的任务,是利用计算机对非结构化的文本信息中包含的内在含义进行提取和刻画,并形成计算机可直接处理的、结构化的表示,从而为实现机器理解自然语言、生成自然语言奠定基础;而文本分类可以看作是在文本语义表征任务完成之后的一大类下游任务,由文本分类任务可以实现很多具体的互联网应用,包括垃圾邮件检测、情绪分析、新闻分类、用户意图分类、内容审核等。接下来,通过面向互联网文本语义表征方法和面向互联网文本分类方法的介绍来了解互联网文本数据挖掘的研究进展。

5.2.2 面向互联网文本语义表征方法

近年来,通过低维、连续、稠密的数值向量表征文本语义,已经成为学术界的共识,而在处理海量的互联网文本数据时,更是如此。在学术研究中,面向互联网文本语义表征方法大致可以分为三类:基于统计信息的文本语义表征、文本语义的分布式表征方法和基于大规模语料的预训练语言模型。

5.2.2.1 基于统计信息的文本语义表征

在 20 世纪 90 年代,基于统计信息的文本语义表征方法是当时的研究主流。其主要思想是通过计数或统计信息,生成文本语义表征。

独热编码和词袋模型是该类方法的典型代表。独热编码又被称为哑编码,是最传统、最基础的文本语义表征方法。它将词表示成一个向量,该向量的维度是语料库生成的词典的长度,该向量为每个词设置一个单独的维度,每个词也只在自己对应的维度上值为 1,其他位置均为 0。独热编码存在很明显的问题,使用独热编码表征的文本,得到的矩阵是一个高维的稀疏矩阵,对计算资源和存储资源是严重的浪费;不同的向量相互正交,无法在语义层面上衡量不同词的语义关系;该编码只能反映某个词是否在语料中出现过,而无法反映这个词在不同句子、段落、篇章中的重要程度。

词袋模型在独热编码的基础上,认为每个词之间都是相互独立的,对词表中的每个词在语料中的出现次数进行记录,认为出现频率高的词在文本中是相对重要的。词袋模型是针对文本(而不是字或词)进行编码的,编码后向量维度是词典的长度,向量中某个词在文本中出现的次数会记录在词典中该词对应的维度上。词袋模型完全忽略了词的位置信息,而与词位置相关的词序信息和上下文信息在文本中是一个很重要信息,词的位置不一样语义会有很大的差别。例如句子"我吃了早饭"和"早饭吃了我"有明显的语义区别,但是词袋模型给出的编码是一致的。同时,仅通过计数表征词的重要程度是有问题的,停用词往往不具有明显的实际意义,但是在文本中出现频率很高;而专有名词在语义理解上起到重要作用,却在文本中出现频率不高。这样会造成词袋模型无法区分停用词和专有名词的问题。

为规避词计数方法带来的弊端,词频-逆文档频率模型应运而生。其中,词频即每个词在该文本中出现的次数,表示该词的重要程度;文档频率是指含有某个词的文本在整个语料库中所占的比例,逆文档频率是文档频率的倒数,这个值越大表明对应的词越重要,在进行文本语义表征中更能反映文本的整体语义信息。词频-逆文档频率模型提供了一种较合理的词度量方法,模型实现简单,算法容易理解且可解释性较强。但词频-逆文档频率模型中词与词之间是独立的,无法提供词序信息和上下文信息。同时,生成的语义表示仍然是稀疏的。逆文档频率本质上是一种试图抑制噪声的加权操作,使得模型更倾向于文本中出现频率比较小的词。

5.2.2.2　文本语义的分布式表征方法

分布式表征方法是目前文本语义表征的主流策略,依据文本语义表征生成的基础模型不同,文本语义的分布式表征方法可划分为传统分布式表征方法、基于浅层网络的词嵌入表征方法和基于深度网络的预训练语言模型。

1954 年,Harris 提出的分布式假说(Distributional Hypothesis)奠定了文本分布式表征方法的理论基础,其核心思想是相似的上下文,其语义也相似。因为在相似的上下文中,对应位置出现的不同的词,其词性往往是一致的,词意往往也是相似或者有关联的。Firth 在 1957 年对分布式假说做了进一步的阐述和说明,明确提出词的语义由其上下文决定。在分布式假说的指导下,文本语义的分布式表征可根据每个词在语料中的上下文来对其真实的语义进行推测和理解。文本语义的分布式表征方法最早由 Hinton 等人提出,它用低维、稠密、连续的实值向量来描述文本的语义。在文本语义的分布式表征中,向量的每个维度均没有明确的意义,仅代表词的隐特征,而向量整体却在语义空间中对词意进行统一表达,形成具体的词意。文本语义的分布式表征是稠密的,它可以在线性空间内对指数量级的词的分布进行表示。

5.2.2.3　基于大规模语料的预训练语言模型

先前的方法在文本语义表征过程中以其对应的上下文作为参照,在模型训练结束后对同一个词生成的表征是确定的且唯一的,不随着具体语境的变化而发生改变——这样的表征被称为"静态表征"。静态表征导致上下文无关的文本语义表征无法解决"一词多义"这一自然语言研究中的常见问题。比如"我吃了一个苹果"和"苹果的信号很差"两句话中,均出现"苹果"这个词汇,显然前者指代的是一种水果,而后者语义上指的是苹果品牌的电子设备,但此时上下文无关的语义表征会为两句话中的"苹果"生成完全相同的语义表征,这显然是有悖常识的。对应地,对上下文敏感的文本语义表征方法中,每个词在模型中的实际表达,不仅仅依赖于词和模型本身,其上下文中的词也起到至关重要的作用。换言之,同一个词在同一个模型中,会因为它所处的上下文语境变化而生成不同的词义。大规模语料的预训练语言模型凭借其通用的训练方法和在下游任务上突破性的表现,成为文本语义表征领域的研究热点。

5.2.3 面向互联网文本分类方法

文本分类(Text Classification 或 Text Categorization),又称自动文本分类(Automatic Text Categorization),同样也是自然语言处理中的一个经典问题,其旨在为由自然语言组成的句子、段落和文档等文本单元分配标签。在互联网中,文本分类具有广泛的应用,包括垃圾邮件检测、情绪分析、新闻分类、用户意图分类、内容审核等。互联网文本数据有着极其丰富的来源,包括网页数据、电子邮件、社交媒体、用户评论以及客服问答等。随着互联网文本数据规模的不断增长,文本分类任务也变得越来越重要。

随着深度学习的不断发展,人们设计了一大批各具特色的针对文本分类任务的神经网络。而根据神经网络架构的不同,可以将这些方法进行归类,包括基于前馈神经网络的方法、基于循环神经网络的方法、基于卷积神经网络的方法、基于注意力机制的方法、基于 Transformer 与预训练语言模型的方法等[1]。

5.2.3.1 基于前馈神经网络的方法

前馈神经网络(Feedforward Neural Network)是最简单的文本分类的深度学习模型之一,但是通常也能取得不错的效果。这个模型将文本视为一个词袋,对于每个词,使用诸如 word2vec[2] 或 Glove[3] 等生成词向量,将嵌入的向量和平均值作为文本表示,将其传递给一个或多个前馈神经网络层,即多层感知器(Multi-Layer Perceptrons),然后使用逻辑回归、朴素贝叶斯或 SVM 等分类器对最终层的文本进行分类。

5.2.3.2 基于循环神经网络的方法

循环神经网络(Recurrent Neural Network,RNN)是一种用来处理序列数据的常用方法。基于 RNN 的文本分类模型将文本视为词的序列,旨在捕获文本中词与词之间的依赖性和文本的整体结构。然而,普通的 RNN 表现不佳,并且通常表现不如前馈神经网络。在 RNN 的众多变体中,长短期记忆(Long Short Term Memory,LSTM)是最流行的架构,最早由 Hochreiter 和 Schmidhuber 提出,旨在更好地捕获长期依赖性。LSTM 通过引入一个记忆单元来记住任意时间间隔内的值,并引入三个门(输入门、输出门、遗忘门)来调节进出网络的信息流,从而解决普通 RNN 遇到的梯度消失或爆炸问题。

5.2.3.3 基于卷积神经网络的方法

卷积神经网络(Convolutional Neural Network,CNN)最早被提出来用于处理图像结构的数据,但是由于其能够较好地捕获局部信息,人们也尝试将其应用到自然语言数据的处理中。首先,使用 CNN 进行文本分类,模型的输入是文本的词向量拼接成的矩阵;其次,像处理图片数据一样,将矩阵送入若干卷积层,卷积层中包含多个不同维度的滤波器;最后,卷积层的输出经过池化层,以此得到文本的最终向量表示,并由此得到分类结果。在这个方向上,最早由 Kalchbrenner[4] 提出了 Dynamic CNN,其中使用了 k-max 池化。随后 Kim[5] 提出了一种更简单的模型,其研究了不同的词嵌入方法,最后使用 word2vec 生成的词向量,通过一层卷积层得到最终的表示。

5.2.3.4 基于注意力机制的方法

注意力机制(Attention Mechanism)是深度学习中一个非常流行的概念,在自然语言处理中,它可以被简单地解释为向量的权重。为了预测句子中的某个单词,使用注意力机制估计它与其他单词的相关程度或"关注"其他单词的强度,并将它们经注意力向量加权的值之和作为目标的近似值[1]。这里同样列举一些基于注意力机制的模型。Yang[6]首先提出了用于文本分类的分层注意力模型,该模型可以反映文档的层次结构,对于单词层级和句子层级使用了两层注意力机制;Zhou[7]将分层注意力模型和 LSTM 结合,用于跨语言的情感分类任务等。

5.2.3.5 基于 Transformer 的预训练语言模型

Transformer[8]由 Vaswani 等人在 2017 年的论文"Attention Is All You Need"中提出,一经提出,就受到了广泛的关注。Transformer 模型通过使用自注意力机制来捕捉序列中的长距离依赖关系,从而解决序列到序列的任务。如今 Transformer 和基于 Transformer 的预训练语言模型已经成为各项自然语言处理任务的基础。例如谷歌推出 BERT[9],使用预训练和微调的范式,先在大规模的数据集上使用预定义好的自监督学习进行预训练,然后在小规模的数据集上微调得到下游任务的模型。同时 OpenAI 也推出了 GPT 系列模型[10-13],与 BERT 不同的是,GPT 系列模型的主干网络由 Transformer 模型的解码器堆叠而来,而 BERT 使用的是 Transformer 模型的编码器。除了 GPT 和 BERT 之外,还有许多其他基于 Transformer 模型的预训练语言模型,如 XLNet、RoBERTa、ALBERT 等。这些模型都建立在 Transformer 模型、自监督学习和迁移学习之上,并且在几乎所有自然语言处理任务中都取得了巨大的成功,极大推动了自然语言处理领域的发展。

5.3 面向民情事件分类的基于任务注意力的多任务学习框架

在文本理解的任务中,有一些经典任务存在较大规模公开的标注数据集。但是,获得这些标注数据集的过程非常耗时和昂贵,特别是在实际的民情事件标识应用场景中,可能需要动态地加入新的民情事件。在加入新的民情事件之后,模型无法快速地获得很多标注数据,因此如何利用少量的标注数据得到尽可能好的训练效果是非常关键的。多任务学习是解决这一问题的一个可行途径。

如果将较多的文本标注任务和较少的数据集标注新任务放在一起训练,新任务的训练效果就有可能获得较大的提升。然而,之前的研究也表明,并不是所有的任务放在一起训练都能够互相促进的,有些任务会对其他任务存在负面迁移(Negative Transfer)。北京大学的研究者们针对这一问题,提出了一种新的基于任务注意力机制的多任务学习(Multi-Task Learning)框架,如图 5-1 所示。首先,底层的输入经过编码器层,得到文本的通用表示(Task-Irrelevant Representation),这个表示与任务无关;其次,每个任务经过一个特殊的池化层,分别获得与任务相关的文本表示(Task-Oriented Representation);然后,这些与任务相关的文本表示会进入到一个多任务注意力机制(Multi-Task Attention Layer);最后,多任务注意力机制会输出各任务协同优化后的表示(Multi-Task Collaborative Representation),接上各任务的损失函数之后就可以对模型进行联合训练。

多任务注意力机制可以计算不同任务的相关性,同时这个相关性并不是静态的,而是和输入文本相关的。已有的工作如 MT-DNN[14]并没有考虑任务之间的相关性,CA-MTL[15]考虑了任务的静态关系,但是和具体的输入文本无关。Adapter-Hub[16]和 AdapterFusion[17]在原始的模型中加入适配器,也没有对任务相关性进行建模。从表 5-1 的实验结果来看,该研究引入的多任务注意力机制成功地缓解了多任务学习中的跷跷板问题,模型在 GLUE Benchmark[18]中的绝大多数的数据集和平均指标上均取得同类方法中的最好效果。

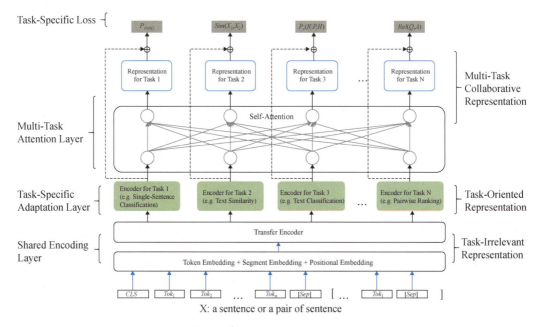

图 5-1 基于任务注意力机制的多任务学习框架

表 5-1 基于任务注意力机制的多任务学习框架在 GLUE Benchmark 数据集的实验结果

Model	Avg	CoLA	SST-2	MRPC	STS-B	QQP	MNLI	QNLI	RTE
BERT-Base (Devlin et al., 2018)	82.3	56.3	92.7	88.6/–	89.0/–	89.6/–	84.4	88.4	69.3
AdapterHub (Pfeiffer et al., 2020b)	83.0	59.5	92.6	90.5/–	88.8/–	91.4/–	84.1	91.3	66.2
AdapterFusion (Pfeiffer et al., 2020a)	-	-	92.4	–/85.1	-	90.9/–	84.1	-	66.4
MT-DNN-Base (Liu et al., 2019c)	83.5	53.1	92.1	89.6/–	89.7/–	89.5/–	84.0	91.4	78.7
CA-MTL-Base (Pilault et al., 2021)	84.3	**60.9**	91.9	88.9/–	88.8/–	90.3/–	82.9	90.7	79.1
CMTR-Base (ours)	**86.1**	58.3	**93.2**	**93.7/91.2**	**91.3/91.5**	**91.6/88.6**	**84.8**	**91.9**	**83.7**
BERT-Base (test)	79.7	51.7	93.5	87.2/82.1	85.4/86.7	71.1/89.0	84.0	90.4	67.2
MT-DNN-Base (test)	80.2	50.1	93.1	89.8/86.4	86.8/87.4	71.4/89.1	83.6	90.9	75.5
CA-MTL-Base (test)	80.3	**53.1**	93.2	88.6/–	85.3/–	69.2/–	**85.9**	90.5	76.4
CMTR-Base (test)	**81.0**	51.4	**93.6**	**91.2/88.2**	**86.0/87.3**	**71.7/89.4**	84.3	**91.9**	**77.7**
BERT-Large (Devlin et al., 2018)	84.5	61.8	93.5	89.5/85.8	89.6/89.3	91.9/89.2	86.3	92.4	71.1
CA-MTL-Large (Pilault et al., 2021)	85.5	63.2	93.0	91.8/–	90.1/–	88.3/–	85.5	90.9	81.4
MT-DNN-Large (Liu et al., 2019c)	86.8	63.5	94.3	91.0/87.5	90.7/90.6	91.9/**89.2**	**86.9**	92.9	83.4
CMTR-Large (ours)	**87.6**	**64.1**	**94.8**	**91.8/88.7**	**91.4/91.3**	**92.0/89.2**	86.8	**93.0**	**86.6**
BERT-Large (test)	81.7	60.5	94.9	89.3/85.4	87.6/86.5	72.1/89.3	**86.3**	92.7	70.1
CA-MTL-Large (test)	82.5	59.5	94.7	89.3/–	87.7/–	71.4/–	85.7	92.6	79.0
MT-DNN-Large (test)	82.8	**61.5**	**95.6**	90.0/86.7	88.3/87.7	72.4/89.6	**86.3**	93.1	75.5
CMTR-Large (test)	**83.5**	59.2	94.3	**91.1/88.1**	**90.0/89.5**	**72.6/89.7**	86.2	**93.2**	**81.0**

5.4 面向民情事件分类的语法结构信息增强的预训练语言模型

各种神经网络已被广泛用于解决自然语言处理任务,如卷积神经网络、递归神经网络、基于图的神经网络和注意力机制,这些模型的优点之一是它们能够缓解特征工程问题。非神经网络对自然语言处理通常严重依赖离散的手工特征,而神经网络对自然语言处理通常使用密集的低维向量来隐含地表示语法或文本语义特征,这些表示是在特定的自然语言处理任务中学习的。

随着深度学习的发展,模型参数的数量迅速增加。需要更大的数据集来训练模型以防止模型过拟合。然而,对于大多数自然语言处理任务来说,构建大规模标注数据集是一个巨大的挑战,因为标注成本非常高,尤其是对语法和语义相关的任务。相比之下,大规模未标注的语料库相对容易构建。为了利用大规模的未标注的文本语料库,模型可以首先从中学习文本的一般表示,这个过程称为模型的预训练,经过预训练得到的不具备特定领域知识的语言模型叫作预训练语言模型。

预训练语言模型通常从通用的大规模未标注的文本语料库中学习通用的语言表示,但其大多缺乏特定领域的知识。目前已有许多研究尝试(如 LISA[19])将外部知识库中的领域知识整合到预训练语言模型中,再将这样的模型分别运用于各自适用的自然语言处理的下游任务中,并监测其表现,结果表明这种通过知识嵌入增强预训练语言模型的方法是积极有效的。为了进一步提升预训练语言模型在下游任务上的表现,推动知识感知的预训练语言模型的发展,北京大学的研究者们提出了语法结构信息增强的 Syntax-BERT 模型[20]。

Syntax-BERT 模型将语法知识(短语树和依存树)融入预训练语言模型的通用框架,利用无监督的方法可以将任意一个下游任务的语料库的语法知识融入预训练语言模型,这一微调过程在引入少量参数和额外计算开销的情况下实现了性能的稳定提升。

Syntax-BERT 模型的整体架构如图 5-2 所示。左侧分两步为输入句子生成语法遮罩。首先,通过语法解析器将输入的句子转换成相应的语法树结构;其次,根据包含在语法树中的不同特征提取一堆与语法相关的遮罩;接下来,将句子嵌入到 Transformer 模型的自注意力层中。在 Syntax-BERT 模型中,每个自注意力层都由两种注意力模块组成,即 Masked Self-Attention 和 Topical Attention。在 Masked Self-Attention 模块中,自注意力遮罩被应用于生成自注意力层中的注意力得分矩阵,每一个遮罩生成一个不同的网络输出,这些不同的网络输出共享注意力参数。此外,不同的网络输出通过 Topical Attention 聚合,以便将与任务相关的知识提炼为最终的表示向量输出。

Syntax-BERT 模型提出的融入语法知识的方式适用于所有基于 Transformer 模型的自注意力机制的预训练语言模型,针对主流的预训练语言模型,研究者们进行了对比实验。

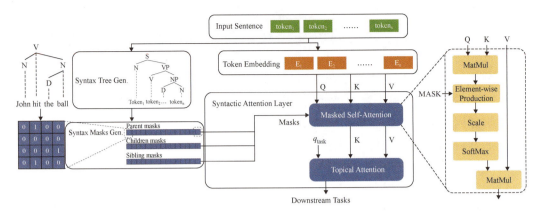

图 5-2 Syntax-BERT 模型的整体架构

表 5-2 Syntax-BERT 模型在 GLUE Benchmerk 测试基准上的结果

Model	Avg	CoLA	SST-2	MRPC	STS-B	QQP	MNLI-m/-mm	QNLI	RTE	WNLI
Transformer	66.1	31.3	83.9	81.7/68.6	73.6/70.2	65.6/84.4	72.3/71.4	80.3	58.0	65.1
Syntax-Transformer (Ours)	68.8	36.6	86.4	81.8/69.0	74.0/72.3	65.5/84.9	72.5/71.2	81.0	56.7	65.1
BERT-Base	77.4	51.7	93.5	87.2/82.1	86.7/85.4	71.1/89.0	84.3/83.7	90.4	67.2	65.1
Syntax-BERT-Base (Ours)	78.5	54.1	94.0	89.2/86.0	88.1/86.7	72.0/89.6	84.9/84.6	91.1	68.9	65.1
BERT-Large	80.5	60.5	94.9	89.3/85.4	87.6/86.5	72.1/89.3	86.8/85.9	92.7	70.1	65.1
Syntax-BERT-Large (Ours)	81.8	61.9	96.1	92.0/88.9	89.6/88.5	72.4/89.5	86.7/86.6	92.8	74.7	65.1
RoBERTa-Base	80.8	57.1	95.4	90.8/89.3	88.0/87.4	72.5/89.6	86.3/86.2	92.2	73.8	65.1
Syntax-RoBERTa-Base (Ours)	82.1	63.3	96.1	91.4/88.5	89.9/88.3	73.5/88.5	87.8/85.7	94.3	81.2	65.1
RoBERTa-Large	83.9	63.8	96.3	91.0/89.4	72.9/90.2	72.7/90.1	89.5/89.7	94.2	84.2	65.1
Syntax-RoBERTa-Large (Ours)	84.7	64.3	96.9	92.5/90.1	91.6/91.4	73.1/89.8	90.2/90.0	94.5	85.0	65.1
T5-Large	86.3	61.1	96.1	92.2/88.7	90.0/89.2	74.1/89.9	89.7/89.6	94.8	87.0	65.1
Syntax-T5-Large (Ours)	86.8	62.9	97.2	92.7/90.6	91.3/90.7	74.3/90.1	91.2/90.5	95.2	89.6	65.1

如表 5-2 所示,Syntax-BERT 模型稳定性优于相应的基础模型。在仅仅引入少量参数和计算量的情况下,Syntax-BERT 模型几乎能为相应的基础模型在 GLUE Benchmerk 测试基准的均分带来 1% 左右的提升。特别是对 CoLA 和 SST-2 任务,数据集的改进相当大,显示了 Syntax-BERT 模型在小规模数据集上的泛化能力。另外,CoLA 任务主要是对一个给定句子,判定其语法是否正确,句法信息作为语法信息的一种,能够很好地帮助任务判断语法的正确性。SST-2 是斯坦福大学发布的一个情感分析数据集,主要针对电影评论来做情感分类,它是 GLUE Benchmerk 十个测试基准中唯一一个带有语法树信息库的,这里不包含由于语法信息抽取不准确而产生的额外偏差,该研究提出的语法增强模型可以取得更好的效果。可以看到,更多的训练数据会提高模型的泛化能力,弥补领域先验的不足。

5.5 面向民情事件分类的多种知识增强预训练语言模型的统一框架

为了更灵活地融入外部知识,北京大学的研究者们进一步提出了 KAM-BERT 模型[21],利用显示的外部语义知识干预模型的训练过程,达到了将明确的外部知识注入预训练语言模型的目标,从而进一步提升了模型在下游任务上的性能表现。

KAM-BERT 模型的整体架构如图 5-3 所示。图中上方是由不同的外部知识［研究采用了三种不同的外部知识，分别是命名实体信息（Entity）、词组划分信息（Phrase Segmentation）和词项相关信息（Term Correlation）］抽取得到的不同的知识矩阵（Knowledge Maps）。下方展示了两个相邻的 Transformer Block 内外部的信息流动，包含有 Transformer Block 内部的计算细节以及引入外部知识的融合框架，体现了在训练过程中外部知识对模型的干预。

在融合外部知识的过程中，与传统自注意力机制不同的是，在 KAM-BERT 中，Transformer Layer 内部计算得到注意力图（Attention Map）之后，并不直接利用它生成最终的向量表示，而是将注意力图与多个外部知识生成的知识矩阵堆叠后，利用多通道卷积（Multi-Channel Convolution）的方式将信息整合到一张由外部知识增强过的注意力图中，最后利用生成的注意力图来计算外部知识增强的文本表达。

值得一提的是，根据之前的研究结果，研究者们在 KAM-BERT 中改进了原始 Transformer 模型的信息流动方式，原始 Transformer 模型中底层生成的外部知识增强的注意力图可以作为一个知识辅助上层生成注意力图，在 KAM-BERT 中，研究者们选择利用线性融合的方式将底层的注意力图的信息添加至上层的注意力图中。

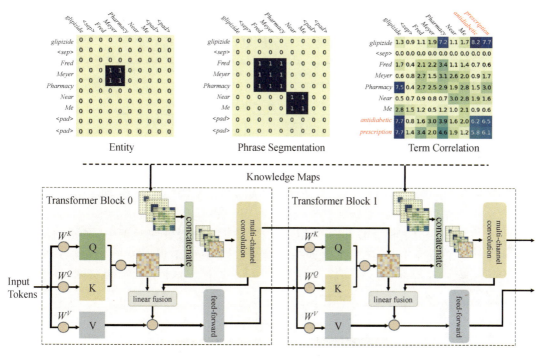

图 5-3　KAM-BERT 模型整体架构

研究者们对两大类 Question Answering 任务进行了实验，分别是基于常识的 Question Answering 和基于开放领域的 Question Answering，实验结果如表 5-3 所示。前者主要针对常识性问题的回答，需要模型基于常识进行阅读理解，采用 CosmosQA 进行评估；后者使用外部知识辅助来进行问题回答，用 SearchQA 和 Quasar-T 进行评估。相比于 BERT-Large 和 RoBERTa-Large，该模型在精度上实现了平均 10.6% 和 5.4% 的提升，同时也超越了一些公认的同期最优(SOTA)模型。

表 5-3　KAM-BERT 模型在 Question Answering 任务上的结果

Model	#Params	SearchQA	Quasar-T	CosmosQA
BERT-Large	345M	51.7/61.9	40.4/46.1	68.5
WKLM	348M	58.7/63.3	43.7/49.9	—
WKLM+Ranking	348M	61.7/66.7	45.8/52.2	—
KAM-BERT-Large (Ours)	347M	**62.3/67.2**	**47.0/53.5**	**69.3**
RoBERTa-Large	355M	59.0/65.6	40.8/48.8	80.6
RoBERTa + multitask	355M	59.9/66.7	44.6/51.2	81.2
K-Adapter	384M	62.0/67.3	46.3/53.0	81.8
KAM-RoBERTa-Large (Ours)	361M	**64.4/68.6**	**46.6/53.4**	**81.9**

为了进一步验证 KAM-BERT 是否能将外部知识整合到预训练语言模型中，研究者们在 LAMA 测试基准上进行了实验。LAMA 是一个被广泛使用的测试语言模型中知识丰富程度的基准。评估的结果如表 5-4 所示，KAM-BERT 在所有任务上都优于对应的基线模型，这说明 KAM-BERT 可以将外部知识的很好的整合到预训练语言模型中。

KAM-BERT 模型具有较好的普适性，并不局限于语法、命名实体、词组分割、词项相关等知识的嵌入，也适用于其他领域知识和知识图谱的嵌入，只要根据不同知识设计相应的遮罩即可。

表 5-4　KAM-BERT 模型在 LAMA 测试基准上的结果

Model	SQuAD	Google-RE	T-REx	ConceptNet
BERT-Large	14.1	9.8	31.1	15.6
KAM-BERT-Large	**14.5**	**10.1**	**32.2**	**16.0**
RoBERTa-Large	15.9	11.3	33.7	17.1
KAM-RoBERTa-Large	**16.3**	**11.9**	**34.5**	**17.3**

5.6　基于互联网文本大数据的民情事件标识的原型系统

北京大学的研究者们将提出的模型应用于真实的民情事件标识中，在预训练和微调的框架下进行文本分类，数据集被划分为训练集(35 000 条)、验证集(5 000 条)和测试集(10 000 条)。在分布不均衡的处理中，进一步地采用了重采样的处理方法，并对重采样的样本进行了数据增强，分类步骤如图 5-4 所示。

图 5-4　民情事件文本分类步骤

实验中，相关方法在民情事件标识精度上可达 81.5%，前两位的精度可达 90.2%，前五位的精度可达 96.5%。其中民情事件标识精度前五位的部门分别是信访局(1.0)、教育局(0.951 7)、街道办事处(0.892 0)、市生态环境局地方管理局(0.872 6)、住房和城乡建设局(0.85);而群团工作部、科技创新局、河流域管理中心、自来水公司、机关事务管理中心等部门对应的民情事件标识精度则较低。

在此基础上,研究团队推出了基于互联网文本大数据的民情事件标识的原型系统。如图5-5所示,系统内已封装好经过预训练和微调的语言模型,并提供了简易的交互界面,用户无须关心人工智能实现的细节,就能使用原型系统的服务。系统的交互接口不仅支持单条数据输入,还支持csv、tsv等多种表格格式的输入,大大提高了原型系统的易用性。

图5-5 基于互联网文本大数据的民情事件标识的原型系统

参考文献

[1] Minaee S, Kalchbrenner N, Cambria E, et al. Deep learning-based text classification: a comprehensive review[J]. ACM computing surveys (CSUR), 2021, 54(3): 1-40.

[2] Mikolov T, Chen K, Corrado G, et al. Efficient estimation of word representations in vector space[J]. arXiv preprint arXiv: 1301.3781, 2013.

[3] Pennington J, Socher R, Manning C D. Glove: Global vectors for word representation[C]//Proceedings of the 2014 conference on empirical methods in natural language processing (EMNLP). 2014: 1532-1543.

[4] Kalchbrenner N, Grefenstette E, Blunsom P. A convolutional neural network for modelling sentences[J]. arXiv preprint arXiv: 1404.2188, 2014.

[5] Kim Y. Convolutional neural networks for sentence classification[J]. arXiv preprint arXiv: 1408.5882, 2014.

[6] Yang Z, Yang D, Dyer C, et al. Hierarchical attention networks for document classification[C]//Proceedings of the 2016 conference of the North American chapter of the association for computational linguistics: human language technologies. 2016: 1480-1489.

[7] Zhou X, Wan X, Xiao J. Attention-based LSTM network for cross-lingual sentiment classification

[C]//Proceedings of the 2016 conference on empirical methods in natural language processing. 2016: 247-256.

[8] Vaswani A, Shazeer N, Parmar N, et al. Attention is all you need[J]. Advances in neural information processing systems, 2017, 30.

[9] Devlin J, Chang M W, Lee K, et al. Bert: Pre-training of deep bidirectional transformers for language understanding[J]. arXiv preprint arXiv:1810.04805, 2018.

[10] Radford A, Narasimhan K, Salimans T, et al. Improving language understanding by generative pre-training[J]. 2018.

[11] Radford A, Wu J, Child R, et al. Language models are unsupervised multitask learners[J]. OpenAI blog, 2019, 1(8): 9.

[12] Brown T, Mann B, Ryder N, et al. Language models are few-shot learners[J]. Advances in neural information processing systems, 2020, 33: 1877-1901.

[13] Ouyang L, Wu J, Jiang X, et al. Training language models to follow instructions with human feedback[J]. Advances in Neural Information Processing Systems, 2022, 35: 27730-27744.

[14] Liu X, He P, Chen W, et al. Multi-task deep neural networks for natural language understanding[J]. arXiv preprint arXiv:1901.11504, 2019.

[15] Pilault J, Elhattami A, Pal C. Conditionally adaptive multi-task learning: Improving transfer learning in nlp using fewer parameters & less data[J]. arXiv preprint arXiv:2009.09139, 2020.

[16] Pfeiffer J, Rücklé A, Poth C, et al. Adapterhub: A framework for adapting transformers[J]. arXiv preprint arXiv:2007.07779, 2020.

[17] Pfeiffer J, Kamath A, Rücklé A, et al. AdapterFusion: Non-destructive task composition for transfer learning[J]. arXiv preprint arXiv:2005.00247, 2020.

[18] Wang A, Singh A, Michael J, et al. GLUE: A multi-task benchmark and analysis platform for natural language understanding[J]. arXiv preprint arXiv:1804.07461, 2018.

[19] Strubell E, Verga P, Andor D, et al. Linguistically-informed self-attention for semantic role labeling[J]. arXiv preprint arXiv:1804.08199, 2018.

[20] Bai J, Wang Y, Chen Y, et al. Syntax-BERT: Improving pre-trained transformers with syntax trees[J]. arXiv preprint arXiv:2103.04350, 2021.

[21] Bai J, Wang Y, Sun H, et al. Enhancing self-attention with knowledge-assisted attention maps[C]//Proceedings of the 2022 Conference of the North American Chapter of the Association for Computational Linguistics: Human Language Technologies. 2022: 107-115.

第6章 基于时间序列分析的城市运行事件预警预报

时间序列分析在城市运行场景中发挥着重要的作用。例如,通过对城市交通数据的时间序列分析,可以预测交通流量的变化趋势,帮助交通规划者调整交通信号配时、优化交通路线规划,以降低拥堵和提高交通效率;通过对城市能源消耗数据的时间序列分析,可以预测未来的能源需求量,为城市能源供应部门提供决策依据,合理分配能源资源,提高能源利用效率;通过对城市基础设施运行数据的时间序列分析,可以发现设备故障和损坏的迹象,制订维护计划,提高设施的稳定性和可靠性。本章首先对基于深度学习的时间序列分析与建模方法进行介绍,并探讨将时间序列分析应用于城市运行事件预警预报的实际场景中。

6.1 时间序列分析模型的研究现状

时间序列分析模型[1-2]可以分为基于统计的模型、基于机器学习的模型和基于深度学习的模型三大类。本章首先对这三大类中的经典方法进行介绍,接着介绍近年来在国际顶级会议和刊物发表的最新研究。这方面的研究进展主要集中在基于深度学习的时间序列分析模型,可以分为两部分:第一部分是面向具体任务的研究,包括时间序列分类、时间序列预测、时间序列异常检测等;第二部分是对通用时间序列表示模型的研究。基于深度学习的时间序列表示模型架构主要分为 Encoder-Only 和 Encoder-Decoder 两种。对于时间序列分类任务来说,模型需在 Encoder-Only 架构的基础上加入分类层即可;而对于时间序列预测任务来说,模型通常需要采用 Encoder-Decoder 架构,其中编码器(Encoder)是对过去的历史数据进行编码,解码器(Decoder)生成对未来时间戳的预测值;对于时间序列异常检测任务来说,模型可以先得到每个时间戳的表示向量,并在此基础上加入分类层,预测每个时间戳发生异常的概率。

6.1.1 时间序列分析模型的主要任务

时间序列分析模型的主要任务包括:

(1)预测和预报:时间序列分析模型可以用来预测未来的数值或趋势,以便进行计划、决策和资源分配。例如,可以使用时间序列分析模型来预测股票价格、销售量、能源需求等指标。

(2)季节性和周期性分析:时间序列分析模型可以帮助分析和捕捉数据的季节性和周期性趋势。例如,了解城市供电量和用电量在特定季节的趋势,或者某个城市运行事件指标的周期性波动。

（3）异常检测：时间序列分析模型可以用来检测和识别数据中的异常值或异常事件。这对于发现潜在问题、异常行为或异常事件非常重要。例如，可以使用时间序列模型来检测网络流量中的异常行为、异常设备运行、异常拥堵等。

（4）数据平滑和趋势分析：时间序列分析模型可以用来平滑数据中的噪声，并分析数据趋势。这对于理解数据的季节性长期趋势、周期性趋势和趋势的变化非常有用。例如，可以使用时间序列分析模型来平滑温度数据以获取季节性和趋势性信息。

（5）时序关联分析：时间序列分析模型可以用于分析不同变量之间的时序关联性。这对于了解变量之间的相互作用是很重要的。例如，可以使用时间序列模型来分析市场指数与股票价格之间的关联关系。

总的来说，这些任务可以帮助更好地理解和利用时间序列模型分析数据，从而做出准确的预测，并支持决策和规划。

6.1.2 基于统计的时间序列分析模型

时间序列分析的经典统计模型包括自回归模型（Autoregressive Model，ARM）和移动平均模型（Moving Average Model，MARM）。自回归模型基于之前 p 个时间点的线性加权预测当前值；移动平均模型基于之前 p 个时间点的预测误差对当前值进行预估。将自回归和移动平均模型结合起来，可以得到自回归滑动平均（Autoregressive Moving-Average，ARMA）模型。对于非平稳状态的时间序列，用 ARMA 模型进行预测会得到较大的预测误差。因此，如果将时间序列先处理成平稳状态，再用 ARMA 模型对其未来的数值进行预测。这就是基于统计的时间序列分析中最常用的自回归积分滑动平均（Autoregressive Integrated Moving Average，ARIMA）模型。

6.1.3 基于机器学习的时间序列分析模型

机器学习分为有监督学习和无监督学习两种。有监督学习时间序列的后验概率 $P(Y|X)$，例如在预测任务中，X 为一段滑动窗口内的历史值，Y 为待预测的当前时刻的值或未来某时刻的值。有监督学习的方法一般采用编码器加 Softmax 激活函数的结构（适用于分类任务和异常检测任务）或 Seq2Seq（Sequence-to-Sequence）结构（适用于预测任务），其中前者可以采用 SVM、梯度提升决策树（Gradient Boosting Decision Tree，GBDT）、LSTM、CNN、空洞卷积网络、Transformer 模型等，后者可以采用 LSTM 或 Transformer 模型等。无监督学习时间序列的先验分布 $P(X)$，一般用于时间序列异常检测任务。在时间序列异常检测任务中，当 $P(X)$ 小于一定阈值时，判定该数据为异常。无监督学习的方法包括 K 均值算法（K-Means Clustering）、自编码器（Auto-encoder）、谱残差（Spectral Residual）等。由于目前效果较好的模型均为基于深度学习的模型，下面将主要介绍深度学习在时间序列分析领域的主要研究工作。

6.1.4 基于深度学习的时间序列分析模型

6.1.4.1 卷积神经网络

卷积神经网络(CNN)是一类包含卷积计算且具有深度结构的前馈神经网络,也是深度学习最具代表性的模型之一。卷积神经网络具有表示学习的能力,能够按其层次结构对输入信息进行平移不变分类。卷积神经网络的核心计算单元是卷积核,每个卷积核要考虑邻域内的所有元素,其中每个元素都对应一个权重和一个偏差向量。邻域的大小又称为感受野,其含义可类比视觉皮层细胞的感受野。一个卷积层包括多个卷积核,它的功能是对输入的数据进行特征提取。每个卷积核都与前一层中某个邻域内的多个神经元相连,因此可以对局部的特征进行抽象。卷积神经网络将多个卷积层叠加起来,这样可以层次化地对输入进行特征提取,利用低层的特征组合成为高层特征,最终得到输入数据的稠密向量。卷积神经网络最初被成功地应用于图像分类任务,随后在其他领域推广并取得了很好的效果。图像的输入数据是二维的,因此采用的是二维卷积,而在时间序列分析模型的相关任务中,常用一维卷积对时间序列数据进行建模。图 6-1 展示了一个面向时间序列异常检测任务的卷积神经网络结构[3]。与经典的面向图像分类的卷积神经网络类似,该模型由一维卷积和最大池化层交替堆叠而成,最后将所有时间点的表示向量拼接在一起,通过 Sigmoid 激活函数预测数据中是否发生了异常。

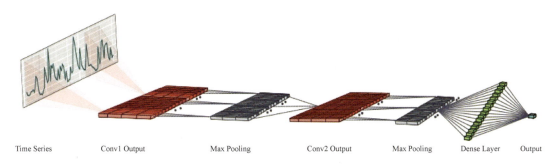

图 6-1 基于卷积神经网络的时间序列异常检测模型

6.1.4.2 Transformer 模型

Transformer 模型[4]由编码器和解码器组成,最初被应用于神经机器翻译任务,如今已经成为自然语言处理和图像识别领域最常用的模型结构。应用于预测任务的 Transformer 模型[5]与用于神经机器翻译任务的经典 Transformer 模型结构相似。编码器对第 t 时刻之前的时间序列信息进行编码,然后解码器输出第 $t+1$ 到 $t+k$ 时刻的预测值。编码器和解码器的结构基本相同,都由若干层 Transformer 块组成。

6.1.4.3 空洞卷积

空洞卷积[6]也可以被翻译为膨胀卷积,顾名思义,是在标准的卷积图里注入空洞,以此来增加模型的感受野。相比于原来的正常卷积,空洞卷积多了一个超参数空洞率。特指卷积核在考虑邻域数据时的跳步间隔。普通的卷积操作等价于 $dilation=1$ 的空洞卷积,而当 $dilation=2$ 时,模型会以每个元素跳步一次的方式获得邻域数据,从而增加感受野。在第一层中通常设置 $dilation=1$,然后自底向上逐渐增大跳步间隔,使模型能够用更少的参数对全局信息进行建模。

6.1.4.4 自编码器

自编码器[7]是一类在半监督学习和无监督学习中常用的人工神经网络,其目标是将输入信息作为学习目标,对输入信息进行表示学习,最大程度地将原始输入重建。自编码器包含编码器和解码器两部分。编码器把输入 X 编码为一个压缩表示向量 Z,解码器再基于向量 Z 重建输入 X,输出 X'。学习目标要求输入 X 和输出 X' 尽量相似,这样表示向量 Z 中应该包含能够重建输入 X 的绝大部分信息,因此可以作为输入 X 的压缩表示。基于自编码器学习的时间序列表示向量,可以方便地完成时间序列异常检测、预测、分类和聚类等任务。

6.2 基于深度学习的通用时间序列表示模型

表示模型是深度学习的基础。给定一个时间序列输入,首先需要将它表示成稠密向量,再通过深度神经网络进行计算,得到模型的预测结果。在通用时间序列表示模型的基础上,很容易实现时间序列预测、分类和聚类等下游任务,并将它们在实际应用中落地。学习数据的通用表示是一个极具挑战性的问题。在自然语言处理领域,已经有 BERT[8]、RoBERTa[9]、T5[10] 和 GPT-3[11] 等常用的预训练表示模型。在图像处理领域,SIMCLR[12] 等基于对比的时间表示模型在图像分类和识别等半监督学习场景中取得了新的突破。而在时间序列表示学习领域,在 2021 年之前仍然没有较为通用的表示学习方法。从这个动机出发,北京大学和微软亚洲研究院的研究者们针对时间序列数据的特点,首次提出了通用时间序列表示模型。

已有的研究工作[13-16]专注于实例级别的时间序列表示模型的建立。将任意时间序列片段表示成稠密向量,通过对比损失函数来学习时间序列的内在结构,在时间序列分类和聚类等任务中取得了不错的效果。然而,这些方法仍然存在明显的局限性。

时间序列异常检测和预测等任务需要在特定时间点或子序列上对数据进行检测或预测,不能仅使用实例级别的时间序列表示模型,需要更加细粒度的时间序列表示模型。

现有方法大多是在单一尺度上对上下文信息进行建模。例如,TNC[13]对具有恒定长度的时间序列片段进行建模,T-Loss[14]使用原始时间序列中的随机子序列作为正样本,并要求该子序列的表示与整个时间序列相似。然而,通用时间序列表示模型需要对不同尺度的时间序列进行建模,捕获不同粒度的语义信息,提升表示向量的泛化能力。

现有的时间序列表示模型受到自然语言处理和图像处理领域方法的启发,采用了很强的归纳偏置,比如变换不变性和裁剪不变性等。然而,这些方法对于很多时间序列数据是不适用的。例如,裁剪是一种常用的图像数据增强策略,而时间序列数据分布和语义会随时间发生变化,裁剪后的子序列可能与原始时间序列具有不同的数据分布。

为了解决上述问题,研究者们希望提出一个通用的对比学习架构,选取一个合适的优化目标,使训练得到的模型能够生成任意粒度的时间序列表示。特别是,北京大学和微软亚洲研究院合作提出了基于层次化对比学习的通用时间序列表示模型 TS2Vec[17]。它在每个时间点上产生一个表示向量,任意时间子序列的表示向量可以通过对其中所有时间点对应的向量执行最大池化操作得到。这样一来,模型就能够在多种尺度上捕获时间序列的上下文语义信息。TS2Vec 采用了一种新的正负样本选择策略:参与对比学习的两个正样本来自同一个时间序列片段在两个相似上下文中的表示,而负样本来自不同的时间序列片段或同一个时间序列片段的不同时间点。正样本对应的两个上下文是在同一个时间序列片段的基础上通过随机掩码得到的,称为增强上下文。此处假设相同子序列在两个不同的增强上下文中的表示一致。相比于变换不变性和裁剪不变性等归纳偏置,这一假设对于时间序列数据来说更加合理。与此同时,TS2Vec 设计了层次化的对比学习损失函数,帮助模型学习时间序列在不同尺度下的语义表示。如图 6-2 所示,TS2Vec 通用时间序列表示模型总体架构。

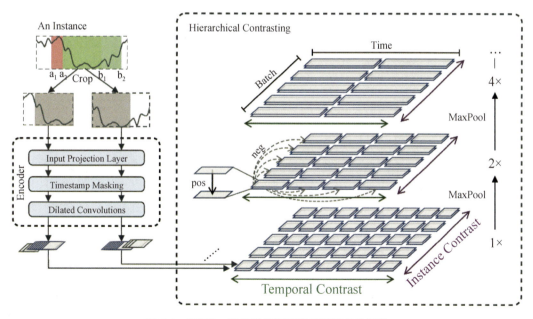

图 6-2　TS2Vec 通用时间序列表示模型总体架构

为了验证 TS2Vec 作为通用时间序列表示模型的效果,研究者们在分类、预测和异常检测等多个下游任务上进行了验证,实验结果表明,TS2Vec 模型能够学习到良好的时间序列通用表示,展现出先进的性能表现,如表 6-1~6-4 所示。

表 6-1 不同子数据集的时间序列分类任务实验结果

数据集	TS2Vec			T-Loss	TNC	TS-TCC	TST	DTW
	B=4	B=8	B=16					
SmoothSubspace	0.967	0.980	**0.993**	0.960	0.913	0.953	0.827	0.827
UMD	**1.000**	**1.000**	0.993	0.993	0.993	0.986	0.910	0.993
DodgerLoopDay	0.425	**0.562**	0.500	–	–	–	0.200	0.500
DodgerLoopGame	0.826	0.841	0.819	–	–	–	0.696	**0.877**
DodgerLoopWeekend	0.942	**0.964**	0.942	–	–	–	0.732	0.949
平均指标:								
准确率	0.824	**0.830**	0.827	0.806	0.761	0.757	0.641	0.727
相对排名	3.048	**2.688**	2.820	4.160	5.136	4.936	7.060	6.152

表 6-2 基于单变量的时间序列预测任务实验结果

数据集	预测窗口	TS2Vec		Informer		LogTrans		N-BEATS		TCN		LSTnet	
		MSE	MAE	MSE	MAE	MSE	MAE	MSE	MAE	MSE	MAE	MSE	MAE
ETTh$_1$	24	**0.039**	**0.152**	0.098	0.247	0.103	0.259	0.094	0.238	0.075	0.210	0.108	0.284
	48	**0.062**	**0.191**	0.158	0.319	0.167	0.328	0.210	0.367	0.227	0.402	0.175	0.424
	168	**0.134**	**0.282**	0.183	0.346	0.207	0.375	0.232	0.391	0.316	0.493	0.396	0.504
	336	**0.154**	**0.310**	0.222	0.387	0.230	0.398	0.232	0.388	0.306	0.495	0.468	0.593
	720	**0.163**	**0.327**	0.269	0.435	0.273	0.463	0.322	0.490	0.390	0.557	0.659	0.766
ETTh$_2$	24	**0.090**	**0.229**	0.093	0.240	0.102	0.255	0.198	0.345	0.103	0.249	3.554	0.445
	48	**0.124**	**0.273**	0.155	0.314	0.169	0.348	0.234	0.386	0.142	0.290	3.190	0.474
	168	**0.208**	**0.360**	0.232	0.389	0.246	0.422	0.331	0.453	0.227	0.376	2.800	0.595
	336	**0.213**	**0.369**	0.263	0.417	0.267	0.437	0.431	0.508	0.296	0.430	2.753	0.738
	720	**0.214**	**0.374**	0.277	0.431	0.303	0.493	0.437	0.517	0.325	0.463	2.878	1.044
ETTm$_1$	24	**0.015**	**0.092**	0.030	0.137	0.065	0.202	0.054	0.184	0.041	0.157	0.090	0.206
	48	**0.027**	**0.126**	0.069	0.203	0.078	0.220	0.190	0.361	0.101	0.257	0.179	0.306
	96	**0.044**	**0.161**	0.194	0.372	0.199	0.386	0.183	0.353	0.142	0.311	0.272	0.399
	288	**0.103**	**0.246**	0.401	0.554	0.411	0.572	0.186	0.362	0.318	0.472	0.462	0.558
	672	**0.156**	**0.307**	0.512	0.644	0.598	0.702	0.197	0.368	0.397	0.547	0.639	0.697
Electricity	24	0.260	0.288	**0.251**	**0.275**	0.528	0.447	0.427	0.330	0.263	0.279	0.281	0.287
	48	**0.319**	**0.324**	0.346	0.339	0.409	0.414	0.551	0.392	0.373	0.344	0.381	0.366
	168	**0.427**	**0.394**	0.544	0.424	0.959	0.612	0.893	0.538	0.609	0.462	0.599	0.500
	336	**0.565**	**0.474**	0.713	0.512	1.079	0.639	1.035	0.669	0.855	0.606	0.823	0.624
	720	**0.861**	**0.643**	1.182	0.806	1.001	0.714	1.548	0.881	1.263	0.858	1.278	0.906
平均		**0.209**	**0.296**	0.310	0.390	0.370	0.434	0.399	0.426	0.338	0.413	1.099	0.536

表 6-3 多元时间序列预测任务实验结果

数据集	预测窗口	TS2Vec		Informer		StemGNN		TCN		LogTrans		LSTnet	
		MSE	MAE	MSE	MAE	MSE	MAE	MSE	MAE	MSE	MAE	MSE	MAE
ETTh$_1$	24	0.599	**0.534**	**0.577**	0.549	0.614	0.571	0.767	0.612	0.686	0.604	1.293	0.901
	48	**0.629**	**0.555**	0.685	0.625	0.748	0.618	0.713	0.617	0.766	0.757	1.456	0.960
	168	0.755	0.636	0.931	0.752	**0.663**	**0.608**	0.995	0.738	1.002	0.846	1.997	1.214
	336	**0.907**	**0.717**	1.128	0.873	0.927	0.730	1.175	0.800	1.362	0.952	2.655	1.369
	720	**1.048**	**0.790**	1.215	0.896	—*	—	1.453	1.311	1.397	1.291	2.143	1.380
ETTh$_2$	24	**0.398**	**0.461**	0.720	0.665	1.292	0.883	1.365	0.888	0.828	0.750	2.742	1.457
	48	**0.580**	**0.573**	1.457	1.001	1.099	0.847	1.395	0.960	1.806	1.034	3.567	1.687
	168	**1.901**	**1.065**	3.489	1.515	2.282	1.228	3.166	1.407	4.070	1.681	3.242	2.513
	336	**2.304**	**1.215**	2.723	1.340	3.086	1.351	3.256	1.481	3.875	1.763	2.544	2.591
	720	**2.650**	**1.373**	3.467	1.473	—	—	3.690	1.588	3.913	1.552	4.625	3.709
ETTm$_1$	24	0.443	0.436	**0.323**	**0.369**	0.620	0.570	0.324	0.374	0.419	0.412	1.968	1.170
	48	0.582	0.515	0.494	0.503	0.744	0.628	**0.477**	**0.450**	0.507	0.583	1.999	1.215
	96	**0.622**	**0.549**	0.678	0.614	0.709	0.624	0.636	0.602	0.768	0.792	2.762	1.542
	288	**0.709**	**0.609**	1.056	0.786	0.843	0.683	1.270	1.351	1.462	1.320	1.257	2.076
	672	**0.786**	**0.655**	1.192	0.926	—	—	1.381	1.467	1.669	1.461	1.917	2.941
Electricity	24	**0.287**	**0.374**	0.312	0.387	0.439	0.388	0.305	0.384	0.297	**0.374**	0.356	0.419
	48	**0.307**	**0.388**	0.392	0.431	0.413	0.455	0.317	0.392	0.316	0.389	0.429	0.456
	168	**0.332**	**0.407**	0.515	0.509	0.506	0.518	0.358	0.423	0.426	0.466	0.372	0.425
	336	**0.349**	0.420	0.759	0.625	0.647	0.596	**0.349**	0.416	0.365	0.417	0.352	**0.409**
	720	0.375	0.438	0.969	0.788	—	—	0.447	0.486	**0.344**	**0.403**	0.380	0.443
平均		**0.828**	**0.636**	1.154	0.781	—	—	1.192	0.837	1.314	0.892	1.903	1.444

表 6-4 时间序列异常检测任务实验结果

	Yahoo 数据集			KPI 数据集		
	F$_1$ score	Precision	Recall	F$_1$ score	Precision	Recall
SPOT	0.338	0.269	0.454	0.217	0.786	0.126
DSPOT	0.316	0.241	0.458	0.521	0.623	0.447
DONUT	0.026	0.013	0.825	0.347	0.371	0.326
SR	0.563	0.451	0.747	0.622	0.647	0.598
TS2Vec	**0.745**	0.729	0.762	**0.677**	0.929	0.533
冷启动 (Cold-start):						
FFT	0.291	0.202	0.517	0.538	0.478	0.615
Twitter-AD	0.245	0.166	0.462	0.330	0.411	0.276
Luminol	0.388	0.254	0.818	0.417	0.306	0.650
SR	0.529	0.404	0.765	0.666	0.637	0.697
TS2Vec†	**0.726**	0.692	0.763	**0.676**	0.907	0.540

6.3 基于深度学习的时间序列分析模型与应用

进一步地,通用时间序列表示模型,研究者们可以将任意的时间序列表示成稠密向量,作为深度神经网络的输入。在此基础之上,针对各下游任务的特点,研究者们为常用的时间序列分析模型的任务设计了定制化的深度学习解决方案。下面将分别介绍 MagaNet[18]多元时间序列异常检测模型、StemGNN[19]多元时间序列预测模型和 EA-DC-Transformer[20]时间序列分类与回归模型。

6.3.1 多元时间序列异常检测

多元时间序列是指两个或两个以上相关变量按照时间顺序排列而形成的数据序列。在每个时间点上,这些变量都会测量到一个值,形成一个向量。这些变量可以是相同领域的,也可以是不同领域,但它们之间存在某种关联。多元时间序列通常采集一系列连续测量的数据,时间步长可以是等距离的或不等距离的。通过分析多元时间序列采集的数据,城市管理人员可以基于过去的测量值预测变量未来的变化情况,了解不同变量之间的动态演变趋势以及相互关系。尤其是在城市运行事件的复杂场景下,如果能够从多元时间序列中高效地进行异常检测,将对城市管理有着重要的价值和意义。

针对多元时间序列异常检测这一任务,微软亚洲研究院提出了 MagaNet 多元时间序列异常检测模型。在该领域,已有方法(如 OmniAnomaly[21])的局限性是必须提前知道变量的依赖关系图,但在实际应用中,很难对依赖关系进行确切的描述。与此同时,时间序列的分布随着时间不断变化,其依赖关系也可能会发生变化。因此,希望提出的模型能够自适应地学习这种动态的依赖关系。如图 6-3 所示,MagaNet 多元时间序列异常检测模型采用了图注意力机制作为多元时间序列的编码器。图注意力机制分为两个模块:Feature-oriented GAT 和 Time-oriented GAT,分别对不同变量在同一时间点的关系和同一变量在不同时间点的关系进行建模。接着,编码器采用一个门控循环单元(GRU)模块进一步对时间维度的短期依赖关系进行建模。最后,使用 Forecasting-based 和 Reconstruction-based 两种损失函数对编码器进行联合训练。

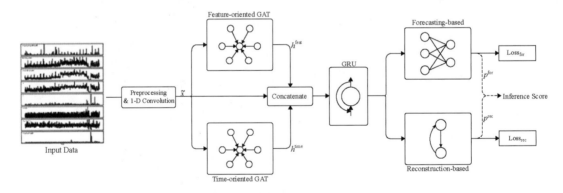

图 6-3 MagaNet 多元时间序列异常检测模型

MageNet 模型在多元时间序列异常检测任务上取得的结果如表 6-5 所示,它提升了检测结果的可解释性,根据可视化结果,可以很快定位出系统发生异常的原因。

表 6-5　MagaNet 多元时间序列异常检测模型实验结果

异常检测方法	SMAP 数据集			MSL 数据集			TSA 数据集		
	Precision	Recall	F1	Precision	Recall	F1	Precision	Recall	F1
OmniAnomaly	0.7416	0.9776	0.8434	0.8867	0.9117	0.8989	0.7028	0.8039	0.7499
LSTM-NDT	0.8965	0.8846	0.8905	0.5934	0.5374	0.5640	0.5833	0.7232	0.6457
KitNet	0.7725	0.8327	0.8014	0.6312	0.7936	0.7031	0.5579	0.8012	0.6577
DAGMM	0.5845	0.9058	0.7105	0.5412	0.9934	0.7007	0.5351	0.8845	0.6668
GAN-Li	0.6710	0.8706	0.7579	0.7102	0.8706	0.7823	0.5302	0.7551	0.6229
MAD-GAN	0.8049	0.8214	0.8131	0.8517	0.8991	0.8747	0.5510	0.8284	0.6620
LSTM-VAE	0.8551	0.6366	0.7298	0.5257	0.9546	0.6780	0.6970	0.7736	0.7333
MagaNet	0.8906	0.9123	**0.9013**	0.8754	0.9440	**0.9084**	0.7619	0.8101	**0.7852**

6.3.2　多元时间序列预测

多元时间序列的城市运行事件预测是指利用多个相关变量的时间序列,通过建立合适的模型来预测未来的城市运行事件。这种预测可以用于指导城市规划、交通管理、资源调配等。例如,预测未来的交通拥堵状况可以指导交通管理部门采取交通疏导、道路改建等措施,预测未来的电力需求可以帮助电力供应部门进行电力调度和资源配置等。

目前的多元时间序列预测方法主要从时域上对时序图进行建模,但是,频域信息对于时间序列预测任务同样重要。例如在单变量时间序列异常检测任务中,谱残差[22]方法就取得了较好的效果。与此同时,在多元时间序列预测任务中,图卷积神经网络[23]取得了较好的效果。那么将频域信息融入图卷积神经网络中,对多元时间序列预测建模是否更好呢?为此,北京大学的研究者们提出了 StemGNN(Spectral Temporal Graph Neural Network)[19]多元时间序列预测模型。如图 6-4 所示,该模型首先经过一个变量相关性层,得到 StemGNN 图结构的预测,接下来经过若干层的 StemGNN 模块,最后接入输出层。变量相关性层采用注意力机制计算变量之间的相关性。一个 StemGNN 模

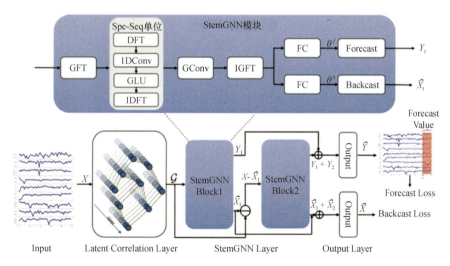

图 6-4　StemGNN 多元时间序列预测模型

块的设计理念是将频谱序列(Spe-Seq)单元嵌入到频谱图卷积模块中。频谱图卷积模块应用傅里叶变换(Graph Fourier Transform，GFT)来捕获不同变量之间的关系。值得注意的是，GFT 的输出也是一个多元时间序列，因此可以利用离散傅里叶变换(Discrete Fourier Transform，DFT)在频域三角函数的基础上学习输入时间序列的表示，从而捕获变量的周期性重复模式或变量在不同时间点之间的自相关特征。最后，Spe-Seq 单元的输出应用于频谱图卷积的剩余计算。该模型在 META-LA 交通流量预测上进行了实验，取得了较好的实验结果，如表 6-6 所示。

表 6-6　StemGNN 多元时间序列预测任务实验结果

	MAE	RMSE	MAPE(%)	MAE	RMSE	MAPE(%)	MAE	RMSE	MAPE(%)
		15min			30min			1hour	
FC-LSTM [32]	3.44	6.3	9.60	3.77	7.23	10.90	4.37	8.69	13.20
SFM [39]	3.21	6.2	8.7	3.37	6.68	9.62	3.47	7.61	10.15
N-BEATS [24]	3.15	6.12	7.5	3.62	7.01	9.12	4.12	8.04	11.5
DCRNN [20]	2.77	5.38	7.30	3.15	6.45	8.80	3.6	7.59	10.50
STGCN [38]	2.88	5.74	7.60	3.47	7.24	9.60	4.59	9.4	12.70
TCN [3]	2.74	5.68	6.54	-	-	-	-	-	-
DeepState [26]	2.72	5.24	6.8	3.13	6.16	8.31	3.61	7.42	10.8
GraphWaveNet [35]	2.69	5.15	6.90	3.07	6.22	8.40	3.53	7.37	10
DeepGLO [30]	2.91	5.48	6.75	3.36	6.42	8.33	3.66	7.39	10.3
StemGNN (ours)	**2.56**	**5.063**	**6.46**	**3.011**	**6.03**	**8.23**	**3.43**	**7.23**	**9.85**

6.3.3　多元时间序列的分类与回归

多元时间序列在城市运行事件的分类与回归中有着非常重要的应用。比如，城市管理人员和研究者们可以根据一段时间内的天气和交通状况对事件做出分类。多元时间序列分类与回归模型的性能主要取决于编码器对时间序列语义的建模能力。已有的方法包括 LSTM、Transformer 模型、空洞卷积等，但是这些方法各有优缺点：LSTM 速度较慢；Transformer 模型速度较快，但是需要大量的训练数据来获得较好的泛化能力；空洞卷积具有较好的泛化能力，但对于一些长时间序列的长期依赖关系并不能很好地捕获。

为了更好地完成多元时间序列分类与回归任务，北京大学的研究者们提出了 EA-DC-Transformer(Evolving Attention-enhanced Dilated Convolutional Transformer)时间序列分类与回归模型，其网络结构如图 6-5 所示。该模型将 Transformer 模型与空洞卷积相结合，使编码器能够同时拥有对长期依赖关系的建模能力和良好的泛化能力。研究者们提出了一种新的演化注意力机制，可以使 Transformer 模型在计算下一层注意力分数的时候，同时考虑上一层的注意力计算结果。

EA-DC-Transformer 时间序列分类与回归模型在时间序列分类与回归任务实验结果如表 6-7 和 6-8 所示。可以看到，该模型在公开数据集上取得的效果稳步提升。在时间序列回归任务上的消融实验结果如表 6-9 所示，进一步体现了 Transformer 模型、空洞卷积和演化注意力机制在模型结构中起到的重要作用。

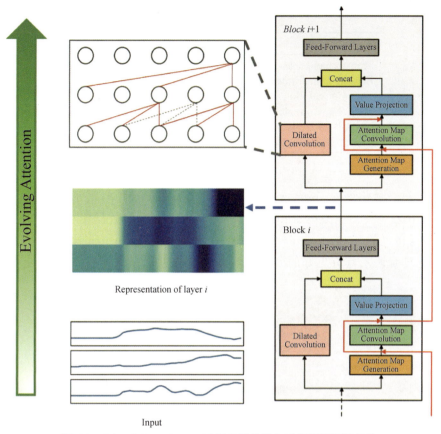

图 6-5 EA-DC-Transformer 时间序列分类与回归模型网络结构

表 6-7 时间序列分类任务实验结果

Dataset	LSTM	GRU	ResNet	Dilated Conv	Transformer	DC-T	EA-DC-T
EthanolConcentration	0.224 / 0.8 M	0.251 / 0.8 M	0.27 / 0.7 M	0.272 / 0.7 M	0.272 / 0.6 M	0.293 / 0.8 M	**0.307** / 0.8 M
FaceDetection	0.644 / 0.3 M	0.661 / 0.3 M	0.667 / 0.5 M	0.669 / 0.5 M	0.664 / 0.4 M	0.672 / 0.5 M	**0.685** / 0.5 M
Handwriting	0.156 / 0.5 M	0.159 / 0.5 M	0.25 / 0.4 M	0.251 / 0.4 M	0.282 / 0.7 M	0.319 / 0.7 M	**0.329** / 0.7 M
Heartbeat	0.686 / 0.4 M	0.675 / 0.4 M	0.704 / 0.2 M	0.698 / 0.2 M	0.699 / 0.3 M	0.715 / 0.3 M	**0.724** / 0.3 M
JapaneseVowels	0.827 / 0.3 M	0.871 / 0.2 M	0.954 / 0.4 M	0.955 / 0.4 M	0.979 / 0.4 M	0.982 / 0.4 M	**0.985** / 0.5 M
PEMS-SF	0.742 / 0.7 M	0.798 / 0.5 M	0.811 / 0.5 M	0.803 / 0.5 M	0.724 / 0.5 M	0.825 / 0.5 M	**0.829** / 0.5 M
SelfRegulationSCP1	0.836 / 1.5 M	0.877 / 1.2 M	0.887 / 0.9 M	0.882 / 0.9 M	0.885 / 0.7 M	0.893 / 0.8 M	**0.896** / 0.8 M
SelfRegulationSCP2	0.459 / 1.6 M	0.511 / 1.3 M	0.481 / 1.0 M	0.454 / 1.0 M	0.491 / 0.8 M	0.493 / 0.9 M	**0.526** / 0.9 M
SpokenArabicDigit	0.98 / 0.4 M	0.985 / 0.3 M	0.979 / 0.2 M	0.984 / 0.2 M	0.984 / 0.2 M	0.987 / 0.3 M	**0.991** / 0.3 M
UWaveGestureLibrary	0.435 / 1.5 M	0.774 / 1.2 M	0.843 / 1.7 M	0.846 / 1.7 M	0.852 / 1.9 M	0.861 / 2.0 M	**0.873** / 2.0 M
InsectWingbeat	0.575 / 0.3 M	0.574 / 0.3 M	0.610 / 0.5 M	0.619 / 0.5 M	**0.639** / 0.4 M	0.630 / 0.5 M	0.622 / 0.5 M
Avg Rank	6.5	5.5	4.5	4.5	3.8	2.1	**1.2**
Avg Accuracy	0.597	0.649	0.678	0.676	0.679	0.697	**0.706**

表 6-8 时间序列回归任务实验结果

数据集	LSTM	GRU	ResNet	Dilated Conv	Transformer	DC-T	EA-DC-T
AppliancesEnergy	3.844 / 1.2 M	4.151 / 0.9 M	3.369 / 0.6 M	3.711 / 0.6 M	3.663 / 0.6 M	3.035 / 0.8 M	**2.957** / 0.8 M
BenzeneConcentr	7.936 / 1.2 M	6.919 / 0.9 M	2.889 / 0.5 M	2.758 / 0.5 M	1.576 / 0.5 M	1.127 / 0.5 M	**0.758** / 0.5 M
BeijingPM10	101.863 / 0.3 M	101.452 / 0.2 M	95.22 / 0.1 M	96.927 / 0.1 M	98.035 / 0.2 M	91.993 / 0.2 M	**91.774** / 0.2 M
BeijingPM25	64.715 / 0.3 M	65.667 / 0.2 M	64.54 / 0.1 M	64.813 / 0.1 M	64.874 / 0.4 M	59.425 / 0.5 M	**59.118** / 0.5 M
LiveFuelMoisture	43.316 / 0.3 M	44.19 / 0.3 M	44.723 / 0.2 M	43.457 / 0.2 M	44.874 / 0.2 M	43.326 / 0.3 M	**43.261** / 0.3 M
IEEEPPG	34.814 / 1.4 M	26.961 / 1.1 M	46.593 / 2.7 M	39.633 / 2.7 M	33.848 / 5.8 M	30.075 / 5.8 M	**23.14** / 5.8 M
Avg Rank	5.2	5.5	4.5	4.7	4.8	2.3	**1.0**
Avg Rel. diff.	0.251	0.182	0.035	0.009	-0.072	-0.173	**-0.231**

表 6-9　时间序列回归任务上的消融实验结果

模型设置	Appli.	Bene.	Bei10.	Bei25.
Transformer-Base	3.663	1.576	98.035	64.874
EA-DC-Transformer-Base	**2.957**	0.758	**91.774**	**59.118**
w/o Convolution	3.256	0.801	92.343	61.243
w/o *Skip* Convolution	3.258	0.937	92.353	60.290
with 1×1 Convolution	3.197	**0.736**	94.566	61.820
with 5×5 Convolution	3.147	0.865	95.163	60.805

研究者们进一步对模型得到的时间序列向量表示进行分析，并用类间平均距离（AvgWCD）进行量化评估，其中 AvgWCD 越小则证明学习到的表示具有更好的分类能力。图 6-6 比较了在 SelfRegulationSCP1 和 PEMS-SF 两个数据集上得到的向量表示。可以看到，与传统的 Transformer 模型相比，EA-DC-Transformer 时间序列分类与回归模型得到的向量表示具有更好的分类和聚类能力。

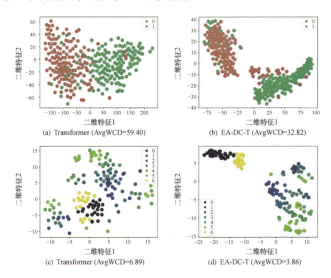

图 6-6　Transformer 模型和 EA-DC-Transformer 时间序列分类与回归模型得到的向量表示比较

参考文献

［1］Chandola V，Banerjee A，Kumar V．Anomaly detection：A survey［J］．ACM computing surveys（CSUR），2009，41(3)：1-58．

［2］Goldstein M，Uchida S．A comparative evaluation of unsupervised anomaly detection algorithms for multivariate data［J］．PloS one，2016，11(4)：e0152173．

［3］Munir M，Siddiqui S A，Dengel A，et al．DeepAnT：A deep learning approach for unsupervised anomaly detection in time series［J］．Ieee Access，2018，7：1991-2005．

［4］Vaswani A，Shazeer N，Parmar N，et al．Attention is all you need［J］．Advances in neural information processing systems，2017，30．

［5］Wu N，Green B，Ben X，et al．Deep transformer models for time series forecasting：The influenza prevalence case［J］．arXiv preprint arXiv：2001.08317，2020．

［6］Oord A，Dieleman S，Zen H，et al．Wavenet：A generative model for raw audio［J］．arXiv preprint arXiv：1609.03499，2016.

[7] Sakurada M，Yairi T. Anomaly detection using autoencoders with nonlinear dimensionality reduction[C]//Proceedings of the MLSDA 2014 2nd workshop on machine learning for sensory data analysis. 2014：4-11.

[8] Devlin J，Chang M W，Lee K，et al. Bert：Pre-training of deep bidirectional transformers for language understanding[J]. arXiv preprint arXiv：1810.04805，2018.

[9] Liu Y，Ott M，Goyal N，et al. Roberta：A robustly optimized bert pretraining approach[J]. arXiv preprint arXiv：1907.11692，2019.

[10] Raffel C，Shazeer N，Roberts A，et al. Exploring the limits of transfer learning with a unified text-to-text transformer[J]. The Journal of Machine Learning Research，2020，21(1)：5485-5551.

[11] Brown T，Mann B，Ryder N，et al. Language models are few-shot learners[J]. Advances in neural information processing systems，2020，33：1877-1901.

[12] Chen T，Kornblith S，Norouzi M，et al. A simple framework for contrastive learning of visual representations[C]//International conference on machine learning. PMLR，2020：1597-1607.

[13] Tonekaboni S，Eytan D，Goldenberg A. Unsupervised representation learning for time series with temporal neighborhood coding[J]. arXiv preprint arXiv：2106.00750，2021.

[14] Franceschi J Y，Dieuleveut A，Jaggi M. Unsupervised scalable representation learning for multivariate time series[J]. Advances in neural information processing systems，2019，32.

[15] Wu L，Yen I E H，Yi J，et al. Random warping series：A random features method for time-series embedding[C]//International Conference on Artificial Intelligence and Statistics. PMLR，2018：793-802.

[16] Eldele E，Ragab M，Chen Z，et al. Time-series representation learning via temporal and contextual contrasting[J]. arXiv preprint arXiv：2106.14112，2021.

[17] Yue Z，Wang Y，Duan J，et al. Ts2vec：Towards universal representation of time series[C]//Proceedings of the AAAI Conference on Artificial Intelligence. 2022，36(8)：8980-8987.

[18] Zhao H，Wang Y，Duan J，et al. Multivariate time-series anomaly detection via graph attention network[C]//2020 IEEE International Conference on Data Mining (ICDM). IEEE，2020：841-850.

[19] Cao D，Wang Y，Duan J，et al. Spectral temporal graph neural network for multivariate time-series forecasting[J]. Advances in neural information processing systems，2020，33：17766-17778.

[20] Wang Y，Yang Y，Li Z，et al. Convolution-enhanced Evolving Attention Networks[J]. IEEE Transactions on Pattern Analysis and Machine Intelligence，2023.

[21] Hou X，Zhang L. Saliency detection：A spectral residual approach[C]//2007 IEEE Conference on computer vision and pattern recognition. Ieee，2007：1-8.

[22] Ren H，Xu B，Wang Y，et al. Time-series anomaly detection service at microsoft[C]//Proceedings of the 25th ACM SIGKDD international conference on knowledge discovery & data mining. 2019：3009-3017.

[23] Oreshkin B N，Carpov D，Chapados N，et al. N-BEATS：Neural basis expansion analysis for interpretable time series forecasting[J]. arXiv preprint arXiv：1905.10437，2019.

第 7 章 基于事理图谱的城市运行事件关联分析

事件关联分析旨在发现和分析事件之间的关联关系,从而揭示事件之间的规律和模式。在这种分析中,事件可以是具体的行为、事物或现象,它们之间可能存在着隐藏的相关性。通过事件关联分析,可以揭示事件之间的因果关系、事件规律以及事件序列的关键关联。这对城市运行事件有着显著的重要性和意义:

(1)挖掘潜在的问题和隐患:城市运行事件往往是错综复杂且相互关联的。通过事件关联分析,可以揭示城市不同事件之间的潜在关联关系,从而帮助识别出潜在的问题和隐患。例如,在城市交通运行中,通过关联分析可以发现某条道路的拥堵与周边道路工程施工有关系,从而及时调整施工计划以减少交通拥堵。

(2)优化城市资源和运行效率:了解城市运行事件之间的关联关系可以帮助决策者更好地利用资源和优化运行效率。通过事件关联分析,可以发现各种城市运行事件之间的规律和模式,从而制定相应的政策和策略。例如,在城市能源管理中,通过关联分析可以了解能源消耗高峰时段与特定天气条件之间的关系,从而制订更合理的能源调度计划。

(3)提升城市安全和应急响应能力:城市运行事件关联分析也有助于提升城市的安全和应急响应能力。通过事件关联分析,可以发现城市不同事件之间的因果关系和影响链条,从而加强预警和应急响应联动。例如,在城市安全管理中,通过关联分析可以发现一系列犯罪事件之间的关联,从而加强警务部门的巡逻和监控系统的布局。

(4)优化城市规划和建设:城市运行事件关联分析也可以为城市规划和建设提供参考。通过事件关联分析,可以了解城市不同要素之间的相互关系,从而指导城市的合理规划和建设。例如,在城市空气质量管理中,通过关联分析可以发现不同污染源之间的关系,从而制定相应的减排措施和提高空气质量的规划。

总而言之,城市运行事件关联分析能够揭示城市运行事件之间的关联关系,帮助决策者优化资源利用,构建更智慧、可持续、更宜居的城市。本章首先介绍事件关联分析方法,然后将着重介绍基于事理图谱。

7.1 事件关联分析方法概述

事件关联分析是一种简单、实用的分析技术,就是发现存在于事件中的大量数据的关联性,从而描述事件之间的规律和模式。常用的事件关联分析方法包括关联规则挖掘、序列模式挖掘以及基于网络的事件关联分析方法。

7.1.1 关联规则挖掘

关联规则挖掘是事件关联分析的一种常用方法,它旨在挖掘数据集中的频繁项集,并发现这些项集之间的关联规则。关联规则通常以 IF-THEN 形式表示,IF 部分称为前项,THEN 部分称为后项。关联规则的挖掘过程可以分为两个步骤:频繁项集的发现和关联规则的生成。它们是两种递进的抽象形式,并且前者是后者的抽象基础

7.1.1.1 代表共现关系的频繁项集

频繁项集是经常一起出现的事件的集合,它暗示了某些事件之间总是结伴或成对出现。本质上来说,不管是因果关系还是相关关系,都是共现关系,所以从这点上来讲,频繁项集是覆盖量这个指标的一种度量关系。

通过扫描数据集,计算项集的支持度(即项集在数据集中出现的频率),可以根据设定最小支持度阈值来筛选出频繁项集。

7.1.1.2 代表因果/相关关系的关联规则

关联规则暗示两种事件之间可能存在很强的关系,它更关注的是事件之间的互相依赖和条件先验关系。它暗示了某些事件之间的共现关系,所以从这点上来讲,关联规则是准确率这个指标的一种度量关系。

根据前述中得到的频繁项集,可以生成满足设定最小置信度阈值的关联规则。置信度衡量了关联规则的可靠程度,表示在前项出现的情况下,后项出现的概率。

常见的关联规则算法包括:

(1) Apriori 算法[1]:利用候选项集的支持度来挖掘频繁项集和关联规则。

(2) FP-growth 算法[2]:采用一种基于前缀树的数据结构,通过构建频繁模式树来挖掘频繁项集和关联规则。

(3) Eclat[3] 算法:利用垂直数据格式来实现高效的频繁项集挖掘。

其中 Apriori 算法实现较为简单,但效率较低;后两者在效率上进行了优化,但可扩展性低,对内存的需求更大。

7.1.2 序列模式挖掘

序列模式挖掘是一种用于挖掘序列数据中的频繁模式的方法,常用于时间序列数据、脚本事件序列等。事件序列是一系列事件的有序集合,序列模式挖掘的目标是发现在序列中频繁出现的模式,揭示事件之间的顺序关系。关联规则挖掘不关注事件之间的先后顺序,序列模式挖掘需要考虑序列间的先后顺序。

序列模式挖掘的一种常用方法是基于序列的频繁模式树。该方法通过构建前缀树来表示序列中的所有子序列,并根据支持度筛选出频繁模式。具体步骤包括:

(1) 构造序列的前缀树:将序列中的事件逐个插入前缀树中,构建树的结构。

(2) 计算频繁模式:遍历前缀树,统计每个节点的支持度,根据设定的最小支持度阈值筛选出频繁模式。

常用的算法有 AprioriAll 算法、GSP 算法、FreeSpan 算法、PrefixSpan 算法等,其中 PrefixSpan 算法能够大大缩小搜索空间,缩小挖掘过程中需要储存数据的规模,从而在大数据和分布式计算平台上得到了更多的应用。

7.1.3 基于网络的事件关联分析方法

基于网络的事件关联分析方法将事件和事件之间的关联关系表示为网络中的节点

和边。其中,节点表示事件,节点之间的边表示事件之间的关联关系。通过分析事件网络的拓扑结构以及节点和边的信息,可以揭示事件之间的关联程度和类型。

基于网络的事件关联分析方法包括社区检测、关键路径分析和中心性分析等。社区检测能够将事件网络划分为不同的社区,揭示社区内事件的高度关联性;关键路径分析能够识别事件网络的关键路径,即对整个事件网络具有重要影响的路径;中心性分析可以计算事件网络中节点的中心度,从而识别出事件网络中的核心事件。

7.2 事理图谱的概念和研究概况

7.2.1 事理图谱的概念

事件是人类社会的核心概念之一,人们的社会活动往往是事件驱动的。事件之间在时间上相继发生的演化规律和模式是一种十分有价值的事理逻辑,挖掘这种事理逻辑知识对认识人类行为和社会发展规律非常有意义。然而,当前无论是知识图谱还是语义网络等知识库的核心研究对象都不是事理逻辑。尽管传统知识图谱在现代搜索引擎中得到了广泛应用,但是其聚焦于实体与实体之间的关系,缺乏对事理逻辑知识的挖掘。事理逻辑知识,包括事件之间的因果、条件和顺承等关系,对于人工智能领域的多种任务具有非常大的价值。对此,事理图谱旨在将事件之间的演化规律和模式构建成一个有向图形式的知识库,用于刻画和记录事理逻辑。知识图谱与事理图谱的区别如表7-1所示。

表 7-1 知识图谱与事理图谱的区别

	知识图谱	事理图谱
描述知识	万物本体	事件之间的演化规律和模式
研究对象	实体和实体之间的关系	具有一定抽象程度的泛化事件
构建目标	万物互联	全逻辑库,逻辑演化模型
回答问题	When、Who、What、Where	Why、How
组织形式	有向图	有向图
知识形式	〈实体,属性,属性值〉、〈实体,关系,实体〉三元组	〈事件,论元集合,逻辑关系〉多元组
知识确定	事实是确定的	逻辑不确定,有转移概率
知识状态	相对静态,变化缓慢	动态的
知识敏感	精确性要求极高,实时性要求极高	有一定的容错率,参考逻辑
构建难点	知识本体的搭建、知识抽取与融合	事件表示、事件抽取、与知识图谱的融合

事理图谱是一个事理逻辑知识库,描述了事件之间的演化规律和模式。结构上,事理图谱是一个有向图,节点代表事件,有向边代表事件之间的时序、因果、条件和上下位等关系。理论上,事理图谱中的事件是具有一定抽象程度的泛化事件。这些事件可以表示为抽象、语义完备的谓词性词或词组,也可以表示为可变长度的、结构化的多元组。图

7-1 展示了一个事理图谱的实例。

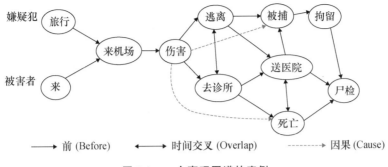

图 7-1　一个事理图谱的实例

7.2.2　事理图谱的研究概况

当前,围绕事理图谱的相关研究主要包含事件抽取、事理图谱构建以及事理知识表示学习三个主要方面。

事件抽取指从非结构化文本中识别出事件相关元素(如事件触发词、事件论元等)的过程。事件抽取是后续进行事理图谱构建的基础。根据目标事件范围的不同,可以将事件抽取方法划分为限定域事件抽取和开放域事件抽取两类;而根据事件抽取任务的输入文本粒度的不同,可以将事件抽取方法划分为句子级事件抽取和篇章级事件抽取两类。

在事件抽取的基础上,前期已有一系列工作旨在将事件组织起来形成知识库,以描述事件之间的关系模式。根据事件抽取程度的不同,事件之间的关系模式可分为关注具体事件间关系的事件图[4-5]和旨在描述事件间普遍演化模式、以抽象事件为核心的事理图谱[6-7];根据关注事件范围的不同,可将上述知识库分为开放域事理知识库和关注特定领域(如金融领域等)的事理知识库[8]。此外,部分工作构造描述特定种类事件间关系的知识库,如因果关系的事理知识库等[9-10]。图 7-2 展示了一个典型的事件抽取和事理图谱构建框架[11]。

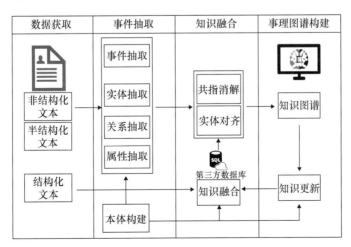

图 7-2　事件抽取和事理图谱构建框架

事理知识表示学习的目的是将离散的事理图谱转化为分布式的表示,同时使得向量表示能够一方面保留事件节点的语义信息,另一方面保留事件间的关系信息。为获得事件语义表示,一系列前期工作是利用词向量组合[12]、张量神经网络[13]等方式,为事件中各个元素之间的语义组合建模。为丰富事件语义表示,后期工作亦考虑向事件语义表示中融入事件背景、事件情感等元素[14]。在事件语义表示的基础上,考虑到事理图谱中可能存在不同的拓扑结构,部分工作是分别利用孪生神经网络、循环神经网络、图神经网络等模型,为事件对、事件链与事件间可能存在的密集连接结构建模,以得到事理知识表示,并服务于后续的推理任务。

基于事理图谱的关联分析方法在城市运行事件中已经有了广泛的应用,接下来将介绍城市运行场景中的两类典型事理图谱,以及基于该事理图谱进行的城市重大突发事件分析研究和城市内涝成因分析研究。

7.3 基于事理图谱的城市重大突发事件分析研究

城市重大突发事件对社会稳定和人民生命财产安全有着诸多的影响。城市重大突发事件的应急管理工作已经成为国家应急管理体系建设的重中之重。其中城市重大突发事件演变是城市重大突发事件应急管理的本质与核心问题。吉林大学的研究者们基于事理图谱将海量非结构化的文本,经过事件抽取和事理图谱构建,以图谱形式结构化地呈现出来,从中挖掘城市重大突发事件的事理逻辑,在此基础上模拟城市重大突发事件的动态演变过程,以期揭示事件间的演变规律与模式,为城市重大突发事件治理提供现实依据[15-16]。

研究者们将城市重大突发事件事理图谱构建主要分为城市重大突发事件本体构建、城市重大突发事件抽取以及城市重大突发事件间关系抽取三个步骤。

1. 城市重大突发事件本体构建

通过参考国务院及其他应急管理部门发布的应急预案,以及权威书刊和领域专家等定义的核心概念,建立起了城市重大突发事件的本体表示模型,包括事件、情景、动作等。

2. 城市重大突发事件抽取

城市重大突发事件抽取是指从非结构化文本中抽取事件相关元素,并以结构化形式呈现给用户,是城市重大突发事件事理图谱构建的基础。研究者们从中国新闻网、世界卫生组织网站和《柳叶刀》等关于公共卫生事件的媒体报道、研究报告和学术论文等数据中选取了 1.3 万余篇文献,对语料中的句子进行分词、词性标注、句法分析和语义分析;然后基于城市重大突发事件本体构建事件框架,根据事件框架,结合事件触发词和城市重大突发事件领域特征词构造规则,识别事件触发词和事件类型;再利用 BERT-BiLSTM-CRF 模型抽取事件的元素;最后利用词嵌入和 K-Means 算法对事件进行聚类,实现事件的泛化。城市重大突发事件抽取采用的 BERT-BiLSTM-CRF 模型如图 7-3 所示。

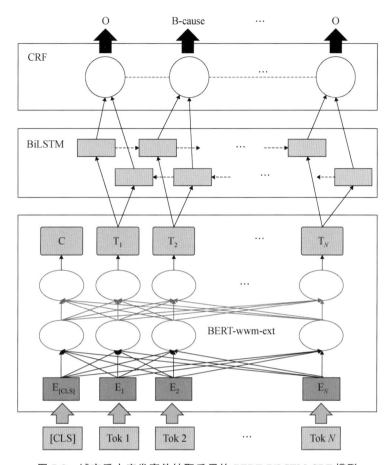

图 7-3 城市重大突发事件抽取采用的 BERT-BiLSTM-CRF 模型

3. 城市重大突发事件间关系抽取

城市重大突发事件间关系抽取研究的是事件的外部关联。事件间的关系描述了事件的变化状态,因此,抽取城市重大突发事件间关系可以揭示事件间的演变规律和模式,进而从宏观层面把握事件发展的脉络。研究者们基于模式匹配的方法进行事件间关系抽取,自定义了一套领域因果关系模板,构建了三类事件间关系,分别是因果事件、条件事件和顺承事件,如表 7-2 所示。

表 7-2 构建的三类事件间关系

因果事件	条件事件	顺承事件
['既然'],['所以','却','因此']	['除非'],['否则','才','不然','要不']	['又','再','才','并'],['进而']
['受到','受'],['影响']	['除非'],['否则的话']	['首先','第一'],['其次','然后']

续表

因果事件	条件事件	顺承事件
['因为'],['从而','为此','因而','致使','以致','以至于','所以','于是','故',"故而",'因此']	['还是','无论','不管'],['还是','都','总']	['首先','先是'],['再','又','还','才']
[],['从而','为此','因而','致使','以致','以至于','所以','于是','故','故而','因此']	['假若','如果'],['那么','就','那','则','便']	['在'],['后','之后']
['由于'],['从而','为此',"为此",'因而','致使','以致','以至于','所以','于是','故','故而','因此','影响']	['假如'],['那么','就','也','还']	[],['之后','然后','后来','接着','随后','其次','接下来']

依循以上三个步骤,研究者们得到了城市重大突发事件中公共卫生事件事理图谱,图谱中共有 14 413 个事件,14 252 条边,如图 7-4 所示。

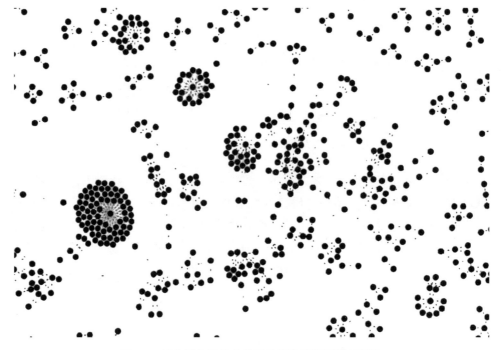

图 7-4　城市重大突发公共卫生事件事理图谱(局部)

7.4　基于事理图谱的城市内涝成因分析研究

城市内涝受到自然环境和工程的影响变化频繁,实时分析城市内涝的成因有助于为城市内涝处置应急预案的建立提供帮助。当前水利领域的知识和数据日趋丰富,河海大学的研究者们利用事理图谱的强大能力,构建城市内涝事理图谱,并以此作为城市内涝成因分析的基础[17],其总体框架如图 7-5 所示。

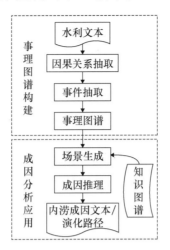

图 7-5　城市内涝成因分析总体框架

7.4.1　城市内涝事理图谱构建框架和流程

研究者们设计了一种基于模式匹配和深度神经网络的事理图谱构建方法,首先利用规则模板库从水利文本中抽取因果关系,然后使用基于投票机制的深度神经网络融合方法抽取因果关系句中的事件,形成城市内涝事理图谱,其构建流程如图 7-6 所示。

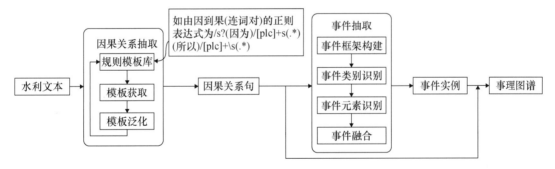

图 7-6　城市内涝事理图谱构建流程

借助事理图谱的关联能力和定义的规则,该研究可以自动生成以内涝点为中心的对象因果关系图谱,并融入对象属性形成对象属性因果关系图谱,最后将各属性的状态进行实例化形成内涝点分析场景,这被称为场景生成。

进一步地,成因推理被用于预测场景中对象的未知状态并根据干涉得到的因果效应的强弱判断主要成因。因为成因分析具有不确定性,且内涝点分析场景结构为有向图,因此该研究采用离散动态贝叶斯网络算法用于成因推理,将内涝点分析场景作为贝叶斯网络的输入,对贝叶斯网络进行训练并以此进行成因分析,从而得出城市发生内涝点位的关联事件和原因。

7.4.2 基于事理图谱的城市内涝实证研究

研究者们在深圳市罗湖区中心地段的东门商业街进行了实地研究,该区域面积达17.6万平方米。深圳易出现短时强降雨的现象,受此影响,东门商业街易发生内涝。由于东门商业街周边交通密集、商业较为发达,内涝一旦发生,将造成较大经济损失。因此对东门商业街的内涝成因和处置研究也具有了重要的实际和参考意义。

该研究构建事理图谱的实验数据共441篇文档,其中323篇来源于《水科学进展》《水文》《水利信息化》等相关学术期刊发表的论文,57篇来源于中国水利网、水利部太湖流域管理局等相关网站的新闻文本,61篇来源于2019年之前水利部公布的《中国水旱灾害公报》、深圳三防工作手册、深圳市台风暴雨综述等相关工作报告。平均每篇文档的长度为415个字,标签数目为6个,每个标签下平均文档数目为72篇。首先对收集到的数据集做降噪处理,仅保留文本;然后进行对分句、分词、词性标注等操作,将文档组织成需要的输入格式;使用 jieba 库进行分词,语言技术平台(Language Technology Platform,LTP)对文本进行词性标注;最后按照事理图谱构建流程得到的城市内涝事理图谱如图 7-7 所示。

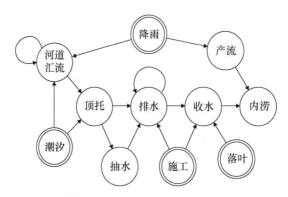

图 7-7 城市内涝事理图谱

水利知识图谱的基础数据来自深圳智慧水务大数据中心的水务大数据基础库,对象空间拓扑数据来自深圳市广汇源环境水务有限公司,监测数据来自深圳智慧水务综合监测平台。实例化规则由专家指导构建。得到的水利知识图谱如图 7-8 所示。

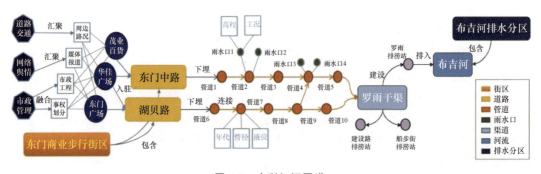

图 7-8 水利知识图谱

研究者们选取 2018 年 8 月 29 日深圳特大暴雨导致的东门商业街内东门中路内涝点内涝事件作为验证。根据分析报告和现场调研，东门商业街的内涝成因主要是降雨过大、管道设计标准偏低、雨水口堵塞。东门商业街的排涝水力联系概化如图 7-9 所示。

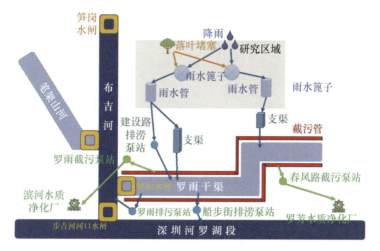

图 7-9　东门商业街的排涝水力联系概化

内涝成因分析应用实验结果如图 7-10 所示，主要分为降雨过大、落叶导致的雨水箅子堵塞和管道老旧导致排水能力不足三类成因，基本符合真实场景下内涝事件的发生机理。在与真实情况的对比中，发现罗雨泵站的 6 台泵机中有 1 台未工作，但未构成主要的内涝成因。根据现场调研，了解到东门商业街土地硬化面积随时间变化较快，因此区域汇水面积增长较快，老旧管道设计标准难以满足排水需求，造成了管道排水能力不足。所以，罗雨泵站未工作的泵机未对管道排水造成太大影响。这表明实验得到的成因与真实的成因相符。

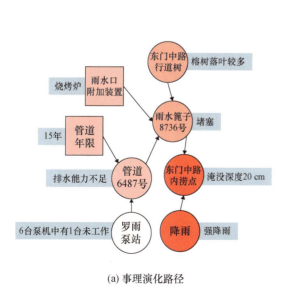

图 7-10　内涝成因分析应用实验结果

参考文献

[1] Agrawal R, Srikant R. Fast algorithms for mining association rules[C]//Proc. 20th int. conf. very large data bases, VLDB. 1994, 1215: 487-499.

[2] Han J, Pei J, Yin Y. Mining frequent patterns without candidate generation[J]. ACM sigmod record, 2000, 29(2): 1-12.

[3] Zaki M J. Scalable algorithms for association mining[J]. IEEE transactions on knowledge and data engineering, 2000, 12(3): 372-390.

[4] Zhao S, Wang Q, Massung S, et al. Constructing and embedding abstract event causality networks from text snippets[C] // WSDM. 2017: 335-344.

[5] Zhang H, Liu X, Pan H, et al. ASER: A large-scale eventuality knowledge graph[C] // Proceedings of The Web Conference 2020. 2020: 201-211.

[6] Li Z, Ding X, Liu T. Constructing narrative event evolutionary graph for script event prediction[C]//Proceedings of the 27th International Joint Conference on Artificial Intelligence. 2018: 4201-4207.

[7] Ding X, Li Z, Liu T, et al. ELG: an event logic graph[J]. arXiv preprint arXiv: 1907.08015, 2019.

[8] Yang Y, Wei Z, Chen Q, et al. Using external knowledge for financial event prediction based on graph neural networks[C]//Proceedings of the 28th ACM International Conference on Information and Knowledge Management. 2019: 2161-2164.

[9] Zhao S, Wang Q, Massung S, et al. Constructing and embedding abstract event causality networks from text snippets[C] // WSDM. 2017: 335-344.

[10] Heindorf S, Scholten Y, Wachsmuth H, et al. CauseNet: Towards a Causality Graph Extracted from the Web[C/OL] // CIKM '20: Proceedings of the 29th ACM International Conference on Information amp; Knowledge Management. New York, NY, USA: Association for Computing Machinery, 2020: 3023-3030. https://doi.org/10.1145/3340531.3412763.

[11] 项威. 事件知识图谱构建技术与应用综述[J]. 计算机与现代化, 2020 (1): 10-16.

[12] Granroth-Wilding M, Clark S. What happens next? event prediction using a compositional neural network model[C]//Proceedings of the AAAI Conference on Artificial Intelligence. 2016.

[13] Ding X, Zhang Y, Liu T, et al. Deep learning for event-driven stock prediction[C]//Twenty-fourth international joint conference on artificial intelligence. 2015.

[14] Ding X, Liao K, Liu T, et al. Event Representation Learning Enhanced with External Commonsense Knowledge[C]//Proceedings of the 2019 Conference on Empirical Methods in Natural Language Processing and the 9th International Joint Conference on Natural Language Processing(EMNLP-IJCNLP). 2019: 4894-4903.

[15] 张海涛, 李佳玮, 刘伟利, 等. 重大突发事件事理图谱构建研究[J]. 图书情报工作, 2021, 65(18): 133.

[16] 刘雅姝, 栾宇, 周红磊, 等. 基于事理图谱的重大突发事件动态演变研究[J]. 图书情报工作, 2022, 66(10): 143.

[17] 冯钧, 王云峰, 邬炜. 城市内涝事理图谱构建方法及应用[J]. 河海大学学报(自然科学版), 2020, 48(6): 479-487.

第三部分

面向城市综合管理在线服务的智能装备

第8章 智能巡查与执法装备

我国城市综合管理长期以人巡为主,效率低下,无法满足城市网格化高效、智能的综合管理需求。住房和城乡建设部办公厅印发《城市管理执法装备配备指导标准(试行)》,但均是常规交通、取证、通信、防护类的执法装备,感知的来源、手段、内容等较为简单,亟须研制现场巡查和执法以及非现场执法的智能化、模块化、集成化装备。

针对当前城市综合管理装备智能化与集成化程度低、服务效率不高等问题,需要研制城市网格化综合管理智能巡查与执法装备:① 针对城市声、光、气、液污染事件巡查设备分散且功能单一问题,利用传感器集成技术,集成多种污染传感器和视频传感器,研制面向城市污染事件的现场智能巡查装备,实现干净城市检测;② 针对小区问题上报与公共设施处置缺失问题,采用智能语音交互技术,整合事件感知和智能分析算法,研制面向小区治理的便民智能装置,实现人人参与小区治理;③ 针对现有执法装备智能程度低的问题,利用语音和视频识别、智能匹配技术,实现事件智能识别,研制面向城市综合执法的现场智能执法装备,实现高效精准的现场执法;④ 针对城市综合管理APP多样、标准不一且业务孤立的问题,研制以智能手机为载体的城市综合管理智能装备,打通部门业务壁垒;⑤ 针对城市重大公共安全事件监管效率低、执法智能程度低等问题,关联通信、公安、交通等多个部门的数据,研制面向公共安全事件的现场智能巡查和执法集成装备,实现公共安全保障。将上述装备配置在当前城市市政公用、园林绿化、市容环卫、城市管理执法等多个城市管理部门,实现现场的智能化巡查和执法以及非现场的智能执法,符合"干净、整洁、有序、安全、群众满意"的城市建设新理念,如图8-1所示。

图8-1 城市建设新理念示意图

五种装备分别在巡查、执法角度各有应用。采用的是云-边-端协同计算框架,先通过在数据采集端附近部署计算节点,减少数据上传至云中心计算的资源消耗,再将巡查装备处理的信息统一上报至新一代城市网格化综合管理应用支撑平台,并能联动执法装备参与案件反馈,如图 8-2 所示。

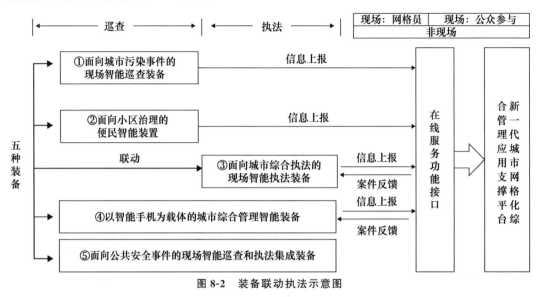

图 8-2　装备联动执法示意图

8.1　面向城市污染事件的现场智能巡查装备

8.1.1　装备的组成、功能及性能介绍

目前的监测城市污染事件的车载设备在成本和功能上无法做到很好地平衡,消费级的空气质量监测仪器在检测空气质量指数方面可能非常有价值[1],而且现有的监测城市污染事件的车载设备,在一定程度上提高了检测的便捷性与机动性,但可监测的污染物类型较少,多是对空气中的污染气体进行监测,而未能做到对声、光、气、液四种污染事件的全方位监测。此外,现有车载设备只是充当污染数据的采集设备或在巡检结束后才对数据进行简单的分级处理,而无法做到在巡检过程中的实时污染数据分析。

为适应城市范围扩大、城市发展多中心化的趋势,本装备采取车载的方式在重点区域大范围地应用,即在车顶安装底座支架,将装备主体搭建在支架上。此种设计更便于网格员在城市范围内的监测活动,一定程度上缩短了污染事件的响应时间、提高了监测的效率。现场智能巡查装备实物如图 8-3 所示。

8.1.1.1　各传感器参数

本装备固定于巡查车车顶,基于巡查车在城市街道内进行巡查,利用八合一气体传感器、CH_4 浓度传感器、CO_2 浓度传感器、pH(溶液氢离子活度的负对数值)传感器,对城市内的空气环境进行监测,获取被检测污染对象的十六进制编码数据,并通过设备端的存储计算模块"树莓派"进行数据的解析,得到各污染物的具体值,保存于数据处理模块。各传感器参数如表 8-1 所示。

图 8-3 面向城市污染事件的现场智能巡查装备实物

表 8-1 各传感器参数

	名称	型号/材质/规格	数量	精度	
底座	装备底座	航空铝合金,长110cm,杆截面宽8cm,厚度3cm	1	/	
视频监控模块	多光谱相机	12V直流供电,长×宽×高:79mm×79mm×75mm	2	5个多光谱CMOS,1/1.8″;320万;HFOV:48.8°,VFOV:37.5°,光圈:$f/2.0$;450 555 660 720 840nm;1个RGB CMOS,1/2.3″;1230万;HFOV:47.4°,VFOV:36.4°,光圈:$f/2.5$;1080p@20fps视频	
视频监控模块	普通相机	6mm-FV0612-3MP	1	1230万像素 4056(H)×3040(V),固定焦距6mm,视场角:63°,外形尺寸 $\varphi30*34$,质量53.00g,接口:CS	
声、光、气、液监测模块	噪声检测仪	RS485	1	测量范围:30~120dB;测量精度:±1.5dB;分辨率:0.1dB	
声、光、气、液监测模块	光线感应器	RS485 12V直流供电	1	测量范围:0~200KLUX;测量精度:±7%;响应时间:<0.5s	
声、光、气、液监测模块	PM10/PM2.5 传感器 温湿度传感器 NO_2 传感器 SO_2 传感器 O_3 传感器 CO 传感器	八合一气体传感器 RS485 12V直流供电	1	PM10/PM2.5	测量范围:0~999μg/m³;测量精度:<±10%;分辨率:0.1μg/m³
				温度	测量范围:−40℃~80℃;测量精度:±0.5℃
				相对湿度	测量范围:0%~100%;测量精度:±2%
				NO_2	测量范围:0~2ppm;测量精度:±4%
				SO_2	测量范围:0~2ppm;测量精度:±4%
				O_3	测量范围:0~1ppm;测量精度:±7%
				CO	测量范围:0~2ppm;测量精度:±8%

续表

名称		型号/材质/规格	数量	精度
	CH_4 浓度传感器	RS485 高精型 NDIR 红外测量 12V 直流供电	1	测量范围：0%～100%LEL 测量精度：±1% 分辨率：0.05vol
	CO_2 浓度传感器	RS485 NDIR 双通道测量 12V 直流供电	1	测量范围：0～5 000ppm 测量精度：±4% 分辨率：1ppm
	pH 传感器	RS485 平面复合电极 水质测量 12V 直流供电	1	测量范围：0～14 测量精度：±0.1pH 分辨率：0.01pH 重复性：±0.1
数据处理模块	主板	树莓派 4B 8G 版 尺寸：85mm×56mm ×10mm	1	8G LPDDR4 1.5GHz 四核 64 位 Cortex-A72（ARM v8） USB 3.0×2 USB 2.0×2
	卫星定位系统（GPS）	M8N	1	工作电压：DC 5V 搜星时间：20s 搜星数量：视环境，最多有 26 个 精度：0.9m 左右 体积：162mm×120mm×53mm（不包括线长） 线长：280mm 质量：30g
	其他	RS485 转 USB 串口转换器	1	电子工业级 USB 转 RS485 转换器 通信速率：300～921 600bps 操作系统：Linux/Windows
电源	锂电池组	18650 电池组	1	12V，50Ah

8.1.1.2 树莓派 4B 参数

树莓派 4B（见图 8-4）的使用提高了数据获取、编码解译、实时处理的能力，使城市污染事件从发现、测定、分析到结果上传的效率得以提升，整个链路的响应时间缩短至分钟级别。树莓派 4B 采用博通 BCM2711B0 作为 SoC，内存有 1GB、2GB、4GB 三个版本，支持千兆以太网、双频无线网络以及蓝牙，具体规格如表 8-2 所示。

表 8-2 树莓派 4B 参数

CPU	64-bit Quad-core ARM Cortex-A72 @ 1.5GHz
内存	1GB、2GB、4GB 的 LPDDR4
网络	千兆以太网，双频 802.11ac，蓝牙 5.0
音频/视频输出	3.5mm 模拟 AV 插孔，2×MicroHDMI 2.0 接口
外部接口	2×USB2.0 接口，2×USB3.0 接口，CSI 接口，DSI 接口
存储	512GB
电源	电压 5V，电流 3A 通过 USB Type-C 接口供电
附加功能	40Pin GPIO 排针，PoE 接口

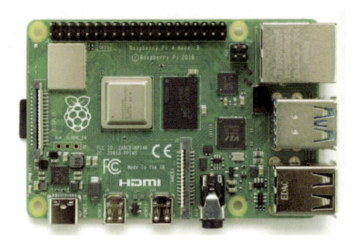

图 8-4 树莓派 4B

8.1.1.3 供电模块

电池仓内固定安装一块输出电压 12V、电池容量 16 800mA 的 18650 锂电池组和一块电压管理印刷电路板(Printed Crcuit Board,PCB)。此锂电池组为整个装备提供长达约 24 h 的续航电量,并可以使用汽车电路系统为电池充电,保证了巡查装备可进行长时间的工作;此电压管理 PCB 主要作用是扩充锂电池组的供电接口,为数据处理模块提供降压功能。由于各类污染监测传感器需单独供电且电压为 12V,而数据处理模块的核心组件的供电电压为 5V,因此电压管理 PCB 提供了 8 个 12V 电压的接口和 2 个 5V 电压的接口,这使得巡查装备可以长时间工作而不需要频繁更换电池,提高了巡查工作的效率和连续性。而且供电模块具备过充保护、温度控制、短路保护、过流保护、低压保护、过放保护等多重保护功能,为巡查装备提供稳定可靠的电力供应,确保其正常运行和执行任务。

8.1.1.4 数据处理模块

(1) 数据接收和整合。数据处理模块首先负责接收来自各个传感器的原始数据。数据处理模块将这些数据整合到一个统一的数据集中,以便进行后续的处理和分析。

(2) 数据清洗和预处理。原始数据通常会受到错误值或异常值的干扰。数据处理模块会对数据进行清洗和预处理,去除不准确或无效的数据,并进行插值或填充缺失值,确保数据的质量和完整性。

(3) 特征提取和转换。数据处理模块会根据具体的需求,对原始数据进行特征提取和转换。这可能包括计算统计指标、提取频域或时域特征、对数据进行降维等操作,从原始数据中提取有意义的信息和特征。

8.1.2 关键技术

8.1.2.1 面向城市空气污染事件监测的云-边-端协同计算框架技术

1. 基于云-端的城市空气污染监测方法

城市空气污染事件监测的基础功能就是将空气污染数据采集和转发至用户,为了完成此功能,需要在城市中布置大量多源传感器完成数据的采集和分析,以便为用户提供实时数据服务。而多源传感器没有将采集的数据融合成文本数据的能力,更没有直接为用户提供服务的能力,因此需要小型计算机(如单片机)对多源传感器采集的数据进行融合和分析,将多源传感器采集的数据转换成可读的文本信息,使用网络转发给用户。这里将这种小型计算机称为解析采集终端。但这样的小型计算机由于其处理能力有限,无法同时为多个用户同时提供服务,因此需要云服务器收集、分析、处理多源传感器采集的数据,以达到为多个用户提供服务的目的。基于此种模式构建的城市空气污染事件监测方法即为基于云-端模式的城市空气污染事件监测系统。在这种为多用户提供服务的场景下,云服务多是基于"主从同步,读写分离"的方式完成对数据的储存和为用户提供服务的,当有新的数据需要写入系统时,首先会将数据写入主服务器,随后由主服务器将数据的"写"操作同步给各个从服务器;在为用户提供服务时,使用反向代理服务器按规则分配至从服务器为用户提供服务。在此种模式下为用户提供服务,会保证数据的"弱一致性",但会导致主服务器的数据和从服务器的数据存在一定时间上的偏差,难以满足实时性业务的实时性要求。基于云-端模式的城市空气污染事件监测系统架构如图 8-5 所示。

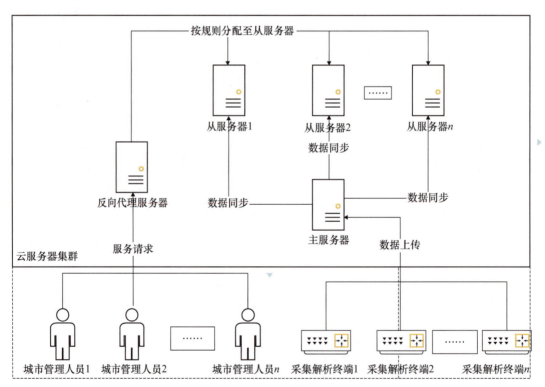

图 8-5 基于云-端模式的城市空气污染事件监测系统

基于云-端模式的城市空气污染事件监测系统业务按照其功能可以分为三类:第一类是监测类业务,比如城市空气污染事件监测数据的实时获取,人为空气污染事件的判别等,此类业务的实时性要求较高,数据的延迟会导致事件的处理不及时;第二类是数据处理类业务,比如某个时间污染数据的查询,人为空气污染事件的查处记录等,此类业务涉及大量数据的储存与查询，需要系统拥有稳定的数据储存与查询能力；第三类是全域的数据分析类业务，比如城市空气污染事件态势预测等，此类业务需要系统拥有大数据处理的能力。现有的云-端模式能够在一定程度上满足此三类业务的需求，但随着城市的扩张以及数据采集量的增加，系统需要处理的端数据也在增加，需要使用更多的服务器对数据进行储存，不可避免地导致数据的冗余量的增加和数据用于主从同步的时间增加；并且随着业务需求人员的增加，云服务的并发量不可避免地提高，导致系统响应慢甚至可能拒绝服务。

针对上述问题，巡查装备基于网格化思想，使用边缘计算的云-边-端计算框架，通过将数据和计算由云迁移至更靠近业务需求人员的边缘服务器，来解决由于数据和业务需求人员的增加导致的服务延迟问题。

2. 城市网格化综合管理服务的云-边-端协同计算框架

协同计算思想作为框架实现的主线，贯穿了城市网格化综合管理服务的全部过程。为充分联系公众，联动各部门落实城市综合管理服务，设计了如图 8-6 所示的城市网格化综合管理服务的云-边-端协同计算框架。该框架主要分为三个部分：具有网格单元数据采集与轻量计算功能的终端、具有网格区域强计算与低时延特点的边端、具有大容量存储与大数据分析能力的城市综合管理云端。当业务快速处理作为主要需求时，更多依靠的是边端，而当事件快速决策作为主要需求时，更多依靠云端。

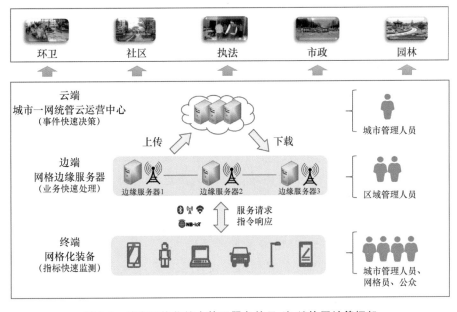

图 8-6　城市网格化综合管理服务的云-边-端协同计算框架

（1）终端：终端指的是城市网格化综合管理服务的智能装备。作为最靠近城市管理人员、网格员和公众的结构，能够利用网格化智能装备，不仅可以采集多种类型的数据，实现数据的分析和处理，还能接收云-边的传回指令，在社区、环卫、园林等部门完成网格化智能装备城市事件的智能响应，与传统城管装备相比，突出其智能化与自动化的优势。网格化智能装备在完成多项指标数据的采集后，可进行阈值设定、数据分级等轻量级计算,如扬尘监测、噪声检测等操作,对采集数据进行初步判定,并对监测结果实时处理,避免数据传输至云-边-端造成的服务延迟问题的出现。

(2)边端:边端指的是在靠近终端的位置搭建的网格边缘服务器,是连接终端和云端中心的中间层,在靠近数据源的网格边缘,处理网格员的请求,提供边缘智能服务,如进行城市管理事件的关联分析、视频感知分析等,以此达到负载均衡的目的,并由网格员负责所属网格区域内服务器的运行监控和维护。为实现城市全区域覆盖,需要大量网格单元的装备进行数据采集,而将网格化智能装备的数据全部传递至云端处理并不现实,高并发多负载将导致更多问题产生。因此,在网格区域靠近终端的位置设置网格边缘服务器,可以接收区域内网格化智能装备采集的数据并进行计算来实现均衡负载,减轻云端压力,同时为数据安全和隐私保护提供保障。

(3)云端:云端指的城市一网统管云运营中心,具有海量数据存储和高性能计算的特点。因此,能够对边端的大数据和复杂模型处理进行补充和结果整合,辅助数据挖掘和分析,提供增值和决策的服务。在云-边-端架构中,城市云运营中心集中管控网格边缘服务器和网格化智能装备的运行与服务,既实现了处理过程中各阶段数据的备份存储,也完成了大数据的挖掘和分析,充分发挥了数据的价值,这不仅为城市管理人员对的决策提供支持,还能及时联动行政执法部门,为城市综合管理提供高效、智能的在线服务。

城市综合管理服务的协同实现首先需要依靠网格化智能装备完成对城市指标的快速监测,监测结果上传至网格边缘服务器进行快速处理,各边缘服务器的处理结果统一上传至城市一网统管云运营中心,进行结果整合与事件快速决策,再联动相关部门完成事件处置。云-边-端的协同计算是为了充分利用边端和终端的闲置算力解决大量的计算任务、减少云端负载、降低计算成本。在城市网格化综合管理中,考虑获取和管理等方面因素,数据资源往往分散存储在不同网格单元的不同装备和边缘服务器中。通常为了解决区域城管事件,需要城市一网统管云运营中心控制多个网格区域的边、端进行协同处理。协同处理的思想通过共享来实现,不仅需要数据资源共享,也需要计算资源共享。依靠云-边-端协同计算的业务可由城市管理人员进行定制,并能实现网格内数据的访问、协同计算和汇总,通过多网格化智能装备与边缘服务器的共同计算,最终达到综合管理与服务的目的。

8.1.2.2 基于融合特征的PM2.5浓度估算模型

基于融合特征的PM2.5浓度估算模型的设计与实现,通过综合考虑图像特征、污染特征和气象特征对PM2.5浓度估算的重要作用,挖掘各类特征重要信息,从而设计出一种基于多模态数据的深度学习回归神经网络,来实现对PM2.5浓度的精准估算。

1. 网络结构设计

图像数据具有高维和复杂的特点,假如仅采用人工设计和浅层学习的方法来处理图像数据,那么只能用到图像的浅层特征,这与人眼视觉神经系统的深层结构存在明显差异,并且通常也会因为拍摄倾斜、光照不均等原因,难以获得有效处理结果。而深度学习能够在海量数据中,自主学习数据最本质的特征,此方法克服了人工设计与浅层学习的不足,在图像处理领域具有巨大潜力。

深度学习通常是由复杂、多层的神经网络构成,其中卷积神经网络作为一种常用的数学模型,是基于生物视觉系统的结构设计而成,利用大量样本对模型中各层节点的连接关系进行调整,发现训练数据中自主学习样本潜在规律,进而对未知结果做出预测。在图像处理领域,卷积神经网络因为其具有局部连接和权值共享的特性而备受欢迎。这种特性使得它在处理图像时需要的参数数量大大减少,从而使其具备更高的计算效率和更好的泛化能力。因此选用卷积神经网络,能够挖掘图像更深、更为抽象的特征,实现对图像信息的充分利用,提高模型的估算能力。

为了完成对污染图像信息的充分提取和利用,选择将图像特征、污染物特征和气象特征进行融合,发挥各类特征对PM2.5浓度估算的重要作用。假设给定一幅RGB图像 I,若想从图像中估算当前PM2.5浓度值,现作出如下定义:

$$C = f(I) \tag{8.1}$$

其中,f 是一个描述图像与PM2.5浓度关系的函数。由于不同气象条件都有可能造成图像特征的变化,因此为了表示这个复杂的函数,选用基于多模态数据的深度学习回归神经网络来模拟这个关系。较为直接的做法是利用卷积神经网络来进行函数 f 的学习,即输入的是RGB图像特征,输出的是PM2.5浓度值。但是仅仅使用图像特征不能很好地表达出环境与气象条件对照片成像的改变,以及对PM2.5浓度的估算。因此在选择数据时,除了RGB图像特征以外,气象特征和污染特征都将作为原始数据输入,以辅助模型的学习,最终形成式(8.2)展现的关系。通过这种改变,模型可以更为准确、更加鲁棒地估算出PM2.5浓度值。

$$C = f(I, P(\alpha, \beta, \gamma)) \tag{8.2}$$

其中 α、β、γ 分别代表图像 I 对应的图像特征、气象特征和污染特征。

对于PM2.5浓度估算模型的设计,如图8-7所示,主要包括以下三个步骤:首先是图像特征提取,对输入的污染图像进行语义分割,划分天空区域和建筑区域以分别学习各区域图像特征,再进行信息融合及特征提取,获取特征图像;其次是特征融合,先将提取的特征图像展平为一个一维向量,对于人工设计获取的气象特征、污染特征,则将组合成另外两个一维向量,利用特征融合,实现图像特征、气象特征和污染特征的拼接;最后是回归估计,将融合完成的融合特征向量输入注意力机制与多层感知机,进一步分析三类特征的信息,完成对PM2.5浓度的估算。

对于前文提取的图像特征,它们不仅描述了图像的不同质量级别,还证实了随着PM2.5浓度的变化,图像质量也会随之改变。因此说明通过污染图像提取的图像特征,以此完成PM2.5浓度估算的操作,具有较高可行性。考虑图像质量可以为图像特征的提取提供额外信息,提高图像分割模型对不同图像质量的适应能力,故可作为补充信息参与训练。

2. 图像特征提取

为了实现天空区域和建筑区域不同区域特征信息的充分学习,将图像特征提取的过程细分为图像分割与特征提取两个任务。首先使用U-Net对污染图像进行图像分割,随后利用特征金字塔网络(Feature Pyramid Networks,FPN)融合不同区域的多尺度语义信息,获取融合特征图像,该部分结构如图8-8所示。

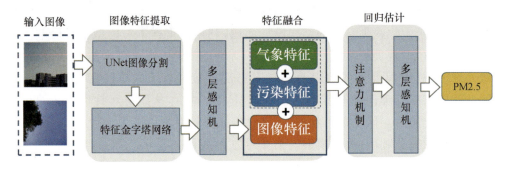

图 8-7 基于融合特征的 PM2.5 浓度估算模型

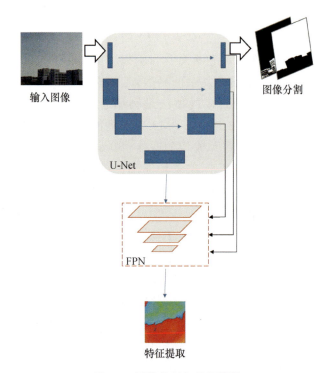

图 8-8 图像分割与特征提取

U-Net 是一种用于解决图像分割任务的深度学习神经网络,是全卷积网络的扩展,主要特点是它采用了编码器-解码器的结构,如图 8-9 所示。其中编码器部分由四个下采样层组成,每层包含两个卷积和一个池化操作。卷积操作用来捕获图像特征信息,而池化操作则用来缩小图像尺寸。随着编码器不断地进行多次卷积和池化操作,实现图片的下采样,以提取出输入的污染图像的高层次抽象特征。同样分为四层的解码器也采用了类似的结构设计,每一层包含两个卷积和一个反卷积操作。解码器在多次卷积和反卷积操作的逐层叠加下,逐渐增加图像的维度,实现图像的上采样,以恢复图像的细节信息。同时还将解码器的输出与编码器的相应特征图进行横向连接,实现在解码器中使用低层和高层特征来细化分割结果,使得生成的特征图有着较为丰富的浅层信息。

在训练过程中,U-Net 会同时接收污染图像和该图像对应的标签图像作为输入,此处的标签图像是经过分割处理后的图像,即经过分割的天空区域和建筑区域,用于指导 U-Net 训练。此后 U-Net 根据在训练集上学到的知识,实现对输入图像的语义分割。

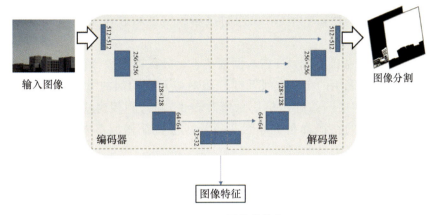

图 8-9　U-Net 网络的结构

FPN 主要由自底向上流程、自顶向下流程和横向连接三个部分组成,如图 8-10 所示,用于解决图像语义分割中的多尺度信息问题。其基本思想是通过构建特征金字塔来获取不同尺度下的图像特征。在传统的卷积神经网络结构中,底层特征图常常包含较多细节信息,而高层特征图则包含更高层次的抽象特征,因此为了兼顾不同尺度下的图像特征,利用 FPN 的结构,融合不同尺度的图像特征,整合多尺度语义信息,获得更为丰富和准确的特征图像表示。

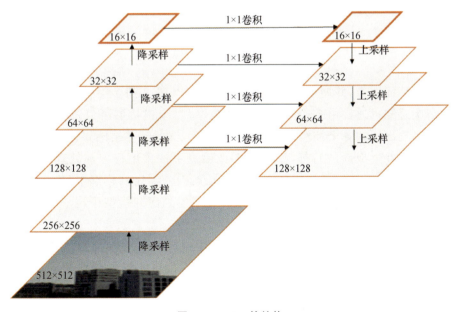

图 8-10　FPN 的结构

考虑 U-Net 擅长处理较小的物体和细节,而 FPN 则擅长处理不同尺度下的目标。

为了充分利用它们的优点，提高图像分割的性能，可以将 U-Net 作为编码器，与 FPN 解码器结合起来（见图 8-8）。该结构基于 U-Net 模型，利用 FPN 的结构来进行改进。此时 U-Net 编码器会提取出输入的污染图像的高层特征信息，并将其传递给 FPN 解码器，充分利用 FPN 的多尺度信息整合能力，实现图像高层和低层特征信息的结合，提高图像分割的精度和鲁棒性，便于提取出同时具备天空区域和建筑区域图像特征的融合特征图像。

选择在 U-Net 的基础上加入 FPN，也是基于充分保留图像特征的考量进行的调整。在 FPN 中，整合操作采用的是二次线性插值与对应元素相加的方式。二次线性插值作为一种线性操作，对污染图像的浅层信息修改较少，同时利用对应元素相加的方式，可以确保传递给解码器的特征都是由原始图像的浅层特征相加得来的，从而避免了反卷积操作导致的特征信息丢失的问题。

3. 特征融合

对于经过图像分割和特征提取获得的特征图像，通常是以二维向量的形式表示。而人工设计获取的气象特征、污染特征通常为一维向量。因此为了实现特征融合，需要对特征图像进行处理，将其转换为一维向量，这种转换称为展平。如图 8-11 所示，展平是将二维向量中的每个像素数据作为一维向量中的一个元素，再把这些元素连接起来，构成一维向量。例如，对于长宽分别为 X、Y 的图像，将其展平后可以获得一个大小为 $X \times Y$ 的一维向量。

图 8-11　特征图像展平

在提取出特征图像，并展平为一维向量后，可将其输入到多层感知机中进行进一步的处理。多层感知机通常由多个全连接层组成，每个全连接层可以将输入数据的各个元素都连接到输出层的各个神经元，如图 8-12 所示。这样，多层感知机可以对输入数据进行非线性变换并生成新的特征，实现对图像信息更抽象地提取和处理。将污染图像特征编码为一维向量，然后将该向量作为一个元素输入到序列模型中，最终输出该图像的序列化表示，以此利用多层感知机将图像信息映射到序列模型中，获取后续融合需要的图像特征。

对于人工设计获取的污染特征和气象特征组成的两个一维向量，通过特征融合将图像特征、污染特征和气象特征拼接在一起，形成一个更大的融合特征向量，并作为回归估计的输入，完成对 PM2.5 浓度的估算（见图 8-13）。

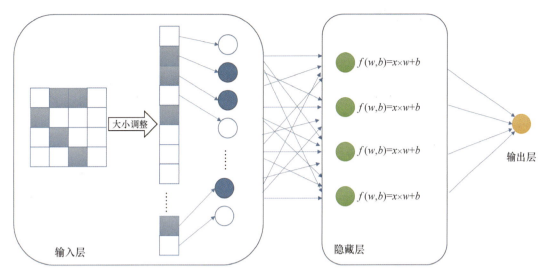

图 8-12 多层感知机结构

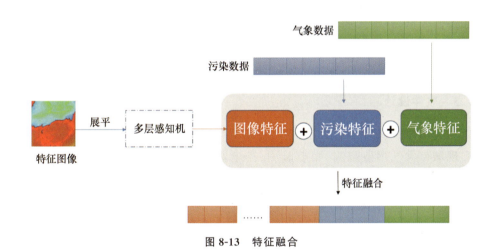

图 8-13 特征融合

4. 回归估计

在多模态数据的处理中,注意力机制可以用来对不同模态的数据进行加权组合,得到更好的融合特征。在估算 PM2.5 浓度时,由于不同影响因子的相关性存在差异,因此在融合特征序列数据中存在某些部分的信息比其他部分的信息更加重要。如果模型无法正确地识别和利用这些重要的信息,则可能会导致模型预测性能下降,使得估算结果产生较大误差。在注意力机制中,模型将根据不同模态数据的重要性分配权重,这些权重可用于加权至各个特征表示,用式(8.3)表示。

$$F = \omega_1 F_{\text{photo}} \oplus \omega_2 F_{\text{pollutant}} \oplus \omega_3 F_{\text{weather}} \quad (8.3)$$

其中 F_{photo}、$F_{\text{pollutant}}$ 与 F_{weather} 是对应的图像特征、污染特征和气象特征,ω_1、ω_2 和 ω_3 则是各部分特征对应的权重,F 为融合特征的信息。

如此,模型就可以更加关注那些对估算任务有更大贡献的特征信息,进而提高模型的表现。通过对融合特征进行注意力操作,可以使模型能够自动确定序列数据中图像特征、污染特征和气象特征哪个部分更为重要,更好地完成回归估计。

而在回归估计中,注意力机制虽然可以帮助模型更好地关注融合特征的重要信息,但仅仅使用注意力机制还不够,因为它并不能直接对融合特征进行非线性变换。注意力机制只完成了对融合特征的提取操作,并未进行更深层次的处理。因此,通常会在注意力机制后引入多层感知机,对输入的融合特征进行更加复杂的特征提取和组合,如图 8-14 所示。

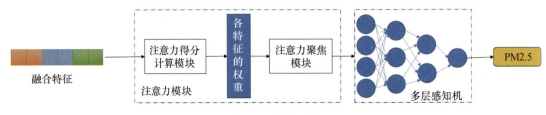

图 8-14 回归估计

为了实现 PM2.5 浓度估算,利用多层感知机实现回归估计,其过程是通过多层感知机进行非线性变换,将输入的融合特征高维空间映射到低维空间,即将多变量的特征信息最终回归至 PM2.5 浓度。通过多层感知机对融合特征进行复杂的非线性变换,得到更加丰富和有用的特征表示,提高了模型的估算精度和泛化能力。

8.1.3 软件设计

8.1.3.1 系统设计

为实现城市大气污染监测、噪声监测、扬尘监测等专业服务功能,需要开发面向城市污染事件的现场智能巡查装备软件系统。

面向城市污染事件的现场智能巡查装备软件系统由四个部分组成:数据采集层、数据处理层、接口服务与信息发布层和用户层。基于此软件系统,与面向城市污染事件的现场智能巡查装备深度结合,构建面向城市污染事件的现场智能巡查装备系统,对城市声、光、气、液污染事件的及时发现、及时上报、快速巡查。

面向城市污染事件的现场智能巡查装备软件系统的四个组成部分:

1. 数据采集层

数据采集层依靠噪声监测仪、污染浓度传感器、光线传感器、pH 传感器、温湿度传感器等完成数据的采集,并向面向城市污染事件的现场智能巡查装备系统传送动态实时的数据。

2. 数据处理层

数据处理层通过各类算法,污染时空分析智能算法和区域环境时空态势分布图算法等,对数据采集层采集到的数据进行处理。

(1) 污染时空分析智能算法。① 输入数据:污染物浓度值、噪声值、光线传感器数值、pH 值;② 输出数据:巡查区域各污染物的污染程度数据;③ 算法功能:首先对数据采集层采集的数据进行融合分析,根据不同污染类型设定的污染程度阈值来判断巡查区域的污染程度,并输出各污染物污染程度数据。

（2）区域环境时空态势分布图算法。① 输入数据：污染浓度值、噪声值、光线传感器数值、pH值、温湿度数据；② 输出数据：区域环境时空态势分布图；③ 算法功能：根据巡查区域测得的各污染物的污染程度数据，结合全球卫星导航系统（Global Navigation Satellite System，GNSS）定位，对各污染物污染程度数据进行空间分析，得到各污染物污染程度空间连续分布图，反映出巡查区域环境时空态势，并生成相应地图文件。

3. 接口服务与信息发布层

接口服务主要包括信息查询服务，如巡查时间、地点，巡查结果等信息，以及接入其他系统的预留接口和后续更新功能的接口。

信息发布则是基于Web客户端进行污染事件监测数据展示、污染程度数据展示，以及区域环境时空态势分布图的展示。

4. 用户层

该层是基于Web端和移动端小程序，面向城市管理人员、网格员和城市污染管理相关专业人员。通过登录页面登录后，可查看巡查时间、地点和装备采集、处理、发布的各类信息。

面向城市污染事件的现场智能巡查装备软件系统总体架构如图8-15所示。

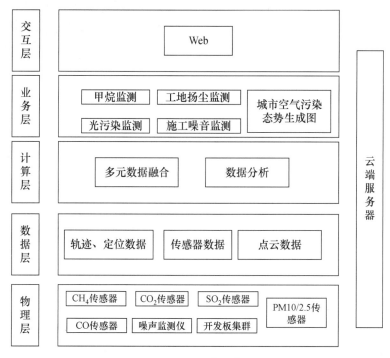

图 8-15　总体架构

8.1.3.2　系统实现

针对系统的应用目的和上述设计思路，本系统采用Spring Boot框架，基于Java程序设计语言实现。基于Windows10操作系统，采用MySQL数据库储存和管理巡查装备采集到的数据。Web端和移动端小程序采用HTML/CSS、JavaScript实现，Web端采用 Vue.js 框架进行实时渲染，配合 Cesium 三维实景地图进行可视化。

8.1.3.3 系统应用

本系统采用 Web 端和移动端小程序两种前端交互方案。

1. Web 端

Web 端如图 8-16 所示。

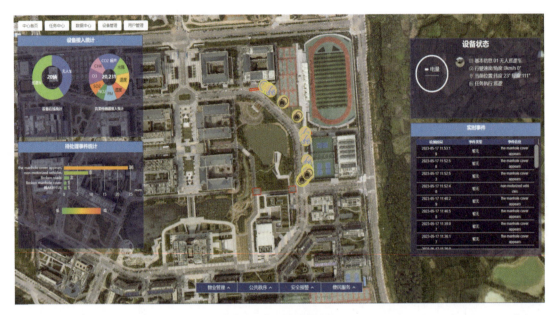

图 8-16　Web 网页设计

（1）用户：系统面向的用户主要是城市管理人员、网格员、城市污染管理相关专业人员。

（2）地图底图：Cesium 三维实景地图。

（3）主体功能：用户登录、日期选择、污染事件查询、污染浓度显示。

2. 移动端小程序设计

（1）用户：系统面向的用户主要是城市管理人员、网格员和城市污染管理相关专业人员。

（2）主体功能：用户登录、日期选择、污染事件查询。

8.1.4　装备应用

8.1.4.1　声、光、气、液污染事件的监测

本装备通过使用消费级传感器实时采集 $PM10/2.5$、NO_2、SO_2、CH_4、CO_2、CO 等数据以及温湿度、pH 值、噪声等，将采集到的数据经过传感器处理，上传至服务器，用于下一步分析处理。生成重点区域环境时空态势分布图，应用于城市管理复杂事件的感知和提取，在新模式下充分联动网格单元，提高巡查和执法效率。可在 Web 端查看实时的声、光、气、液污染事件监测数据，如图 8-17 所示。

图 8-17　Web 端声、光、气、液污染事件监测数据

8.1.4.2　污染态势预警

污染态势预警是指基于污染事件监测数据和相关模型算法,通过实时或定期分析、评估和预测污染物的时空分布和变化趋势,提前发现和预警潜在的污染事件或污染情况,并向相关部门和公众发送预警信息,以便及时采取措施来减轻污染的影响,保护公众健康。

首先通过差值计算,对同一个区域不同时刻的污染数据进行差值计算,即将两个时刻的数据相减,这将产生一个差值图像,显示了两个时刻之间的污染变化情况;然后进行异常检测,根据差值图像,寻找显著的变化或异常区域;最后通过这些区域可以表明,污染浓度的突然增加或减少,可能是由于污染源的存在。污染态势预警效果如图 8-18 所示。

图 8-18　污染态势预警效果

8.1.4.3 污染范围分析

通过使用浓度衰减公式来进行粗略估算,这种公式可以基于经验和测量数据来估计污染浓度随距离的变化。常用的浓度衰减公式之一是指数衰减公式,形式为

$$C = C_0 \exp(-kx) \tag{8.4}$$

其中:C 是距离源点 x 处的浓度;C_0 是源点处的浓度;k 是衰减系数,表示浓度随距离衰减的速度;x 是与源点的距离。通过选择合适的衰减系数 k,可以粗略估计污染浓度在水平方向上的衰减情况。需要注意的是,具体的衰减系数 k 取决于污染物的性质、环境条件以及特定的扩散情况。衰减系数 k 通常是基于经验或根据实际测量数据进行估计。根据计算出的污染范围生成污染范围分析图,效果如图 8-19 所示。

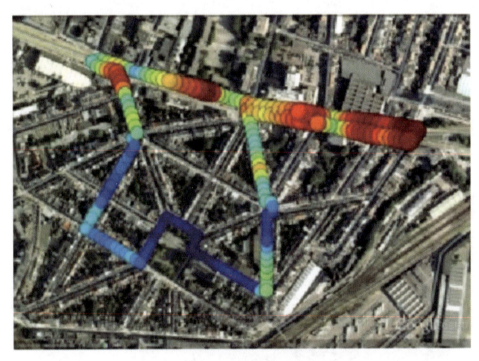

图 8-19 污染范围分析图

8.1.4.4 污染危害评估

当发生污染事件、事故或灾难时,污染危害评估被用来评估污染物的类型、浓度和扩散范围,以及对环境和人类健康的潜在影响。这有助于采取紧急措施、应急响应和污染物治理行动。当涉及重大工程项目时,需要进行环境影响评价,其中污染危害评估是环境影响评价的重要组成部分。

本装置通过采集上报的污染数据,对污染事件进行污染危害评估并提供空气质量指数(AQI),为后续的趋势分析提供依据,并生成空气质量指数等级分布图,如图 8-20 所示。

图 8-20 空气质量指数等级分布图

8.2 面向小区治理的便民智能装备

8.2.1 装备的组成、功能及性能介绍

面向小区治理的便民智能装备解决了小区内部管理复杂与民情监测问题,方便了城市管理人员进入小区进行综合管理,消除了固定摄像头的弊端,弥补了物业系统的漏洞,整合了导航定位技术、视频识别技术、多传感器融合技术和物联网技术等。装备实现了配备的高清摄像头进行实时监测,集成了前视摄像头和激光雷达等多种传感器。装备实现了基于局部地图和动态环境感知的路径规划,利用边缘计算,也实现了高精度导航定位和面向小区居民活动的智能识别与语音交互功能。装备的信息将先传回物业,配合物业系统进行相应处理。装备实物如图 8-21 所示。

图 8-21 装备实物图

装备具有以下四项基本功能：

（1）远程操控功能。装备上搭载的 CAN 盒对底盘接收到的消息进行统一管理,远程操控模块使用 CAN 盒根据传输控制协议（Transmission Centrol Protocol，TCP）将消息传输到指定服务器,两者使用 CAN 报文进行通信,通过对应指令构建报文远程操控装备。

装备的视频反馈将由视频服务器来完成,利用装备上搭载的摄像头获取现场场景和装备的运动状态。将城市管理人员获取的视频图像经处理后发送到 Web 端,完成 Web 端视频图像的更新,使城市管理人员能够对装备的运动状态和现场场景进行监控。Web 服务器为用户提供了交互平台,用户可以通过 Web 端来访问装备,改变装备的运动状态。

（2）实时任务规划功能。利用智能语音识别、移动端和中控端来控制装备行走到指定位置。通过关键技术准确获取现场场景信息、监测目标数据,并将采集的相关数据传输到服务端统一处理,构建具备多种功能的智能装备。

装备的主要作用有：日常巡检,能够定时、定点、定轨迹进行巡检工作;通过自带摄像头识别社区实时事件,采集监测目标数据传输至后台进行筛选、分析和计算,其结果输送到客户端,可以提高社区实时事件的处置效率。

（3）三维实景地图功能。装备采用北斗高精度导航定位技术,可以实时显示装备的行驶路线,并将巡检过程中识别到的社区事件在实景地图上进行加载。

实景地图是利用卫星或激光技术直接扫描建筑物的高度和宽度,最终形成三维地图,其直观性、信息量和精确性远非传统二维电子地图可比。相对于传统的电子地图,除了提供文字和二维地图的信息,实景地图可以看到对应的 360°的真实场景,可以更加准确和快速地定位。

（4）智能语音上报功能。智能语音交互将整合语音唤醒、语音识别、调用外部信源等模块,使用语音识别算法,实现语音上报功能。语音唤醒模块是指通过 3~6 个音节的唤醒词,将设备从休眠状态变成识别状态。语音唤醒算法具有低功耗、高唤醒率的特点。可自定义唤醒词,支持多个唤醒词结合离/在线语音交互场景同时使用,达到设备"免唤醒"即可语音交互的效果。语音识别模块采用即时语音转换为文字技术,支持实时返回识别结果,达到一边上传音频一边获得识别文本的效果,且具有动态修正功能。调用外部信源模块是通过语音识别模块识别到特定词,从而触发特定指令获取外部信源。例如说出："今天社区有哪些事件",语音识别模块被触发访问服务器的指令获取今天的事件信息,并对获取到的信息进行语音播报。

在智能语音交互中的所有交互内容,都会自动上报至服务器。除此之外,用户还可以通过事件上报功能进行语音上报。不同的是,智能语音交互只上报文本内容,事件上报功能会进行录音,并把录音文件上传,服务器收到录音文件后再进行语音识别,最终把识别内容和文本内容推送至前端大屏。所有的上报内容都可用于民情及舆情分析。

8.2.1.1 装备底盘

根据应用场景需求,装备底盘需要满足小区全天候巡查的要求,因此,底盘需考虑续航里程、尺寸、防水、防尘等要求。选用一款定制化开发的线控底盘,全车规级设计,整车采用后驱电动车后桥结构,双叉臂独立悬架。内置核心控制模块,可以实时控制转向、油门,并实时反馈线控数据。整车采用 CAN 盒,方便对接无人驾驶系统。支持扩展相关传感器的安装,配置了多路电源输出。装备底盘设计如图 8-22 所示。装备底盘具体参数如表 8-3 所示。

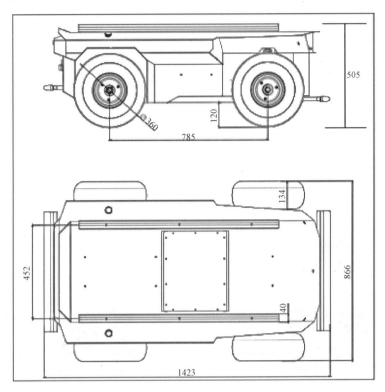

图 8-22 装备底盘设计

表 8-3 装备底盘具体参数

- 尺寸:1423×866×505(mm),轴距 785 mm,车轮直径 360 mm
- 电机功率:1000 W,可定制
- 电池容量:48 V,30 Ah,可定制
- 续航时间:满电约 4 h
- 最大载重:150 kg
- 最大行驶速度:20 km/h
- 最大爬坡:10°
- 驱动方式:后驱,前转向(阿克曼结构)
- 对外供电:24V/12V/5V

8.2.1.2 感知传感器

装备配置了多种传感器,包括激光雷达、前视摄像头、双 GNSS 天线、超声波雷达、毫米波雷达等,各传感器相互协作可以实现装备的动态环境感知与自主驾驶导航,具体

功能如表 8-4 所示。

表 8-4　传感器功能

名称	布局位置	作用
激光雷达	正前方上中部	检测小车与前方障碍物的距离
前视摄像头	正前方上中部	检测前方车道线及车辆障碍物
双 GNSS 天线	前后居中各一	提供导航定位及航向信息
超声波雷达	前四后四 侧面各二	检测小车周围近处障碍物
毫米波雷达	正前方中下部	检测小车与前方相对运动物体的距离,冗余感知

中国地质大学(武汉)的研究者们在装备上搭载了枪球一体摄像头,其可应用于各类场景的视频监控,如图 8-23(a)所示。搭载的激光雷达是 32 线激光雷达 OS1-32-U,其外形如图 8-23(b)所示。

(a) 枪球一体摄像头　　　　　　　(b) 32 线激光雷达

图 8-23　外形图

在研究中,主要使用枪球一体摄像头采集图像数据,此摄像头的基本参数如表 8-5 所示。

表 8-5　枪球一体摄像头的基本参数

类型	参数
图像传感器	1/2.8″Progressive Scan CMOS
焦距 f	4mm
水平视场角	83.6°
垂直视场角	44.6°
最大光圈	F1.0
防水等级	IP66
视频编码标准	H.265

红线激光雷达的主要参数情况如表 8-6 所示。其有效探测距离为 120 m,水平视场

角达 360°,垂直视场角为±22.5°,每秒可输出 130 万个点。激光雷达使用 32 个固定激光来测量周围环境,同时该激光雷达尺寸小巧,非常适合用于小型自驾机器人上。

表 8-6　32 线激光雷达参数

类型	参数
线程数	32 线
有效探测距离	120m
精度	±0.7～5cm
垂直视场角	−22.5°～22.5°
垂直角分辨率	1.4°
水平视场角	360°
扫描频率	10～20Hz
惯性测量单元(IMU)	有
激光波长	865nm
功耗	14～20W
重量	447g

图 8-24 展示了中国地质大学(武汉)的研究者们实验所用的装备传感器相关摄像头、雷达的布局及感知范围的大致情况,其中激光雷达以车头方向的 180°水平视场角为有效探测角度。底盘外围有超声波雷达和毫米波雷达,具备感知远、近环境障碍的能力。

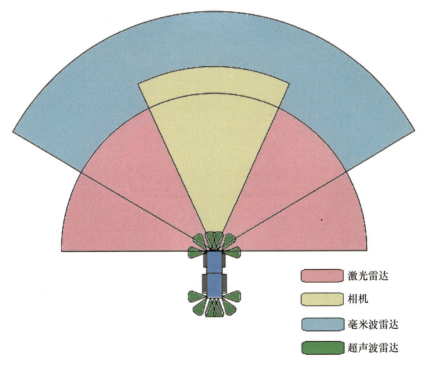

图 8-24　装备传感器的布局及感知范围

8.2.1.3　终端处理器

终端处理器是自驾机器人的核心硬件,如图 8-25 所示,尺寸 70mm×45mm,8G 内存,CPU 为 6 核 64 位,GPU 为 384 核主频 1 100MHz,张量核心数 48 个,双 NVIDIA 深度学习加速引擎,内置机器人 ROS,尺寸小巧并且具有强大的计算能力和推理能力。

图 8-25 终端处理器

该终端处理器主要由 1 个应用处理器(Application Processor,AP)模块(运算核心)和一个控制处理器(Control Processor,CP)模块(控制核心)组成,其中 AP 模块的作用是进行传感器数据的融合、激光雷达定位以及运行自动驾驶应用服务和算法,CP 模块的作用是负责监控整个终端处理器的运行参数、扩展传感器接口,以及在计算单元出现系统性故障且无法恢复时自动运行基本安全保障的自动驾驶程序,例如故障报警、安全停车、降级运行、自动紧急制动等。终端处理器电气参数如表 8-7 所示。终端处理器接口参数如表 8-8 所示。

表 8-7 终端处理器电气参数

类型	参数
算力	40TOPS(GPU 算力＋3×双核 ARM 核 CPU)
出线方式	车规级单侧出线
防水防尘等级	IP66 级防护
接口类型	传感器接口、总线接口
导航传感器	内置 GNSS(支持 RTK)和 IMU
工作温度	−40℃～＋70℃
工作电压	9～16V
功耗	平均功耗 25W,峰值功耗小于 80W
器件标准	90%的器件符合 AEC-Q100 标准

表 8-8 终端处理器接口参数

接口类型	接口数量
CAN2.0B 总线接口(兼容 CAN FD)	12
LIN2.0 总线接口	4
以太网接口(千兆)	6
RS232 接口	5
HMDI 接口	2
USB3.0 接口	2
硬线输入	6
硬线驱动输出	5
模拟输入	6
高清视频输入	6

8.2.2 关键技术

8.2.2.1 机器人多模态传感器的时空校准方法

1. 相机与激光雷达的时间同步

中国地质大学(武汉)的研究者们以自驾机器人为载体,主要使用相机和激光雷达传感器,在社区环境进行自主巡查,通过不同传感器获取多模态数据,利用时空复合模型进行融合[2],融合后对车辆违停事件进行监测和识别。然而由于相机与激光雷达的采样频率不同,导致两种传感器对目标运动状态的测量不是在同一时刻发生的,两者之间存在一定的时间误差。若不消除此时间误差,有可能导致多传感器信息融合精度低于仅使用单一传感器的信息精度。因此为消除多传感器测量过程中的时间误差,需要对使用的相机和激光雷达进行时间同步,以确保它们在同一时间采集到的数据相互对应,即在同一时刻获得相机与激光雷达对同一目标的测量信息,传感器的时间同步也可称为多传感器的时间同步。

对多传感器的时间同步问题,可以从硬件和软件两个角度给出多种不同的解决方案。由于不同传感器是依据自身的时间基准工作的,所以从硬件的角度解决传感器的时间同步问题,可以通过定制传感器的方式,使得多传感器能够在同一时刻开始触发采样[3],达到时间同步的目的。从软件的角度解决传感器的时间同步问题,可以通过采样后期的数据处理,对不同传感器的数据赋相同时钟源的时间戳,以此完成多传感器的时间同步。目前常用的方法有:内插外推法[4]、基于最小二乘虚拟法[5]、拉格朗日插值法[6]、样条函数插值法[7]等。

1998年王宝树[4]等提出内插外推法进行多传感器的时间同步。此方法根据目标运动状态划分时间区间,目标的运动状态分为静止、低速、高速三类,分别对应时、分、秒三级时间区间。通过将高精度时间区间内的数据经内插外推法推算到低精度时间点上,形成等时间间隔的测量数据,以此进行数据融合,实现不同传感器的时间匹配。此方法以目标在每一个处理时间区间上做匀速运动为假设前提,适用于监测目标运动缓慢或速度恒定的情况,应用限制较少,计算较为简单。但是此方法的假设过于单一,在目标运动状态复杂多变的情况下,时间同步的误差较大。

基于最小二乘虚拟法通过最小化相机和激光雷达之间的时间差来实现时间同步,此方法需要采样大量的数据,通过大量数据(x_i, y_i)(其中$i=0,1,2,\cdots,n$)来建立不同传感器在不同时刻获取的测量信息之间的函数关系$f(x,y)$,再通过最小二乘规则将多个测量信息虚拟整合为一个时刻同步的测量信息,以此达到传感器时间同步的目的。但此方法对不同传感器的采样频率要求严格,不易实现,且此方法与内插外推法一样,会在目标运动状态复杂多变时出现严重误差。

插值法是根据已知点的函数对应关系求解未知点的函数值的方法。在多传感器时间同步问题中,就是根据已知采样点数据拟合目标运动的函数方程,再由此函数方程求解同步时刻的目标数据。常用方法有线性插值、拉格朗日插值、样条函数插值。线性插值法是指拟合的目标运动函数方程为线性方程,进一步地可以使用分段线性方程,减小拟合误差。拉格朗日插值法就是用拉格朗日插值多项式来拟合目标运动轨迹。假设传感器 P，其采样的数据按图 8-26 的时间序列展示，在 $T_i(i=1,\cdots,n)$ 时刻的空间测量信息为 $M_i=(x_i,y_i,z_i)$。

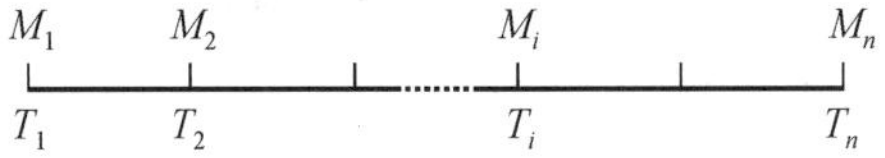

```
M₁    M₂         Mᵢ         Mₙ
├─────┼─────┼┈┈┈┈┼─────┤
T₁    T₂         Tᵢ         Tₙ
```

图 8-26　拉格朗日插值法的传感器测量信息时间序列

假设需要的配准时刻为 $T_j(T_i<T_j<T_{i+1})$。传感器时间同步后的空间测量信息为 (x_{ij},y_{ij},z_{ij})，则拉格朗日插值法的通用插值公式为

$$F_x(T_{ij})=\sum_{i=0}^{n}\left(\prod_{k=0,k\neq i}^{n}\frac{T_{ij}-T_k}{T_i-T_k}\right)x_i$$

$$F_y(T_{ij})=\sum_{i=0}^{n}\left(\prod_{k=0,k\neq i}^{n}\frac{T_{ij}-T_k}{T_i-T_k}\right)y_i \quad (8.5)$$

$$F_z(T_{ij})=\sum_{i=0}^{n}\left(\prod_{k=0,k\neq i}^{n}\frac{T_{ij}-T_k}{T_i-T_k}\right)z_i$$

其中 n 为拉格朗日插值函数曲线的次数，一般情况下 n 不高于 6，否则会使插值函数不稳定[8]。

样条函数插值法是采用分段曲线去拟合已知时间点测量数据，最终形成经过所有数据点的光滑曲线，再根据曲线的函数方程求解配准时刻的目标数据值[7]。其基本过程为：假定传感器 P 在时间间隔 $O(a,b)$ 内对目标运动状态进行了 $N+1$ 次测量。在给定的测量时刻 $T_i(i=0,1,\cdots,N)\in O(a,b)$，其空间测量信息为 $f(i)$，由此构造三次样条插值函数 $S(x)$。再将传感器 Q 的测量时刻 $t\in O(a,b)$ 作为变量带入函数 $S(x)$ 可以得到传感器 P 在此刻的估值 $S'_P(t)$，将此估值作为 t 时刻传感器 P 的测量值，则实现了传感器 P、Q 的时间同步。

通过定制传感器，从硬件的角度去获取相同时间戳下的多模态数据门槛极高，不易实现，因此中国地质大学（武汉）的研究者们从软件的角度来解决传感器的时间同步问题。然而目前常用的各类插值方法在目标运动状态复杂多变时，时间同步都会产生较大误差，并且计算也较为烦琐。对于本实验，相机与激光雷达仅作为数据采集、通信的节点，时间同步的目的也只是利用同一时刻下的相机影像与雷达点云影像进行数据融合。因此研究者们发展了一种基于双向邻近搜索的多传感器时间同步方法，实现了相机与激光雷达多模态数据的时间同步。

该方法的基本原理如下，假设现有两种采样周期不同的传感器 Sensor1、Sensor2，其采样周期分别为 ΔT_1、ΔT_2，且 $\Delta T_1>\Delta T_2$。将两种传感器的数据统一扫描在周期长的传感器时间轴上[9]，即将传感器 Sensor2 的数据扫描到传感器 Sensor1 的时间轴上，再以长周期传感器 Sensor1 的影像帧 γ_i 的时刻 $t_i(i=1,2,3,\cdots)$ 为基础，以短周期传感器 Sensor2 的采样周期 ΔT_2 为时间阈值，进行双向邻近搜索。例如，以 γ_1 影像帧的时刻 t_1 为时间中点，向时间轴上下双向分别搜索 $\Delta T_2/2$ 时间范围内的 Sensor2 的影像帧，则可以搜索到至少一帧、最多两帧传感器 Sensor2 的影像帧。当只搜索到一帧 Sensor2 的影像 τ_1 时，则取此帧 τ_1 为 t_1 时刻传感器 Sensor1 影像帧 γ_1 的时间同步影像帧，即认为 τ_1

与 γ_1 为两种传感器同一时刻的影像，组成时间同步影像对。若向时间轴上下双向分别搜索 $\Delta T_2/2$ 时间范围内有两帧 Sensor2 的影像 τ_1、τ_2，则说明影像 τ_1、τ_2 正好出现在 $t_1-\Delta T_2/2$ 和 $t_1+\Delta T_2/2$ 时刻，此时影像 τ_1、τ_2 与影像 γ_1 的时间距离相等，则取 t_1 时刻之前的 $t_1-\Delta T_2/2$ 时刻的影像 τ_1 与 γ_1 相匹配，组成时间同步影像对。根据此原理，可以将基于双向邻近搜索的传感器时间同步方法推广到 N 组传感器，极大地拓展了多传感器时间同步的应用范围，同时算法处理过程也比较简单，大幅度地压缩了传感器时间同步的时间成本，提高了效率，降低了难度。

可以将基于双向邻近搜索的多传感器时间同步方法应用于研究者们所用的相机与激光雷达的时间同步中。研究者们使用的激光雷达的采样频率约为 15Hz，相机的频率为 30Hz，则激光雷达的采样周期比相机的采样周期更长。因此，如图 8-27 所示，以激光雷达信息数据帧的时刻为基础，将相机数据扫描到激光雷达的时间轴上，以相机采样周期为时间阈值，基于双向邻近搜索的原理，寻找与激光雷达信息数据帧的时刻最邻近的相机影像帧，这样就构建了相机与激光雷达时间同步影像对。

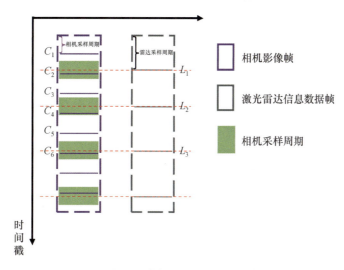

图 8-27 相机影像与激光雷达时间同步方法

在图 8-27 中，竖轴为时间戳，紫色虚线框代表相机影像的影像帧序列，$C_1 \sim C_6$ 分别表示一帧相机影像，灰色虚线框表示激光雷达信息数据帧序列，$L_1 \sim L_3$ 分别表示一帧激光雷达信息数据帧。传感器采集信息时在各自数据上打上各自的时间戳，由于激光雷达采样频率低，因此在相同时长内相机的影像帧数多于激光雷达。因此以激光雷达数据的采样时刻为基础，基于双向邻近搜索，寻找与之最相邻的相机影像，例如 L_1 与 C_2、L_2 与 C_4、L_3 与 C_6，构建了三组时间同步影像对，即可完成相机与激光雷达在这一时间段内的影像时间同步。这种基于双向邻近搜索的多传感器时间同步方法，易于实现、操作便捷，精度也满足要求，大大提高了多传感器之间数据时间同步的效率。

2. 相机与激光雷达的空间配准

对自驾机器人多模态传感器获取的多模态数据加以融合使用，除了需要进行多传感器的时间同步，还需要对多模态传感器之间的空间位置进行定量描述，达到多模态数据可以在相同空间坐标系下进行目标运动状态的描述，这就是传感器空间配准的目的。

一般情况下对相机与激光雷达进行空间配准,主要包含两个部分:相机内外参的标定以及相机与激光雷达外参的标定。

相机内外参的标定是求解相机内、外参矩阵的过程,主要涉及以下四类坐标系:

(1) 相机坐标系(X_c,Y_c,Z_c),是在三维空间中,与相机观察场景的位置和方向相关的坐标系,是一个可变坐标系,单位为 m。

(2) 图像坐标系(x,y),是一个二维坐标系,坐标原点为光心在像平面的投影,单位为 mm。图像坐标系是像素坐标系的一种特殊形式,用于表示图像的特征,如边缘、角点等。

(3) 像素坐标系(u,v),是位于图像平面上的二维坐标系,用于表示图像中各个像素点的位置,单位是像素。在像素坐标系中,坐标原点通常在图像的左上角。

(4) 世界坐标系(X_w,Y_w,Z_w),是一个固定的三维坐标系,用于表示物理世界中物体的位置和方向。世界坐标系通常有一个固定的原点,位于子午线上,在实际情况中也可以根据自己的需求对原点进行单独定义。世界坐标系三个不同的轴分别表示三维空间中的位置。在计算机图形学和计算机视觉领域中,世界坐标系是一个全局的参考系,用于表示物体的绝对位置和方向[10]。

这四种坐标系之间的转换关系就是多传感器空间配准中要确定的参数。在相机和激光雷达的空间配准过程中,最终目的是确定世界坐标系与像素坐标系之间的变换关系,其过程如图 8-28 所示。

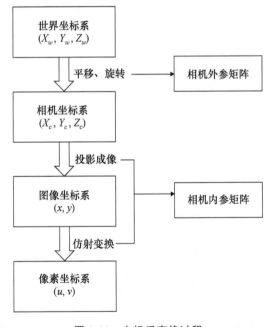

图 8-28 坐标系变换过程

假设真实环境中的点 M,在世界坐标系下的坐标为 $M(X_w,Y_w,Z_w)$,经过平移、旋转后,得到相机坐标系下的坐标为 $M(X_c,Y_c,Z_c)$,任意一个平移包括 X、Y、Z 轴三个方向,平移量 T 可表示为 $T=\begin{pmatrix}T_x\\T_y\\T_z\end{pmatrix}$。

同理，旋转也包括 X、Y、Z 轴三个方向的旋转，分别旋转 α、β、γ 角度，旋转量用旋转矩阵 $\boldsymbol{R}$ 表示为

$$\boldsymbol{R} = \begin{pmatrix} 1 & 0 & 0 \\ 0 & \cos\alpha & \sin\alpha \\ 0 & -\sin\alpha & \cos\alpha \end{pmatrix} \begin{pmatrix} 0 & \cos\beta & -\sin\beta \\ 0 & 1 & 0 \\ 0 & \sin\beta & \cos\beta \end{pmatrix} \begin{pmatrix} \cos\gamma & \sin\gamma & 0 \\ -\sin\gamma & \cos\gamma & 0 \\ 0 & 0 & 1 \end{pmatrix} = \begin{pmatrix} r_{11} & r_{12} & r_{13} \\ r_{21} & r_{22} & r_{23} \\ r_{31} & r_{32} & r_{33} \end{pmatrix} \tag{8.6}$$

那么点 M 的坐标在世界坐标系下与相机坐标系下的关系为

$$\begin{bmatrix} X_c \\ Y_c \\ Z_c \end{bmatrix} = \begin{pmatrix} r_{11} & r_{12} & r_{13} \\ r_{21} & r_{22} & r_{23} \\ r_{31} & r_{32} & r_{33} \end{pmatrix} \begin{pmatrix} X_w \\ Y_w \\ Z_w \end{pmatrix} + \begin{pmatrix} T_x \\ T_y \\ T_z \end{pmatrix} = \begin{pmatrix} r_{11} & r_{12} & r_{13} & T_x \\ r_{21} & r_{22} & r_{23} & T_y \\ r_{31} & r_{32} & r_{33} & T_z \\ 0 & 0 & 0 & 1 \end{pmatrix} \begin{bmatrix} X_w \\ Y_w \\ Z_w \\ 1 \end{bmatrix} \tag{8.7}$$

即

$$\begin{bmatrix} X_c \\ Y_c \\ Z_c \end{bmatrix} = \begin{pmatrix} \boldsymbol{R} & \boldsymbol{T} \\ 0^T & 1 \end{pmatrix} \begin{bmatrix} X_w \\ Y_w \\ Z_w \\ 1 \end{bmatrix} = \boldsymbol{A}_1 \begin{bmatrix} X_w \\ Y_w \\ Z_w \\ 1 \end{bmatrix} \tag{8.8}$$

在式(8.8)中，$\boldsymbol{A}_1 = \begin{pmatrix} R & T \\ 0^T & 1 \end{pmatrix}$ 称为相机的外参矩阵，T 为平移距离。

然后是将相机坐标系下的点 $M(X_c, Y_c, Z_c)$ 根据小孔成像原理映射到图像坐标系的点 $m(x, y)$ 上，如图 8-29 所示，两坐标系的原点距离等于焦距 f。

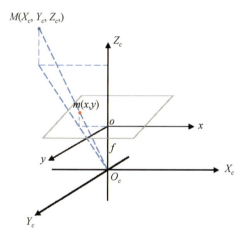

图 8-29 相机坐标系与图像坐标系的空间关系

根据数学关系，可以得到

$$\begin{cases} \dfrac{f}{Z_c} = \dfrac{x}{X_c} \\ \dfrac{f}{Z_c} = \dfrac{y}{Y_c} \end{cases} \tag{8.9}$$

将式(8.9)用矩阵形式表示可以得到

$$Z_c \begin{bmatrix} x \\ y \\ 1 \end{bmatrix} = \begin{bmatrix} f & 0 & 0 & 0 \\ 0 & f & 0 & 0 \\ 0 & 0 & 1 & 0 \end{bmatrix} \begin{bmatrix} X_c \\ Y_c \\ Z_c \\ 1 \end{bmatrix} = A_2 \begin{bmatrix} X_c \\ Y_c \\ Z_c \\ 1 \end{bmatrix} \tag{8.10}$$

最后,由图像坐标系转换为像素坐标系。如图 8-30 所示,图像坐标系为(xO_2y),像素坐标系为(uO_1v),其中(u_0,v_0)为图像坐标系原点O_2在像素坐标系中的坐标,也称为O_2相对于O_1的偏移量,属于相机内参的一部分。

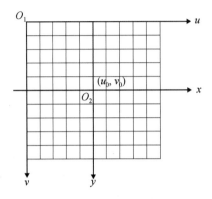

图 8-30　图像坐标系与像素坐标系的空间关系

两坐标系的转换关系可以表示为

$$\begin{bmatrix} u \\ v \\ 1 \end{bmatrix} = \begin{bmatrix} \dfrac{1}{dx} & 0 & u_0 \\ 0 & \dfrac{1}{dy} & v_0 \\ 0 & 0 & 1 \end{bmatrix} \begin{bmatrix} x \\ y \\ 1 \end{bmatrix} = A_3 \begin{bmatrix} x \\ y \\ 1 \end{bmatrix} \tag{8.11}$$

根据式(8.10)、(8.11)可以得出

$$\begin{bmatrix} u \\ v \\ 1 \end{bmatrix} = \begin{bmatrix} \dfrac{f}{dx} & 0 & u_0 & 0 \\ 0 & \dfrac{f}{dy} & v_0 & 0 \\ 0 & 0 & 1 & 0 \end{bmatrix} \begin{bmatrix} X_c \\ Y_c \\ Z_c \\ 1 \end{bmatrix} = A \begin{bmatrix} X_c \\ Y_c \\ Z_c \\ 1 \end{bmatrix} \tag{8.12}$$

$$A = \begin{bmatrix} \dfrac{f}{dx} & 0 & u_0 & 0 \\ 0 & \dfrac{f}{dy} & v_0 & 0 \\ 0 & 0 & 1 & 0 \end{bmatrix} = \begin{bmatrix} f_x & 0 & u_0 & 0 \\ 0 & f_y & v_0 & 0 \\ 0 & 0 & 1 & 0 \end{bmatrix} \tag{8.13}$$

式(8.12)、(8.13)中 A 称为相机的内参矩阵。其中 $f_x = f/dx$、$f_y = f/dy$ 分别表示相机在横、纵方向上的有效焦距。

由上式(8.8)、(8.12)、(8.13)可知,世界坐标系与像素坐标系中相应点的转换关系为：

$$Z\begin{bmatrix}u\\v\\1\end{bmatrix}=\boldsymbol{A}\times\boldsymbol{A}_1\begin{bmatrix}X_w\\Y_w\\Z_w\\1\end{bmatrix}=\begin{bmatrix}f_x & 0 & u_0 & 0\\0 & f_y & v_0 & 0\\0 & 0 & 1 & 0\end{bmatrix}\begin{pmatrix}R & T\\0^T & 1\end{pmatrix}\begin{bmatrix}X_w\\Y_w\\Z_w\\1\end{bmatrix} \quad (8.14)$$

其中，Z 表示尺度因子。

以上为相机内外参的解算过程，相机与激光雷达的空间配准还需要进行相机与激光雷达外参的标定。通过刚体变换关系即可求解两传感器的外参，即雷达坐标系通过平移、旋转可变换到相机坐标系。假设雷达坐标系中一点 $N(X_L,Y_L,Z_L)$，经过旋转、平移，在相机坐标系下的坐标为 $N_c(X_c,Y_c,Z_c)$，则点 N 在雷达坐标系与相机坐标系下的关系为

$$\begin{bmatrix}X_c\\Y_c\\Z_c\end{bmatrix}=\begin{pmatrix}r_{11} & r_{12} & r_{13}\\r_{21} & r_{22} & r_{23}\\r_{31} & r_{32} & r_{33}\end{pmatrix}\begin{pmatrix}X_w\\Y_w\\Z_w\end{pmatrix}+\begin{pmatrix}T_x\\T_y\\T_z\end{pmatrix}=\begin{pmatrix}r_{11} & r_{12} & r_{13} & T_x\\r_{21} & r_{22} & r_{23} & T_y\\r_{31} & r_{32} & r_{33} & T_z\\0 & 0 & 0 & 1\end{pmatrix}\begin{bmatrix}X_w\\Y_w\\Z_w\\1\end{bmatrix}$$

即

$$\begin{bmatrix}X_c\\Y_c\\Z_c\end{bmatrix}=\begin{pmatrix}R_L & T_L\\0^T & 1\end{pmatrix}\begin{bmatrix}X_L\\Y_L\\Z_L\\1\end{bmatrix}=\boldsymbol{B}\begin{bmatrix}X_L\\Y_L\\Z_L\\1\end{bmatrix} \quad (8.15)$$

$$\boldsymbol{R}_L=\begin{pmatrix}1 & 0 & 0\\0 & \cos\theta & \sin\theta\\0 & -\sin\theta & \cos\theta\end{pmatrix}\begin{pmatrix}0 & \cos\varphi & -\sin\varphi\\0 & 1 & 0\\0 & \sin\varphi & \cos\varphi\end{pmatrix}\begin{pmatrix}\cos\omega & \sin\omega & 0\\-\sin\omega & \cos\omega & 0\\0 & 0 & 1\end{pmatrix} \quad (8.16)$$

$$\boldsymbol{T}_L=\begin{pmatrix}T_{Lx}\\T_{Ly}\\T_{Lz}\end{pmatrix} \quad (8.17)$$

式(8.15)中，$\boldsymbol{B}$ 称为相机与激光雷达的外参矩阵；式(8.16)中 $\boldsymbol{R}_L$ 为旋转矩阵，θ、φ、ω 分别为激光雷达相对于相机分别绕 X,Y,Z 轴旋转的角度；式(8.17)中 $\boldsymbol{T}_L$ 为平移向量，T_{Lx},T_{Ly},T_{Lz} 分别表示雷达坐标系原点相对于相机坐标系原点在 X,Y,Z 轴方向的平移量。

相机与激光雷达的空间配准，事实上就是对激光雷达点云数据与相机影像进行影像配准，探究雷达点云与影像像素的映射关系。传统影像配准过程中，为构建待配准影像与参考影像之间的仿射变换关系，最重要的工作是尽可能准确地在两幅影像上选取同名像点，这也是影像配准工作的难点。但是传统影像的特点在于影像可以分辨出不同的目标，更加适合人工选取同名像点。该研究中，雷达点云是物体反射光波形成的稀疏点数据，无法直接反映出物体的 RGB 图像特征，只能显示目标的外形轮廓。因此与相机影像进行配准时，可以在影像上准确找到一个具体点位，而雷达点云数据却无法准确辨识到该点。这就导致了利用同名像点进行影像匹配的方法无法较好地应用在激光雷

达点云数据与相机影像的影像配准中。

针对以上问题,中国地质大学(武汉)的研究者们探究了一种准确选取相机影像与雷达点云的同名像点的新装置,如图 8-31 所示。

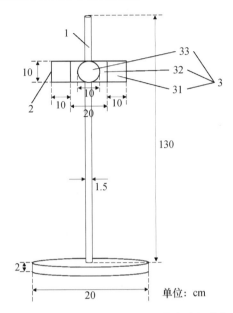

图 8-31　雷达点云与相机影像同名像点选取的新装置

图 8-31 中,1 为整体结构,包括底座和竖杆,底座为底面直径为 20 cm、高 2 cm 的圆柱体,竖杆粗 1.5 cm、高 130 cm,整体稳定,尺寸适中;2 为激光雷达反射面板安装件,经过反复测试,最终将整体尺寸定为 10 cm×40 cm 最佳,既可形成稳定清晰的反射点云,又兼顾装置整体的协调性,激光雷达反射面板安装件可在 1 的竖杆上自由上下调节高度;3 为反射率各不相同的反射面板,其中 31 正方形反射面板边长 10 cm、反射率为 2%;32 凹型反射面板的反射率为 50%;33 圆形反射面板直径为 10 cm、反射率为 98%。

此装置利用不同物理材料对激光的反射强度不同的特性,将反射面板分为反射率 2%、50%、98%的三部分。对雷达激光反射强度的不一致,表现为不同材料反射的点云疏密程度不同,高反射率的材料,其反射强度大,点云更稠密,低反射率的材料,点云会更加稀疏,因此本装置的反射面板 31、32、33 之间会出现明显的界限感。虽然从雷达点云数据中无法直接分辨出目标,但其可以构建一种精确的、高分辨率的 3D 空间,利用不同反射率,不断调整装置的位置,找到精准的雷达点,并与影像上该点组成同名像点对。基于同名像点对在各自坐标系中的坐标,可以直接构建雷达点云与影像像素的映射关系,完成相机与激光雷达的空间配准。具体方法如下:

根据中国地质大学(武汉)的研究者们使用的激光雷达的探测范围,经过实验计算,将装置置于距离自驾机器人约 20~40 m 的范围内可获得较完整的激光雷达点云影像。同时激光雷达水平视场角为 180°,而相机水平视场角为 83.6°,因此装置的布设位置应不超过相机的水平视场角。布设好装置的位置后,再安装三种反射率的反射面板,调节反射面板安装件 2 的位置,以确保激光雷达可以照射到反射面板。

当激光雷达照射到整个反射面板安装件 2 时,在点云影像上会出现亮暗差别较大的区域,反射率越大的区域亮度越高。由此可以确定处于中心的圆形反射板 33 在点云影像上位置,取该区域的中心点处的一个点云数据为激光雷达影像的一个控制点,其在雷达坐标系的坐标为 $P_L(X_L,Y_L,Z_L)$。

不改变装置位置,使用相机对本装置进行拍摄,在得到的图像上可以方便快速找到圆形反射板 33 的中心点,其在图像坐标系下的坐标为 $Q_c(u,v)$。这样即可确定一对同名像点。

不改变雷达与相机的位置,仅改变本辅助装置的位置,多次照射、拍摄,可得到多组同名像点对。

同名像点间坐标的转换关系可以用下式表示:

$$\begin{bmatrix} u \\ v \end{bmatrix} = \begin{bmatrix} m_0 & m_1 & m_2 \\ m_3 & m_4 & m_5 \end{bmatrix} \begin{bmatrix} X_L \\ Y_L \\ Z_L \end{bmatrix} = \boldsymbol{M} \begin{bmatrix} X_L \\ Y_L \\ Z_L \end{bmatrix} \tag{8.18}$$

其中 $\boldsymbol{M}$ 为两影像的参数变换矩阵。确定了矩阵 $\boldsymbol{M}$,相机影像与雷达点云影像间的变换关系就可以确定。对于式(8.18)中的变换模型,需要至少 3 组准确同名像点,才能求解出变换矩阵 $\boldsymbol{M}$。

相机与激光雷达影像同名像点匹配装置,结构简易,仅需要一套装置,即可在满足便携、易于使用的基础上达到较高的同名像点选取准确率。并且中国地质大学(武汉)的研究者们所用的解算方法简单易行,避免了传统雷达与相机影像空间配准的内外参标定以及复杂计算等问题,大大提高了工作效率。

8.2.2.2 车辆违停检测技术

1. 基于改进聚合视图目标检测的多模态数据融合车辆检测算法

根据智能巡检机器人的特点,并考虑到实际的应用场景和效果,在社区环境中对车辆违停事件进行识别,不仅要提高识别精度,识别的实时性和速度也是十分重要的指标。特征提取网络是目标检测算法中最重要的结构之一,对最终的目标识别精准度影响很大。中国地质大学(武汉)的研究者们通过对聚合视图目标检测(Aggregate View Object Detection,AVOD)算法的特征提取网络进行改进,使用 MobileNetV3-Small 特征提取网络,在低算力、低功耗的移动边缘计算平台,实现多模态数据融合特征的快速提取,满足巡检过程中的实时检测要求。在特征融合阶段,AVOD 算法仅将不同模态下的影像特征和雷达点云特征进行像素级的连接,并没有考虑到两种不同数据间模态特征的差异,融合方式过于简单,其结果就是检测精度缺失。因此中国地质大学(武汉)的研究者们在影像特征与雷达点云影像特征的融合阶段引入通道注意力机制——坐标注意力(Coordinate Attention)机制[11],简称 CA 机制。CA 机制在仅增加少量参数的情况下,可以有效地提升模型检测的准确率。图 8-32 为改进的 AVOD 多模态数据融合车辆检测算法。下面将详细介绍此改进算法。

(1) 特征提取算法的改进。

在 AVOD 算法中,VGG16 为特征提取的主要卷积神经网络模型,其结构如图 8-33 所示。VGG16 网络模型共有 16 层,在算法执行过程中,输入的图像经历了 2 次 64 核卷积、2 次 128 核卷积、3 次 256 核卷积和 6 次 512 核卷积,共计 13 次标准卷积操作,最终将卷积结果传递到全连接层进行下一步处理。在整个特征提取过程中,较大的计算量和参数量降低了整个算法的运行速度,无法满足巡检过程中的高效实时检测要求。

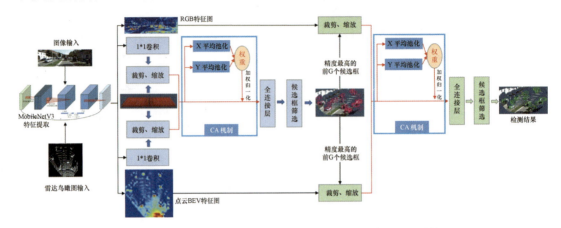

图 8-32　改进的 AVOD 多模态数据融合车辆检测算法网络结构

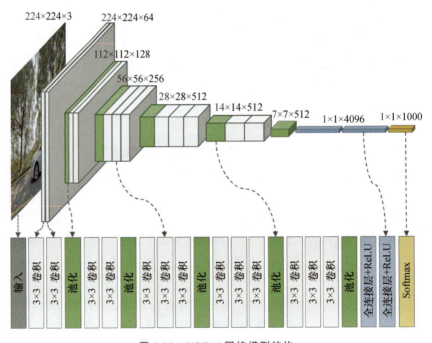

图 8-33　VGG16 网络模型结构

而 MobileNetV3-Small 网络与 VGG16 网络相比,从网络的参数量、计算量和深度等方面都进行了优化,从而在降低算力要求、提高特征提取速度和特征质量方面具有较好的表现。在深度学习中,卷积神经网络是最常用的图像处理方法,也是图像处理过程中对算力消耗比较大的深度学习模型,极大地影响了算法的运行速度[12]。因此要加快卷积神经网络的运行速度,最重要的一点就是提高卷积的计算效率。计算量是常用来衡量网络模型计算效率的指标之一,其计算方法如式(8.16)所示,一般计算量越小,计算效率越高。

$$\varphi = D_K \times D_K \times M \times N \times D_W \times D_H \tag{8.19}$$

式(8.19)中，φ 为一次卷积计算的计算量，$D_K \times D_K$ 为卷积核的尺寸，M 为影像通道数量，N 为卷积计算的次数，D_W 为输出结果的宽度，D_H 为输出结果的高度。

在 MobileNetV3-Small 网络中，摒弃了 VGG16 网络使用的标准卷积，采用了一种深度可分离卷积的新型卷积计算方式，如图 8-34(b)所示。一次深度可分离卷积由一次深度卷积和一次逐点卷积组成。

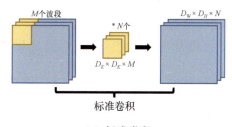

(a) 标准卷积

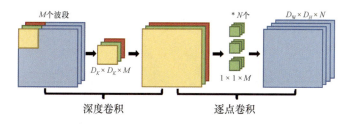

(b) 深度可分离卷积

图 8-34　为标准卷积为深度可分离卷积

从图 8-34(a)可以看出，标准卷积是不考虑影像的各个波段而直接对影像整体按照卷积核的大小进行滑动卷积计算。例如一张 M 通道的输入影像有 N 个输入特征图，其中一个特征图 $D_K \times D_K \times M$ 经过卷积核卷积计算后能得到一个 $D_W \times D_H \times 1$ 的输出特征图，那么这张影像总共经过 N 次卷积操作，得到尺寸为 $D_W \times D_H \times N$ 的输出特征图。而在深度可分离卷积中，对于有 N 个输入特征图的 M 通道影像来说，以单通道形式拆分卷积核，即有 M 个 $D_K \times D_K \times 1$ 的卷积核分别对应各自的波段，对 M 通道输入特征图的各个通道分别进行卷积操作。此时就可以在图像深度不变的情况下，得到和输入特征图通道数一致的 $D_K \times D_K \times M$ 大小的输出特征图。然而由于此时输出特征图的维度较小，所以再进行一次逐点卷积操作，对特征图进行升/降维，即用 $1 \times 1 \times M$ 的卷积核对 $D_K \times D_K \times M$ 的输出特征图进行 N 次卷积计算，最终也得到尺寸为 $D_W \times D_H \times N$ 的输出特征图。

根据式(8.19)，分别计算两种卷积方式的计算量。如表 8-9 所示，深度可分离卷积的计算量仅为标准卷积计算量的 $1/N + 1/D_K^2$，若使用 3×3 大小的卷积核，计算量可减少为原来的 $1/8 \sim 1/9$，极大程度地减少了卷积过程中消耗的算力，从而提高模型中卷积的计算效率。

表 8-9　深度可分离卷积与标准卷积的计算量对比

卷积方式	计算量
深度可分离卷积	$D_K \times D_K \times M \times D_W \times D_H + M \times N \times D_W \times D_H$
标准卷积	$D_K \times D_K \times M \times N \times D_W \times D_H$
深度可分离卷积/标准卷积	$\dfrac{1}{N} + \dfrac{1}{D_K^2}$

利用深度学习提取特征时可以利用深度卷积提取更高维度的特征信息[13]。然而由于卷积操作本身并不会改变通道数,因此为了得到目标的高维特征信息,可以先对特征图进行升维操作,然后再进行深度卷积计算,待完成深度卷积计算后,再将其降回到原维度。在深度可分离卷积的计算过程中,通过逐点卷积,可完成对特征图的升/降维。同时借鉴 ResNet 网络中的残差结构,让深层次的神经网络依旧可以学习浅层神经网络学习到的特征。故 MobileNetV3-Small 网络引入了倒残差结构,如图 8-35 所示。倒残差结构是一个"扩张—卷积—压缩"的过程,首先以逐点卷积的方式用 1×1 的卷积核对输入特征图进行通道扩张到 6 维,再用深度卷积提取高维特征信息,最后再对高维特征进行逐点卷积,降低维度,这样既提高了特征信息的显著性,又增强了检测过程的准确性。

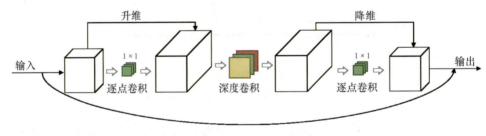

图 8-35　倒残差结构

MobileNetV3-Small 还在 Bottleneck 卷积层引入了通道注意力机制 SENet (Squeeze-and-Excitation Networks)。SENet 是由一系列压缩-激发块组成,其结构如图 8-36 所示。压缩操作可采用全局平均池化、全连接层等方法获取特征图中各通道的权重,加权组合后的新特征图又成为下一层网络的输入。因此压缩-激发块只与当前的特征图有关,而与其他特征图无关,独立性高,在卷积神经网络中有很强的实用性。SENet 可以学习每个通道的重要性权重,然后使用这些权重来重新加权特征图,以加强重要特征,弱化非重要特征。

MobileNetV3-Small 的另一个重要创新是使用了一种新的激活函数 $h\text{-}swish(x)$,计算公式如式(8.20)。

$$h\text{-}swish(x) = x \frac{\text{ReLU6}(x+3)}{6} \qquad (8.20)$$

$h\text{-}swish(x)$ 激活函数的优势在于,其可以在几乎所有的软硬件平台上进行计算,同时能够提高检测精度。随着网络结构的深入,非线性激活函数能够很好地减少参数量,且在更深层的网络中拥有更好的效果。因此在 MobileNetV3-Small 网络中,选择在更深层的网络结构中使用 h-swish 激活函数,以达到最佳的检测效果。

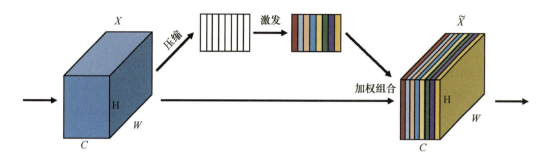

图 8-36　SENet 结构

（2）特征融合算法的改进。

在 AVOD 算法中,影像特征与雷达点云影像特征以逐元素均值的方式经历了两次特征融合过程。这种像素级的融合过程没有考虑到不同传感器采集的多模态数据之间的差异性,融合方式简单,会对算法的检测精度产生一定影响。因此中国地质大学（武汉）的研究者们在影像特征与雷达点云影像特征的融合阶段引入 CA 机制。

在特征融合阶段,除了考虑影像特征各通道间的信息关系,还应该考虑它们之间的位置关系。然而由于卷积仅提取局部特征,无法对长距离特征进行准确提取,但是 CA 机制则有效缓解了位置信息的丢失问题。CA 机制从垂直和水平两个角度出发,分别基于一维的全局池化提取输入影像的特征,从而得到水平、垂直方向的感知特征图。利用两个方向上的平均池化可以提取感知特征图在水平、垂直方向上的位置信息,从而形成两个方向上的注意力图。CA 机制的核心就是注意力图中含有位置信息,并且在空间方向上形成长距离依赖,使得卷积神经网络能够对长距离特征进行提取,同时不会带来过多的计算量。

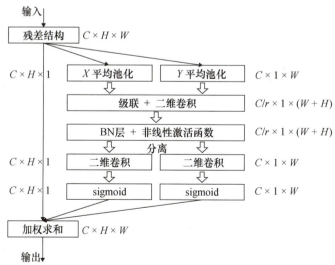

图 8-37　CA 机制网络结构

CA 机制网络结构如图 8-37 所示。由于全局池化在通道注意力机制中通常用于将全局空间信息编码为通道的描述信息,因此全局池化操作难以保存更有效的精细化位置信息。为了获取精细化位置信息、捕获空间长距离依赖特征,CA 机制将全局池化分解为水平和垂直两个方向。即利用 $H\times 1$ 和 $1\times W$ 的两个池化核,分别从水平和垂直两个方向对输入特征图的每个通道进行编码,在两个方向进行特征聚合,并返回一组方向感知特征图。将坐标信息嵌入后,首先级联生成的两个方向的感知特征图,然后使用一个共享的 1×1 卷积进行变换,生成水平、垂直两个方向的中间特征图,接着对中间特征图进行切分、卷积、归一化等操作,最终生成注意力权重参数。图 8-37 中 r 表示下采样比例,主要用于减少通道数,控制模块大小,以便更好地控制模型的计算复杂性。

总的来说,在两个方向上的注意力映射中,每个元素都反映了相应行、列中是否存在感兴趣的对象,使特征更加聚焦在目标对象的确切位置,从而能够在检测任务中帮助整个模型获得更好的识别结果。

2. 基于多模态数据的车辆违停事件检测

在社区环境中,车辆违规停放一直是社区环境治理的难点之一,违规占用消防通道、占用非机动车道或者盲道,都会造成较大的潜在危险。因此及时发现并上报车辆违停事件,对维护社区公共安全有积极的重要作用。

以智能巡检机器人为载体,在机器人的控制器中部署车辆违停事件判别机制,实现车辆违停事件的主动检测,具体流程如图 8-38 所示。

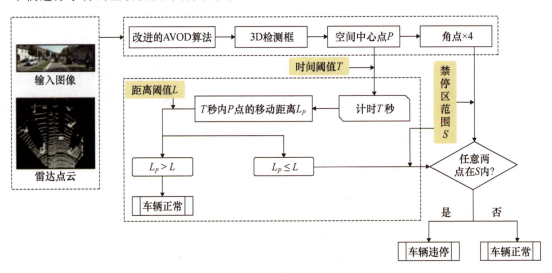

图 8-38 车辆违停事件判别机制

车辆违停事件判别机制主要包含两个步骤:① 识别车辆,并判断车辆是否静止;② 判断车辆是否位于禁停区。

前文已为第一步"识别车辆"奠定了算法基础,通过使用改进的 AVOD 算法,可以得到被检测车辆在相机坐标系下的 3D 检测框坐标,如图 8-39 所示,包含 3D 检测框底面 4 个角的点 C_1、C_2、C_3 和 C_4 坐标(仅包含 x、y 轴坐标信息)和上框面、下框面到 xOy 面的高度 h_1、h_2,即共 10 个参数描述 3D 检测框在相机坐标系下的位置信息。

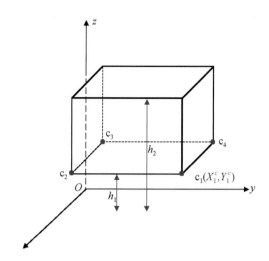

图 8-39　3D 检测框在相机坐标系下的坐标信息

第 1 步要识别车辆,并判断车辆是否静止。排除车辆是否处于缓慢行驶的"假静止"状态,此阶段取 3D 检测框空间中心点 P 的坐标作为判断依据,判别过程为:设定距离阈值 L 和时间阈值 T,在检测到车辆后开始计时 T 秒,计算 T 秒内检测到的 3D 检测框空间中心点 P 的移动距离 L_P,若 $L_P > L$,则为非静止状态,若 $L_P < L$,则判定为静止状态。

第 2 步要判断车辆是否位于禁停区,只需判断 3D 检测框底面 4 个角的坐标是否位于禁停区规定的经纬度范围内。因此需要将 3D 检测框在相机坐标系下的坐标值转换为经纬度。假设现有一个已检测出的 3D 检测框,已知 c_1 的坐标为 (X_{c_1}, Y_{c_1})、高度为 h_1,则其在相机坐标系下的坐标为 (X_{c_1}, Y_{c_1}, h_1),根据式(8.8),实现相机坐标系到世界坐标系的坐标转换,转换公式如下:

$$\begin{bmatrix} X_{cw} \\ Y_{cw} \\ Z_{cw} \end{bmatrix} = \begin{pmatrix} \boldsymbol{R} & \boldsymbol{T} \\ \boldsymbol{0}^{\mathrm{T}} & 1 \end{pmatrix}^{-1} \begin{bmatrix} X_{c_1} \\ Y_{c_1} \\ h_1 \\ 1 \end{bmatrix} \quad (8.21)$$

其中,$\boldsymbol{R}$ 为旋转矩阵,$\boldsymbol{T}$ 为相机相对于激光雷达的平移距离。由于本次实验所用智能巡检机器人的激光雷达与相机在安装时已经过调整,确保两者之间保持平移的位置关系而不发生旋转,因此 $\boldsymbol{R} = \boldsymbol{0}$,$\boldsymbol{T} = (0, 0.227, 0.476)^{\mathrm{T}}$,单位为 m。

由式(8.21),可以得到点 c_1 的初始经度为 X_{cw},纬度为 Y_{cw}。

进一步考虑地球曲率的影响,对经纬度进行修正,则有

$$d_{lon} = \frac{\sqrt{X_{c_1}^2 + Y_{c_1}^2}}{(R+H) \times \cos(Y_{cw})} \quad (8.22)$$

$$d_{lat} = \frac{h_1}{R+H} \quad (8.23)$$

式(8.22)中 R 为地球半径,H 为相机距地面的高度,经测量得 $H = 0.887 \mathrm{m}$。

由式(8.21)、(8.22)、(8.23)可以得到相机坐标系下的点坐标到经纬度之间的转换关系

$$lon = X_{cw} + d_{lon} \quad (8.24)$$
$$lat = Y_{cw} + d_{lat} \quad (8.25)$$

判断车辆是否处于违停区域的过程主要为:
① 将四个角点 c_1、c_2、c_3、c_4 与空间中心点 P 在相机坐标系下的坐标转换为经纬度;
② 判断点 c_1、c_2、c_3、c_4、P 的经纬度与禁停区 S 经纬度范围的关系,若有任意 2 个或 2 个以上的点位于禁停区内,则判断车辆当前处于违停的状态,否则不做违停处理。

在算法判定车辆处于违停状态时,则立刻将识别的影像帧、3D 检测框的空间中心点 P 的经纬度、判定的时间等主要信息上传至服务器端,并由大屏展示系统在地图上进行实时展示。

8.2.3 软件设计

8.2.3.1 系统设计

软件系统内设有四个数据处理模块:环境自主感知模块、机器人地盘控制模块、视频内容人工智能识别模块和多传感器数据融合模块,各模块包含路径规划、障碍避让、成图定位和视频识别算法等,对采集的环境、人员和行为数据进行分析处理。在数据处理过程中采取边缘计算提升数据处理速度,使事件响应速度达到分钟级。整套软件系统以移动设备 Web/APP 形式使用控制,方便城市管理人员进行监控操作。

1. 智能巡检机器人软件架构

智能巡检机器人软件系统架构如图 8-40 所示。软件系统中每一层的内容由特定的系统、硬件平台或机器人的终极目标有关,与其上下两层的内容完全不相关。典型的机器人软件包括驱动层、平台和算法层和用户接口层。

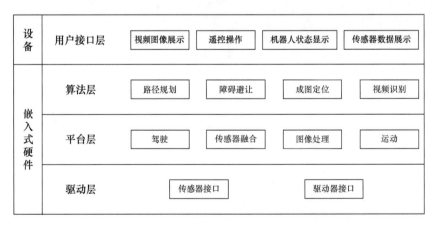

图 8-40 智能巡检机器人软件架构

(1)驱动层:可以连接到实际使用的传感器或激励器。主要处理机器人操控需要的底层驱动函数,该层组件连接系统中的传感器,以及运行硬件的驱动程序。一般情况下,该层模块采集激励器的设定值,生成底层信号来创建相应的触发,其中可能包括关闭设定值循环的代码。同样该层模块还能采集传感器数据,将其转换成有用的工程数

据，并将传感器数据传输至其他架构层。

（2）平台层：平台层中的算法对应了机器人的硬件配置。该层中的底层信息和完整的高层软件之间能够进行双向转换，可以在驱动层和算法之间频繁地切换。

（3）算法层：该层中的组件代表了机器人软件系统中高层的控制算法，该层通过采集系统信息，如位置、速度或处理后的视频图像，并基于所有反馈信息做出控制决定。该层中的组件能够为机器人的路径规划，并根据机器人周围障碍物规划躲避障碍路径，以及数据视频内容，智能识别环境和行为信息。

（4）用户接口层：该层的应用程序不需完全独立，它实现了机器人和用户之间的互动，或在设备显示器上展示相关信息。

2. 功能需求

（1）自主感知系统。

① 标定功能：实现激光雷达的 IMU 参数的标定，相机与激光雷达的外参标定。

② 数据采集功能：负责采集设备的数据。点云数据的采集、压缩、存储，多传感器数据收集。软件系统通过激光雷达与相机连续地扫描、拍摄来获取周边环境的点云数据和影像数据；通过惯性导航系统连续记录设备的姿态信息，获取惯性导航数据和带有状态信息的行驶轨迹。当收到控制器发出的数据采集指令后，激光扫描仪、相机、传感器等开始执行采集任务。数据采集完成后，计算机接收采集设备回传的数据信息，压缩并存储。数据采集功能主要包括：工程数据管理、设备连接状态检查、影像数据显示、支持计算机远程监控采集等。

③ 数据处理功能：采用多传感器融合、3D 即时定位与地图构建（Simultaneous Localization and Mapping，SLAM）及三维重建等技术对采集的点云、影像、惯性导航等数据进行综合处理，实现真实场景下的三维重建，生成小区内部场景的全景影像、三维点云地图及机器人的行驶轨迹。数据处理功能包括：导入采集的数据、数据完整性检查、一键工程化处理、分段处理消息提示与进度显示、输出全景影像、输出三维点云地图和相应的行驶轨迹。

（2）数据获取与处理系统。

① 视频图像识别功能：主要实现小区人员和车辆信息识别，小区内部场景公共设施损毁或人员违规行为判定。对高清摄像头记录的数据，根据配置的智能识别算法进行身份、行为识别。功能包括：前端视频信息的采集及传输、中间视频信息的检测和后端信息的分析处理三个环节。通过中间嵌入的智能分析模块，对视频信息进行识别、检测、分析，滤除干扰，对视频信息中的异常情况做目标和轨迹标记。

② 语音交互处理：通过计算机系统和语音交互装置完成语音交互功能，利用与云端联系实现信息处理和指令发送。

③ 控制指令识别：通过语音识别服务，在本地通过正则匹配、数据库对比等操作，得到语音信息中的控制指令信息，用于对装备的语音控制。

④ 对话语音的语音转写：通过语音识别服务，获取语音信息相应的文字信息，用于自然语言处理的文本输入，或者对话装置应用程序接口（Application Program Interface，API）的输入。

⑤ 自然语言处理：通过自然语言处理服务，得到相应的回复语言，实现智能对话、智能提醒等功能。

⑥ 语音合成：通过语音合成服务实现对答文本的语音合成服务。

8.2.3.2 系统实现

根据系统应用目的和上述设计思路，本系统后端采用 Spring Boot 框架，基于 Java 语言实现。装备采集数据存储于后台，基于 Windows 10 操作系统，采用 MySQL 数据库储存和管理巡查装备采集到的数据。安卓端数据库采用 SQLite3 进行数据管理与储存，用 Android11 实现，使用百度地图安卓开发工具包实现地图可视化。

8.2.3.3 系统应用

根据软件业务功能，可分为登录、遥控、巡检和健康四个功能界面。其中登录页面包含用户的注册和登录；对成功登录用户可实现遥控功能，控制机器人移动和镜头视野的角度；巡检功能完成多传感器数据的展示，机器人移动路径的地图展示和对巡检到的异常事件地点的地图定位健康功能是对机器人本身健康状态的监控，如电量的姿态速度等实时监控和出现异常的推送提醒。

8.2.4 装备应用

8.2.4.1 井盖破损和缺失检测

井盖是市政基础设施的重要组成部分，"小井盖"关系着"大民生"，事关城市安全有序运行，体现着城市综合管理和社会治理能力。为了减少因井盖破损和缺失带来的人员伤害和财产损失，有必要实现对城市井盖状态的自动检测，为妥善地管理与维护井盖提供高时效、科学的依据。传统的井盖识别方法正确率低，出现误判的概率较大，投入实际使用的效果并不理想，因此，利用深度学习检测更为高效。

该模块计划利用单阶段轻量级目标检测算法，在充分收集日常生活中正常与破损的井盖数据条件下，训练获得井盖破损检测模型。目前利用已有的研究和数据，进行井盖破损检测的示例如图 8-41 所示。

图 8-41 井盖破损检测

该检测结果显示了井盖破损的情况。该模块将同时结合小区基础地理数据（井盖的地理位置），将结果上报，通知相关负责人处理。可在 Web 端查看井盖破损事件详情，如图 8-42 所示。

图 8-42　Web 端查看井盖破损事件

8.2.4.2　垃圾溢出检测

垃圾桶作为生活中不可或缺的必需品，布局在社区各处，且装载程度不一，有的地方垃圾桶的垃圾较少，有的人们日常地方垃圾桶的垃圾容易满溢。在管理上满溢出来的垃圾不能得到及时处理，导致遍地狼藉、蚊虫滋生、臭气冲天，严重污染社区环境。自动检测垃圾溢出对社区环境管理工作以及社区环境卫生面貌的改善是非常有必要的。

在实现垃圾桶检测的基础上，对检测区域进行限定。在限定区域内检测到垃圾，才会被判定为垃圾溢出。同时考虑社区内某些限定区域会出现大量垃圾（建筑垃圾等）的情况，将结合地理基础数据，进行垃圾检测，判断是否出现溢出。垃圾溢出检测如图 8-43 所示。

图 8-43　垃圾溢出检测

本模块除了发现和上报垃圾溢出情况，还将记录出现溢满垃圾桶所处的位置信息，以便社区管理人员及时调整社区内垃圾清运车的时间和路线，优化社区环境管理工作，改善社区环境卫生面貌。可在 Web 端查看事件详情，如图 8-44 所示。

图 8-44　Web 端查看垃圾溢出事件

8.2.4.3　违规停车检测

在社区环境中，车辆违规停放一直是社区环境治理的难点之一，违规占用消防通道、占用非机动车道或者盲道，都会造成较大的潜在危险。因此及时发现并上报车辆违停事件，对维护社区公共安全有积极的重要作用。

该功能在使用相机与激光雷达的时间同步、空间配准方面，采用了更加简单易行的方法，同时在现有的多模态数据融合车辆检测算法的基础上，构建了一种基于 MobileNetV3-Small 与坐标注意力机制的多模态数据融合车辆检测算法。与其他算法进行比较，该算法提升了对远、小目标的检测效果，计算效率上也有了极大的提升。具体技术路线如图 8-45 所示。

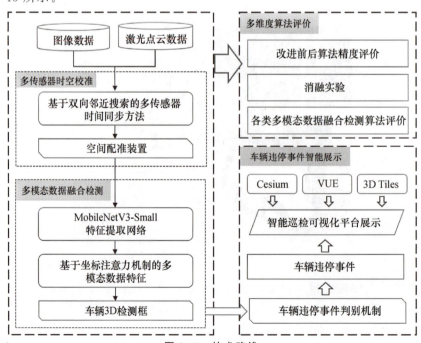

图 8-45　技术路线

示例如图 8-46 所示，基于改进的 AVOD 算法车辆违规停放检测结果，图 8-46(a)(b)(c)(d)依次对应禁停区空间，红框为违规停车识别结果，黄框为正常停放的车辆。

(a) 检测结果 1

(b) 检测结果 2

(c) 检测结果 3

(d) 检测结果 4

图 8-46　车辆违规停放检测结果

并将车辆违停事件的判定结果展示在大屏系统上，如图 8-47 所示，在智能巡检可视化平台上，车辆违停事件以规定好的图标展示了事件发生的位置。

图 8-47　车辆违停事件展示位置

如图 8-48 所示，左侧展示了四个车辆违规停放车辆在智能巡检可视化平台中的位置，右侧分别对应检测时刻无人机对四个禁停区的拍摄情况。通过对比可以发现，与实际违规停放车辆的位置相比，智能巡检可视化平台上展示的位置更准确，达到了良好的定位效果，说明改进的 AVOD 算法取得了较好的检测效果，应用效果良好。

(a) 可视化平台中车辆违规停放标识1　S1 禁停区　(b) 无人机对禁停区的实际拍摄情况1

(c) 可视化平台中车辆违规停放标识2　S2 禁停区　(d) 无人机对禁停区的实际拍摄情况2

(e) 可视化平台中车辆违规停放标识3　S3 禁停区　(f) 无人机对禁停区的实际拍摄情况3

(g) 可视化平台中车辆违规停放标识4　S4 禁停区　(h) 无人机对禁停区的实际拍摄情况4

图 8-48　违规停放车辆在智能巡检可视化平台的定位情况

8.2.4.4 小区民情分析

在智能语音交互中的所有交互内容,都会自动上传至服务器端。除此之外,用户还可以通过事件上报功能进行语音上报。

根据服务器端交互收集的信息,利用专业在线的语音服务提供的语音识别算法,提取上报信息的关键词,通过关键词锁定社区居民反映的车辆违停事件,从而方便物业管理人员实时地了解车辆违停事件的发生,具体发生的位置可在 Web 端查看,如图 8-49 所示。

图 8-49　Web 端查看车辆违停事件

8.3　面向城市综合执法的现场智能执法装备

8.3.1　装备的组成、功能及性能介绍

现场智能执法装备是一种基于现代信息技术的智能移动终端,广泛应用于城市综合执法领域。它具有多种功能,如数据查询、证据采集和执法决策等,有效提升了城市综合执法的效率和准确性。下面将介绍现场智能执法装备的组成、功能及性能。

8.3.1.1 装备的组成

现场智能执法装备通常由核心组件、数码相机、SD/MMC 外存接口、红外通信接口、耳麦接口、输入键盘、磁卡读头、磁卡读头供电、GPS 模块、触摸屏、立体声输出、麦克输入接口、液晶显示模块、液晶显示电源、CF 接口、无线通信单元、智能卡单元、打印单元组成,其中,核心组件是由中央处理器(CPU)、FlashROM、SDRAM 和对外接口组成,核心组件通过对外接口与上述各功能单元实现连接,如图 8-50 所示。

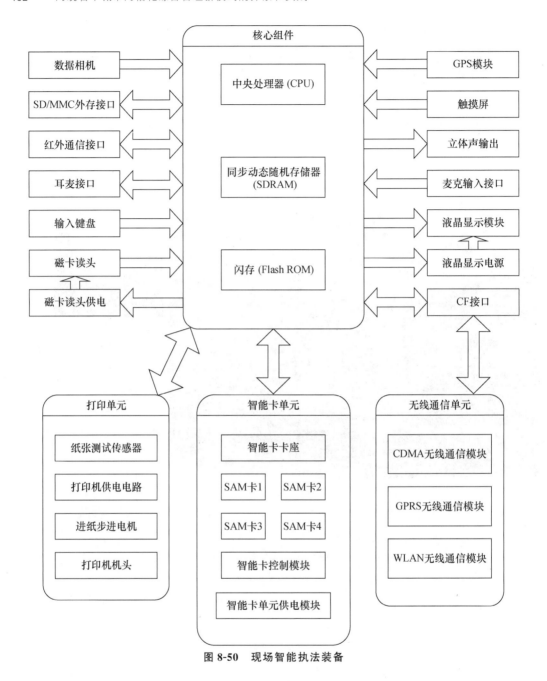

图 8-50 现场智能执法装备

1. 硬件设备

(1) 外观形态。装备外观形态如图 8-51 所示。

(2) 核心组件。

① 核心组件的对外接口包括：电池电源控制接口、声音输出接口、(Universal Asynchronous Reseiver/Transniter，UART) 接口、红外 UART 接口、蓝牙接口、USB 接口、在线调试接口、液晶显示器接口、触摸屏接口和键盘接口。

具体连接方式为：蓝牙接口连接蓝牙模块，实现中央处理器(CPU)与蓝牙模块的数据传输；连接 CDMA、GPRS、WLAN 无线通信模块，实现数据的无线传输；红外 UART

图 8-51 装备外观形态

接口与红外通信器件相连,实现近距离数据的无线传输;在线调试接口是用来调试和测试程序;电池电源控制接口实现对电池电源的控制。

② 无线通信单元是由 CDMA 无线通信模块、GPRS 无线通信模块和 WLAN 无线通信模块构成,其中,WLAN 无线通信模块采用 802.11 标准,无线通信单元通过无线通信接口与核心组件的 CPU 的全功能串口相连接。

③ 智能卡单元的接口 ICP.TXD,ICP.RXD 与核心组件的同名端口——串口 ICP (ICP_RXD,ICP_TXD)相连接,实现全双工的通信。

④ 智能卡控制模块及 SAM 卡的原理图,是按照 CPU 的指令要求通过智能卡控制模块的微控制器对智能卡和 SAM 卡进行操作。

2. 软件系统

(1) 操作系统:现场智能执法装备通常使用定制化的操作系统,以满足特定的执法需求和硬件要求。这些操作系统具有稳定性、安全性和良好的用户体验,能够支持各种应用程序的运行和协调。

(2) 执法管理系统:执法管理系统是现场智能执法装备的核心应用程序,用于管理执法活动和数据。它通常包括人员管理、车辆管理、案件管理、罚款管理等功能模块,能够记录和查询执法人员的基本信息、执法记录、违法信息等。

(3) 数据查询与统计分析工具:现场智能执法装备的软件部分提供了数据查询和统计分析工具,用于快速获取和分析各类执法数据。执法人员可以通过这些工具查询人员信息、车辆信息、法律法规等,并进行数据统计和分析,为执法决策提供支持。

(4)电子地图导航软件:现场智能执法装备常配备电子地图导航软件,利用GPS模块提供的位置信息,实现实时定位、路径规划和导航功能。这使得执法人员可以准确找到执法地点、规划最佳路径,提高执法行动的效率和准确性。

(5)执法决策支持工具:现场智能执法装备的软件部分可以提供各类执法决策的支持工具,以帮助执法人员快速准确地做出执法决策。例如,执法规范查询工具可提供相关法律法规的查询和解读,罚款计算器工具可根据违法情况自动计算罚款金额,执法指引工具可提供执法流程和操作指南等。

(6)数据同步与共享功能:现场智能执法装备可以通过无线通信模块与数据中心同步和共享数据。执法人员可将采集到的数据、照片和视频等上传到数据中心,实现数据的集中管理、备份和共享,为后续的管理、分析和审查提供支持。

(7)安全与权限管理:现场智能执法装备的软件部分提供了安全与权限管理工具,确保数据的机密性和完整性。它包括用户身份认证、数据加密、访问权限控制等,防止未经授权的人员访问和篡改执法数据。

综上所述,现场智能执法装备的软件部分涵盖了操作系统、执法管理系统、数据查询与统计分析工具、电子地图导航软件、执法决策支持工具、数据同步与共享功能以及安全与权限管理等。这些软件为执法人员提供了便利的操作界面、数据管理和分析功能,促进了城市管理综合执法工作的高效运行。

8.3.1.2 装备的功能

现场智能执法装备具备多种功能,以满足城市管理执法的需求。以下是常见的功能:

(1)数据查询与管理:现场智能执法装备可以通过与相关数据库连接,实现快速查询和管理各类执法活动和数据,如人员信息、车辆信息、法律法规等。执法人员可以在现场通过终端轻松获取所需数据,提高工作效率。

(2)证据采集与存储:现场智能执法装备的摄像头和录音设备可以实现现场证据的拍摄和录音,保证证据的真实性和完整性。通过终端,执法人员可以方便地记录违法行为、现场情况等,提供有效的执法依据。

(3)定位与导航:现场智能执法装备配备了GPS模块,能够准确获取位置信息。结合电子地图导航软件,执法人员可以实时定位、规划路径和导航,提高执法行动的准确性和效率。

(4)执法决策支持:现场智能执法装备通过应用程序提供各类执法决策支持工具,例如执法规范查询、罚款计算器、执法指引等。这些工具能够帮助执法人员快速准确地做出执法决策,确保执法过程的规范性和公正性。

(5)数据同步与共享:现场智能执法装备可以通过无线通信模块与数据中心实现数据的同步和共享。执法人员可以将采集到的数据、照片和视频等上传到数据中心,以便后续的管理、分析和审查。

(6)统计分析与报告生成:现场智能执法装备可以进行数据的统计分析,生成相关的报告和统计图表。这有助于对执法工作的效果和趋势进行评估,为管理决策提供科学依据。

8.3.1.3 装备的性能

现场智能执法装备的性能对于实现高效执法至关重要。以下是一些常见的性能指标：

（1）处理能力：主机配置高性能的处理器和足够的内存，保证应用程序的流畅运行和响应速度。

（2）存储容量：提供足够的存储空间，用于保存大量的执法数据、照片、视频等。

（3）电池续航：具备长时间的电池续航能力，以应对长时间的执法任务和应用程序使用。

（4）抗震抗摔：具备较高的抗震性能和耐摔性能，以应对复杂的工作环境和应急情况。

（5）数据安全：采用加密技术和安全协议，保障执法数据的机密性和完整性，防止数据被泄露和篡改。

8.3.2 关键技术

8.3.2.1 语音识别转文字技术

语音识别转文字技术是一种将口头语音输入转化为文本形式的自动化过程。通过采用复杂的算法和模型，它可以识别和解析语音信号中的语音单元，然后将其转换为相应的文字表示。这项技术在城市管理执法中具有广泛的应用，可提高执法人员的工作效率和准确性。

1. 语音识别转文字技术的工作流程

（1）预处理：在预处理阶段，语音信号需要经过一系列步骤以提高语音质量和减少环境干扰。这些步骤包括：

① 去噪：通过使用滤波器或降噪算法，从语音信号中去除背景噪声。这可以提高语音信号的清晰度，使后续的特征提取和模型训练更准确。

② 语音信号分割：语音信号通常是连续的，需要将其分割成较小的语音片段，以便对每个片段进行单独的特征提取和识别。分割通常基于能量阈值或静音检测。

③ 语音增强：在一些情况下，语音信号可能受到回声、失真或低音量等干扰。语音增强技术可以通过滤波、噪声抑制和音频增益等方法，提高语音信号的质量和可识别性。

（2）特征提取：在特征提取阶段，语音信号被转换为计算机可处理的特征表示形式。常用的特征提取方法包括：

① 梅尔频率倒谱系数（Mel-Frequency Cepstral Coefficients，MFCCs）：MFCCs 是一种常用的语音特征提取方法。它通过将语音信号分成短时间窗口，计算每个窗口中频率的能量分布，然后将其转换为梅尔刻度上的频谱系数。

② 线性预测编码（Linear Predictive Coding，LPC）：LPC 是一种基于线性预测模型的语音特征提取方法。它通过对语音信号进行线性预测建模，提取出语音信号的线性预测参数，用于表示语音特征。

特征提取的目的是减少语音数据的维度，并提取出对语音识别有用的信息，以便后续的模型训练和解码。

（3）模型训练：在模型训练阶段，使用大量的已标注的语音数据来训练语音识别模型。常用的模型包括：

① 隐马尔可夫模型（Hidden Markov Model，HMM）：HMM是一种常用的统计模型，用于描述语音信号和语音单元之间的关系。HMM在语音识别中被广泛应用，通过对观察序列（语音特征）和隐藏状态序列（语音单元）之间的概率转移进行建模，实现对语音信号的建模和识别。

② 循环神经网络（Recurrent Neural Network，RNN）：RNN是一种具有循环连接的神经网络结构，可以处理序列数据。在语音识别中，RNN可以对语音特征序列进行建模和识别，捕捉上下文信息。

③ 变换模型（Transformer）：Transformer是一种基于自注意力机制的神经网络结构，具有较好的序列建模能力。在语音识别中，Transformer可以对语音特征序列进行建模和识别，得到更准确的语音识别结果。

这些模型通过对大量的已标注的语音数据进行训练，学习语音信号和语音单元之间的关系，以便进行准确的语音识别。

（4）解码：解码阶段是将语音特征与模型进行匹配，以获得最接近语音的文本输出。解码算法可以是动态时间规整（Dynamic Time Warping，DTW）、最大似然线性回归（Maximum Likelihood Linear Regression，MLLR）等。这些算法通过计算不同可能的词序列的概率，来确定最有可能的词序列并作为最终的转写结果。

通过这些步骤，语音识别转文字技术能够实现将口头语音转化为计算机可处理的文字形式，为后续的应用和分析提供基础。

2. 语音识别转文字技术在智能执法装备终端的应用

语音识别转文字技术在智能执法装备终端中有广泛的应用，主要体现在以下几个方面：

（1）语音输入和控制：智能执法装备终端可以通过语音识别转文字技术实现语音输入和控制功能。用户可以通过语音命令进行操作，如语音搜索、语音拨号、语音指令等，极大地提高了用户的操作便捷性和交互体验。

（2）语音转录和记录：在执法场景中，语音识别转文字技术可以将执法人员的语音命令、笔录、采集的数据等转录成文字，方便后续整理和归档。这样可以减少执法人员的工作量，提高其工作效率。

（3）语音助手和交互界面：智能执法装备终端可以搭载语音助手和交互界面，利用语音识别转文字技术进行语音交互。用户可以通过语音与终端进行对话，获取信息、提出问题、执行操作等，实现更自然、便捷的交互方式。

3. 语音识别转文字技术的语音质量和环境要求

尽管语音识别转文字技术取得了巨大的进展，但仍面临一些挑战，语音质量和环境等都会对识别的准确性产生影响。此外，不同语音场景和领域的适应性以及数据隐私和安全性等问题也需要关注和解决。

（1）语音质量要求。语音质量是指语音信号的清晰度和可辨识度，对语音识别转文字技术的性能有直接影响。以下是一些常见的语音质量要求：

① 清晰度：语音信号应该具备良好的清晰度，没有明显的噪声、失真或杂音。清晰的语音信号可以提供更准确的语音特征，有助于准确识别和转录语音。

② 强度：语音信号的强度要适中，既不过强也不过弱。过强的语音信号可能会导致失真，而过弱的语音信号可能会被环境噪声掩盖，降低识别的准确性。

③ 频率范围：语音信号应该包含适当的频率范围，涵盖人类基本的语音频率。这样可以确保关键语音特征（如音调和共振峰）能够被准确捕捉和识别。

④ 干净度：语音信号应该是干净的，没有明显的回声或混响。回声和混响会导致语音特征的失真和模糊，降低识别的准确性。

（2）环境要求。环境因素对语音识别转文字技术同样具有重要影响，因为语音信号容易受到环境噪声和干扰的影响。以下是一些常见的环境要求：

① 噪声控制：最理想的环境是没有噪声的，但在现实应用中，往往需要处理各种类型的噪声，如交通噪声、背景噪声和人声噪声等。为了提高识别准确性，需要采取措施减少或控制环境噪声，如使用噪声抑制技术、选择相对安静的录音环境等。

② 回声和混响控制：回声和混响是由于声音在环境中反射和衍射而产生的，会导致语音信号失真和模糊。在需要进行语音识别的环境，应该尽量减少回声和混响，可以通过合适的房间布置和声学处理等方式来实现。

③ 语音输入设备：选择合适的语音输入设备也是确保语音质量和准确性的关键。高质量的麦克风和音频采集设备可以捕捉清晰的语音信号，并减少噪声和失真。

④ 用户适应性：语音识别转文字技术应该具备一定的用户适应性，能够适应不同人的语音特征和口音，这可以通过模型训练和自适应技术来实现，提高对多样性语音输入的识别准确性。

在实际应用中，为了满足语音质量和环境要求，可以采取一系列的措施，如音频预处理、噪声消除、回声抑制、语音增强等。这些措施的目的是最大限度地提高语音识别的准确性和性能，使语音识别转文字技术能够在各种不同的环境中实现稳定和可靠的应用。

4. 语音识别转文字技术的优势和局限性

语音识别转文字技术作为一项前沿的人工智能技术，具有众多优势和潜力，同时也存在一些局限性和挑战。

该技术的最大优势之一是提高了工作效率。通过将口述的语音转换为文字，人们可以快速、准确地转录大量的语音内容，节省时间和劳动成本。此外，语音识别转文字技术的方便易用性也是其优势之一。用户只需口述，无须键盘输入，降低了学习和操作的难度，特别适用于不擅长键盘输入或身体有障碍的人群。该技术具备多语言支持的能力，能够识别和转录不同语言和方言的口述内容，为跨文化和多语种的应用提供便利。语音识别转文字技术还能够实现实时性和即时反馈，满足快速沟通和实时信息传递的需求。该技术作为无障碍辅助工具，为视觉障碍者和听觉障碍者提供了重要的支持，帮助他们更好地与外界进行交流和参与。

然而，语音识别转文字技术也存在一些局限性和挑战，主要的挑战是准确性。面对复杂的语音情境,如口音、方言、噪声干扰等,识别的准确性可能会受到影响。语音识别转文字技术的应用也受到语言模型的限制,对于非主流语言或特定领域的术语,可能会出现识别错误或无法识别的情况。语音质量和环境要求也是该技术的挑战之一,嘈杂的环境、弱音或失真的语音信号可能会降低识别的准确性。隐私和安全考虑也是该技术需要解决的问题,需要确保语音数据的安全性和隐私保护。最后,该技术的应用受到一定的场景和领域限制,对于某些特定的行业术语、专业词汇或特定领域的内容,可能需要额外的定制化训练和配置。

通过全面了解语音识别转文字技术的优势和局限性,可以更好地评估和应用这一技术,把握其在不同领域的应用潜力和局限性,为决策和实践提供参考。

8.3.2.2 光学字符识别技术

光学字符识别(Optical Character Recognition,OCR)技术,是一种计算机视觉技术,能够自动识别图像中的文本信息并将其转换为可编辑文本。该技术可广泛应用于文书识别、印刷品扫描、手写体识别等领域。近年来,随着人工智能技术的不断发展,OCR技术的准确率和速度也得到了大幅提升。

1. 光学字符识别技术的工作流程

光学字符识别技术的工作原理基于深度学习和计算机视觉算法。一般而言,它的工作流程包括图像预处理、文字检测、文字识别和后处理等步骤。

首先,图像预处理阶段用于提高图像质量和减少噪声。包括图像去噪、对比度调整、尺寸标准化等操作,以确保输入图像的清晰度和一致性。

其次,文字检测阶段用于在图像中定位和提取文字区域。通常采用基于卷积神经网络的目标检测算法,如YOLO、SSD、FasterR-CNN等,识别图像中的文字区域,并生成文字边界框。

然后,文字识别阶段利用OCR技术将文字区域中的字符转换为文本。OCR技术采用基于深度学习的序列识别模型,如卷积循环神经网络、LSTM等。它能够逐个字符地识别并转换为对应的文本。

最后,后处理阶段对识别结果进行校正和优化。这包括文字校正、语言模型的应用和后处理算法的运用,以提高识别结果的准确性和连贯性。

2. 光学字符识别技术在现场智能执法装备终端的应用

OCR技术在现场智能执法装备终端中的使用主要涉及以下方面:

(1)执法现场图像采集:现场智能执法装备终端配备了高分辨率的摄像头或图像采集设备,用于在执法现场获取相关图像。这些图像包括被执法对象的身份证、驾驶证、车牌号码等相关证件或标识物的图像。

(2)图像识别与转文字:现场智能执法装备终端通过OCR技术,将采集到的图像中的文字信息转换为可编辑和存储的文本数据。该技术利用计算机视觉和自然语言处理的算法和模型,对图像中的文字进行检测、提取和识别。

(3)现场实时识别与反馈:现场智能执法装备终端可以实时进行图像识别转文字的操作,将识别结果反馈给执法人员。这样,执法人员可以立即获得图像中文字的内容,无须等待或依赖其他设备进行后续处理。

（4）执法案件信息记录：识别转换得到的文字内容可以直接用于执法案件的信息记录和整理。现场智能执法装备终端提供相应的数据管理功能，执法人员可以将文字内容与案件相关联，进行记录和存储，便于后续查阅和管理。

（5）文字信息与其他功能集成：现场智能执法装备终端可以将识别得到的文字信息与其他功能进行集成。例如，可以将识别到的车牌号码与车辆管理数据库进行比对，快速获取车辆相关信息。或者将识别到的身份证信息与公安系统进行联网核验，获取被执法对象的个人身份信息。

3. 光学字符识别技术的误识别和准确率的注意事项

OCR 技术在进行文本识别时，可能会出现误识别的情况，主要有以下几个方面的原因：

（1）文字质量：如果图像中的文字质量较差，比如模糊、歪斜、变形等，那么 OCR 技术识别的准确率就会降低。

（2）文字间距：如果图像中的文字之间的距离较小或重叠，那么 OCR 技术可能会将它们识别为一个字符，从而出现误识别。

（3）字体类型：如果图像中的文字使用了一些特殊的字体类型，比如手写体或艺术字体等，那么 OCR 技术的识别准确率也会受到影响。

为了提高 OCR 技术的准确率，可以采取以下措施：

（1）提高图像质量：可以通过调整图像亮度和对比度、去除图像噪声等方式，提高图像的质量，从而提高 OCR 技术识别的准确率。

（2）字符分割：可以采用更加精细的字符分割算法，将字符之间的距离更加清晰地区分开来，从而减少误识别的可能性。

（3）使用更准确的模型：可以使用更加先进和准确的 OCR 优化算法，比如卷积神经网络，从而提高识别的准确率。

4. 光学字符识别技术的优势和局限性

虽然 OCR 技术在识别准确率、效率和自动化处理方面具有很多优势，但是也存在一些局限性和误识别的问题。因此，在应用 OCR 技术时需要注意一些细节和技巧，以提高识别准确率和效率。

OCR 技术具有以下优势：

（1）自动化处理：OCR 技术可以实现自动化的文本识别和处理，从而减少人工处理的时间和成本。

（2）高效性：OCR 技术可以在较短的时间内识别大量的文本信息，提高工作效率。

（3）精度高：随着 OCR 技术的发展和改进，其识别准确率已经达到了很高的水平，可以满足大多数应用场景的需求。

（4）数字化管理：OCR 技术可以将纸质文档中的文字转换为可编辑的电子文本，从而方便进行数字化管理和文档共享。

OCR 技术也有一些局限性：

（1）语言限制：OCR 技术通常只能识别特定语言的文本，而对于其他语言的文本识别可能需要进行额外的处理和训练。

（2）特殊字符限制：OCR 技术对于一些特殊字符的识别可能会出现较大的误差，比如公式、数学符号等。

（3）质量限制：OCR 技术对于图像中质量较差的文本识别效果可能会降低，需要进行额外的图像处理和优化。

（4）多样性限制：OCR 技术对于不同字体、大小和样式的文本识别的准确率可能会有所差异，需要进行额外的训练和优化。

8.3.2.3 手写电子签名技术

手写电子签名技术是一种将手写签名转换为电子格式的技术，可以实现数字化签名、身份认证、文件审批等多种应用。该技术通过采集手写签名的图像信息，并将其转换为数字信号，以保证签名的真实性和可信度。手写电子签名技术已广泛应用于金融、医疗、政府、企业等领域。

1. 手写电子签名技术的工作流程

手写电子签名技术的工作流程主要包括手写采集、特征提取、数字化存储和验证四个步骤。

（1）手写采集：手写电子签名技术的第一步是采集手写签名的图像信息。一般采用电子签名板、触控屏幕等设备，通过写字笔、触控笔等输入工具，将手写签名的图像信息采集到计算机系统中。采集后的图像信息包含了手写签名的轮廓、压力、速度、方向等特征信息。

（2）特征提取：手写电子签名技术的第二步是对采集到的图像信息进行特征提取。特征提取是将手写签名图像信息转换为数字信号的过程。该过程主要包括图像预处理、特征提取和特征描述三个步骤。预处理包括去噪、二值化、分割等操作，以去除干扰信息，提高识别准确率；特征提取则是将手写签名的特征信息转换为数字信号，常用的特征提取算法有 HOG 算法、SIFT 算法、SURF 算法等；特征描述则是将提取出的特征信息进行编码，以便后续的数字化存储和验证。

（3）数字化存储：手写电子签名技术的第三步是将采集到的手写签名信息进行数字化存储。数字化存储可以采用文件存储、数据库存储等多种方式。在存储过程中，需要保证签名的真实性和完整性，以防止签名被篡改或伪造。数字化存储可以将签名与相关的文件、记录进行关联，以便后续的查找和审批。

（4）验证：手写电子签名技术的第四步是验证签名的真实性和可信度。验证过程一般包括签名比对和身份认证两个部分。签名比对是将采集到的签名信息与存储的签名信息进行比对，以判断签名的真实性和完整性；身份认证则是将签名信息与身份信息进行匹配，以判断签名的可信度和合法性。验证的结果可以作为文件审批、合同签订等业务的依据。

2. 手写电子签名技术在智能执法装备终端的应用

手写电子签名技术在智能执法装备终端中的使用主要涉及以下几个方面：

（1）签名设备和输入方式：智能执法装备终端通常配备了相应的签名设备，例如电子笔、触摸屏或专用签名板等。这些设备可以用于用户进行手写签名操作。用户可以通过签名设备进行手写签名。

(2) 签名采集与处理：在智能执法装备终端中，手写电子签名技术通过采集用户的手写动作和相关信息，将手写签名转化为电子形式。终端设备会采集用户手写的轮廓、压力、速度、方向等参数，将其转化为数字化的签名数据。

(3) 签名识别与验证：采集到的手写签名数据会经过识别和验证的过程。识别阶段利用图像处理和模式识别技术，将手写签名转换为对应的图像或矢量图形；验证阶段通过与用户事先存储的参考签名进行比对，以验证签名的真实性和合法性。

(4) 签名数据存储和传输：智能执法装备终端会将采集到的手写签名数据进行存储和传输。签名数据可以加密和压缩，以确保数据的安全性和节省存储空间。签名数据可以存储在本地设备上，也可以通过网络传输到服务器或其他相关系统中进行进一步的处理。

(5) 签名应用与认证：智能执法装备终端将手写电子签名技术应用于相关的执法流程和文档管理中。用户可以在合适的场景下使用手写电子签名技术，例如对执法文书、证据材料等进行签名确认。手写电子签名技术可以替代传统的纸质签名，提高签名的效率和准确性。

(6) 合规性和法律要求：在使用手写电子签名技术时，需要遵守相关的法律法规和合规性要求。智能执法装备终端需要具备相应的安全措施，以确保签名的真实性和不可篡改性。同时，需遵循电子签名相关法律法规，如电子签名法等，确保电子签名的合法性和法律效力。

3. 手写电子签名技术的数据存储和访问控制

手写电子签名技术涉及签名数据的存储和访问控制，需要考虑以下几个方面：

(1) 数据存储：签名数据可以以多种方式进行存储，包括本地存储、云端存储和数据库存储。需要确保签名数据的完整性、保密性和可靠性。

(2) 数据加密：为了保护签名数据的安全性，可以采用数据加密技术对签名数据进行加密存储，以防止未经授权的访问和篡改。

(3) 访问控制：对于签名数据的访问控制，可以采用身份验证、权限管理和审计跟踪等措施，确保只有授权人员能够访问和使用签名数据。

(4) 合规性要求：根据法律法规和行业标准，对签名数据的存储和访问可能有特定的合规性要求，需要满足相关规定和标准。

4. 手写电子签名技术的优势和局限性

手写电子签名技术有以下优势：

(1) 真实性和可信度高：手写电子签名技术采用手写签名的图像信息，将其转换为数字信号存储和验证，可以保证签名的真实性和可信度。

(2) 处理效率高：手写电子签名技术可以实现数字化签名、身份验证、文件审批等多种应用，可以大大提高业务处理效率，降低业务成本。

(3) 环保节能：手写电子签名技术可以减少纸质材料的使用，降低对自然环境的影响，符合可持续发展的理念。

然而，手写电子签名技术也存在以下局限性：

(1) 设备成本高：手写电子签名技术需要采用电子签名板、触控屏幕等设备，设备成本较高,对应用场景有一定的限制。

(2) 依赖网络:手写电子签名技术需要通过网络进行数据传输和存储,对网络的稳定性和安全性有一定的要求。

(3) 用户接受度:对于习惯传统签名的人们,接受和适应手写电子签名技术可能需要一定的时间。

8.3.2.4 CA 身份认证技术

CA 身份认证技术(Certificate Authority Identity Authentication Technology)是一种基于数字证书的身份验证技术,通过数字证书的颁发和验证,确保用户的身份和数据的安全性。CA 身份认证技术在各个领域应用广泛,包括电子商务、金融、政府机构等。

1. CA 身份认证技术的工作流程

CA 身份认证技术的工作流程包括以下几个主要步骤:

(1) 注册申请:用户向 CA 机构提交身份认证的注册申请,提供个人或组织的相关信息,如姓名、证件号码、联系方式等。

(2) 身份验证:CA 机构对用户的身份进行验证,比对用户提供的身份信息与相关证件或数据库中的信息,确保用户的真实身份。

(3) 数字证书颁发:经过身份验证后,CA 机构会为用户颁发数字证书。数字证书包含用户的公钥、个人信息以及 CA 机构的数字签名,用于证明用户的身份和数据的完整性。

(4) 证书发布:CA 机构将数字证书发布到公共证书库或发送给用户,用户可以通过公共证书库或其他途径获取和验证数字证书。

(5) 数字证书验证:用户在进行身份验证时,使用数字证书验证服务端或其他用户的身份。通过验证数字证书的有效性、完整性和合法性,确认用户的身份和数据的安全性。

2. CA 身份认证技术在现场智能执法装备终端的应用

CA 身份认证技术在现场智能执法装备终端中的使用主要涉及以下几个方面:

(1) 身份验证与数字证书申请:现场智能执法装备终端中的用户需要进行身份验证,并向 CA 机构申请数字证书。用户可能需要提供个人身份信息、指纹、照片等,并经过相应的验证程序。CA 机构将根据验证结果为用户颁发数字证书,用于后续的身份验证和加密通信。

(2) 数字证书存储与管理:现场智能执法装备终端会将用户的数字证书进行存储和管理。数字证书包含用户的公钥、个人信息和 CA 机构的数字签名等。现场智能执法装备终端会提供相应的证书存储空间,并确保证书的安全性和完整性。用户可以通过现场终端管理界面查看和管理数字证书。

(3) 证书验证与信任链建立:现场智能执法装备终端会对与其通信的用户身份进行验证,并建立信任链。在通信之前,现场智能执法装备终端会验证对方的数字证书,包括证书的有效性、签名的正确性等。现场智能执法装备终端会通过信任链验证证书的合法性,并确保通信双方的身份真实可信。

(4) 加密通信与数据保护：智能执法装备终端使用 CA 身份认证技术来实现加密通信和数据保护。通信过程中，现场智能执法装备终端会使用数字证书中的公钥对数据进行加密，并使用私钥对数据进行解密。这样可以保护通信内容的机密性，防止数据被窃听和篡改。

(5) 证书更新与撤销：数字证书通常具有一定的有效期限，智能执法装备终端会定期检查和更新证书。现场智能执法装备终端会与 CA 服务器进行通信，获取最新的证书信息。如果证书失效或用户需要撤销证书，现场智能执法装备终端可以向 CA 服务器发送请求，进行证书的更新或撤销操作。

(6) 安全性和合规性：在使用 CA 身份认证技术时，智能执法装备终端需要确保通信和数据传输的安全性。现场智能执法装备终端需要采取相应的安全措施，防止数字证书的泄漏和滥用。同时，现场智能执法装备终端需要遵守相关的法律法规和合规性要求，确保 CA 身份认证的合法性和合规性。

CA 身份认证技术在现场智能执法装备终端中的应用可以实现用户身份的认证和加密通信的安全保护。通过使用 CA 身份认证技术，智能执法装备终端能够建立起与用户可信任的通信环境，保护执法数据的机密性和完整性。

3. 可信的 CA 机构的选择及数字证书安全注意事项

在选择 CA 机构和使用数字证书时，需要注意以下几个方面：

(1) 信任度：选择具有良好信誉和可靠性的 CA 机构，确保数字证书的可信度和合法性。

(2) 证书有效期：注意数字证书的有效期限，及时更新和续期，避免过期导致的安全问题。

(3) 证书撤销：及时检查和撤销失效或被冒用的数字证书，防止未经授权的身份使用。

(4) 密钥管理：严格管理私钥和公钥，确保其安全性和保密性，避免因密钥泄漏导致的安全漏洞。

(5) 证书验证：在使用数字证书时，要进行证书验证，确保对方的数字证书的真实性和有效性。

4. CA 身份认证技术的优势和局限性

CA 身份认证技术具有以下优势：

(1) 身份确认：通过数字证书的验证，确保通信双方身份的合法性和真实性。

(2) 数据完整性：使用数字签名和加密技术，保护通信数据的完整性和防止被篡改。

(3) 安全性：数字证书和公钥加密技术提供了安全的身份验证和通信保护机制。

(4) 广泛应用：CA 身份认证技术在各个领域都有广泛的应用，为数字化时代的信息交互提供了安全保障。

然而，CA 身份认证技术也存在以下局限性：

(1) 单点故障：依赖于中央 CA 机构，如果该机构遭受攻击或失效，可能导致整个系统的瘫痪。

(2) 依赖网络：CA 身份认证技术需要网络连接才能进行证书验证和通信保护，对网络的稳定性有一定要求。

(3) 信任问题：CA 机构的信任度和可靠性直接影响数字证书的有效性和安全性，需要选择和信任可靠的 CA 机构。

(4) 成本和复杂性：引入 CA 身份认证技术需要一定的投资和技术支持，对用户和系统的管理和维护增加了一定的复杂性。

总的来说，CA 身份认证技术是保障身份合法性和通信安全的重要手段之一，具有广泛的应用前景和优势。在实际应用中，需要综合考虑信任度、证书有效期、密钥管理等因素，以确保 CA 身份认证技术的安全、可靠和可持续发展。同时，也要认识到 CA 身份认证技术存在一定的局限性和挑战，需要在实践中不断完善，以确保安全性、可靠性。

8.3.2.5 区块链存证技术

区块链存证技术是一种基于区块链的数字存证和时间戳服务，用于确保数据的完整性、可靠性和不可篡改性。通过将数据的哈希值存储在区块链上，区块链存证技术提供了一种去中心化、透明和安全的存证机制。

1. 区块链存证技术的工作流程

区块链存证技术的工作流程主要包括以下几个步骤：

(1) 数据哈希：将需要存证的数据使用哈希函数进行计算，生成唯一的数据指纹。

(2) 哈希存储：将数据指纹存储在区块链上，作为一个区块的一部分，并与其他交易记录共同组成一个区块。

(3) 区块链验证：通过区块链的共识算法和去中心化的验证机制，确保存储在区块链上的数据是不可篡改和可靠的。

(4) 时间戳服务：区块链存证技术可以提供准确的时间戳服务，记录数据的生成和存储时间，为数据提供时间上的证明。

(5) 验证证据：通过验证数据的哈希值和区块链的存储，可以证明数据的完整性和来源的可靠性。

2. 区块链存证技术在现场智能执法装备终端的应用

区块链存证技术在现场智能执法装备终端中的使用主要包括以下几个方面：

(1) 案件信息的上链存证：现场智能执法装备终端可以利用区块链存证技术将与案件相关的重要信息上链存证。这些信息包括案件编号、时间、地点、当事人信息、证据材料等。通过将这些信息存储在区块链上，可以确保信息的不可篡改性和可追溯性，防止信息被篡改或删除。

(2) 存证信息的验证与溯源：现场智能执法装备终端可以通过区块链存证技术验证存储在区块链上的数据的真实性和有效性。利用区块链的去中心化特性和共识机制，可以确保存证信息的可信度。通过查询区块链，可以追溯案件信息的变更历史，包括案件状态、处理过程等，提高信息的可追溯性和可靠性。

(3) 数据的去中心化存储：现场智能执法装备终端可以将部分重要数据通过区块链存证技术进行去中心化存储。这样可以避免数据的单点故障和丢失风险，提高数据的安全性和可靠性。同时,去中心化存储也可以加强数据的共享和交流,促进不同执法单位之间的协作和信息共享。

(4) 存证数据的隐私保护:现场智能执法装备终端在利用区块链存证技术时,需要注意保护存证数据的隐私性。敏感数据可以进行加密处理或匿名化处理,以保护当事人的隐私权。同时,访问存证数据的权限也需要进行合理控制,确保存证数据的安全性和合规性。

(5) 智能合约的应用:现场智能执法装备终端可以利用区块链存证平台上的智能合约功能,实现执法流程和规则执行的自动化。通过智能合约,可以将执法流程和规则编码成可执行的程序,实现案件处理和记录的自动化。智能合约的应用可以提高执法的效率和准确性,降低人为错误的发生。

总体而言,区块链存证技术在现场智能执法装备终端中的应用可以增强数据的可靠性度、可追溯性和安全性。通过将案件信息上链存证,验证存证的真实性,并利用智能合约实现自动化的执法流程和现场执行,可以提高执法效率,保护当事人权益,并促进执法单位之间的协作与信息共享。然而,需要注意合理平衡隐私保护和数据安全之间的关系,遵守法律法规和合规性要求。

3. 区块链存证平台的选择及注意事项

在选择区块链存证平台时,需要考虑以下几个因素:

(1) 安全性:选择具有高度安全性和可靠性的区块链存证平台,确保数据的保护和存储的安全性。

(2) 性能和扩展性:评估区块链存证平台的性能和扩展性,确保能够处理大量的存证请求和交易记录。

(3) 去中心化程度:考虑区块链存证平台的去中心化程度,越去中心化越能保证数据的不可篡改和抗审查性。

(4) 用户体验:选择对用户友好的区块链存证平台,提供简单易用的存证服务和查询功能。

(5) 法律法规:了解所选区块链存证平台所在地的法律法规,确保其遵守相关法律法规。

4. 区块链存证技术的优势和局限性

区块链存证技术具有以下优势:

(1) 去中心化:区块链存证技术基于去中心化的架构,无须依赖中心化的存储和验证机构,增加了数据的安全性和抗审查性。

(2) 不可篡改:区块链存证技术使用哈希值和区块链的共识机制,确保存证数据的不可篡改性和可靠性。

(3) 透明可信:利用区块链存证技术对数据存储和验证过程公开透明,任何人都可以验证数据的完整性和真实性。

(4) 高效便捷:区块链存证技术可以提供快速、便捷的存证服务,减少存证流程和成本。

然而,区块链存证技术也存在以下局限性:

（1）依赖性：区块链存证技术依赖于区块链网络的稳定性和可靠性，对网络连接有一定的要求。

（2）数据隐私：区块链存证技术的公开透明性可能会暴露部分隐私信息，需要谨慎处理。

（3）技术复杂性：区块链存证技术需要一定的技术知识和操作经验，对用户和系统管理员提出一定要求。

8.3.2.6 无线热敏打印技术

无线热敏打印技术是一种利用热敏打印头和热敏纸或热敏标签进行打印的技术，无须墨水或色带，通过控制热敏打印头的温度来实现图像或文字的打印。该技术广泛应用于各种打印场景，具有便捷、经济和高效的特点。

1. 热敏打印技术的工作流程

无线热敏打印技术的工作流程主要包括以下几个步骤：

（1）数据输入：将需要打印的图像或文字通过无线传输方式输入到打印设备。

（2）热敏打印头加热：打印设备中的热敏打印头通过加热来激活热敏纸或热敏标签上的感光层。

（3）感光层变色：热敏纸或热敏标签上的感光层在受热作用下发生变色反应，形成图像或文字。

（4）打印输出：完成感光层变色后，热敏纸或热敏标签上的图像或文字即完成打印。

2. 热敏打印技术在现场智能执法装备终端的应用

无线热敏打印技术在现场智能执法装备终端中的使用主要包括以下几个方面：

（1）实时打印执法文书：现场智能执法装备终端可以通过无线热敏打印技术实现实时打印执法文书。一旦执法人员完成案件处理，可以通过现场智能执法装备终端将相关信息与模板进行匹配，生成相应的执法文书，并通过无线热敏打印机将其即时打印出来。这样可以节省时间，提高效率，并减少后续的文书处理工作。

（2）打印证据照片与资料：现场智能执法装备终端中的摄像头或其他数据采集设备可以捕捉现场照片或其他相关资料。这些照片和资料可以通过无线热敏打印技术直接打印出来，形成实物证据。执法人员可以在现场将相关证据打印出来，以备后续的案件处理和调查。这样可以减少信息传递环节，防止证据的篡改或丢失。

（3）移动办公与便携性：无线热敏打印技术使得现场智能执法装备终端具备了移动办公的能力。执法人员可以携带现场智能执法装备终端进行巡查等工作，并在需要时随时打印相关文件或执法文书。无线热敏打印技术可以通过蓝牙、Wi-Fi等无线连接方式与现场智能执法装备终端进行连接，实现无线打印，提高工作的灵活性和便携性。

（4）节约成本和减少环境污染：无线热敏打印技术采用热敏打印方式，无须墨水或色带，只需要热敏纸即可完成打印。相比传统打印方式，无线热敏打印技术可以节省大量的纸张和墨水成本，减少环境污染。此外，热敏纸也具备防水、耐磨等特性，可以增加打印输出的耐用性和可靠性。

3. 使用热敏打印技术的注意事项

在使用无线热敏打印技术时,需要注意以下几个方面:

(1) 打印设备选择:选择适合应用场景的无线热敏打印设备,应考虑打印速度、分辨率、连接方式等因素。

(2) 纸张和标签材料:选择质量良好的热敏纸或热敏标签材料,确保打印效果清晰、持久。

(3) 储存环境:避免将热敏纸或热敏标签材料长时间暴露在高温、潮湿的环境中,以免影响打印效果。

(4) 打印头清洁:定期清洁热敏打印头,以防止灰尘或污垢影响打印效果。

(5) 兼容性考虑:确保打印设备和材料的兼容性,避免使用不兼容的材料导致打印故障。

4. 无线热敏打印技术的优势和局限性

无线热敏打印技术具有以下优势:

(1) 便捷性:无线热敏打印技术无须使用墨水或色带,简化了打印过程,节省了更换耗材的时间和成本。

(2) 经济性:相比传统打印技术,无线热敏打印技术的耗材成本较低,适合大量打印需求。

(3) 快速性:无线热敏打印技术可以实现快速地打印,提高了工作效率。

(4) 易于携带:无线热敏打印设备体积小巧轻便,便于携带,适用于移动打印场景。

然而,无线热敏打印技术也存在以下局限性:

(1) 打印耐久性:无线热敏打印技术打印的图像与传统打印设备打印的图像相比,耐久性较低,易受热、光、湿度等因素影响。

(2) 打印质量:无线热敏打印技术的打印分辨率相对较低,不适合打印高精度的图像和文字。

(3) 打印范围受限:无线热敏打印技术一般适用于小尺寸的打印需求,对于大尺寸打印需求不适用。

8.3.3 软件设计

8.3.3.1 用户需求分析和功能设计

在现场智能执法装备的软件设计中,用户需求分析和功能设计是关键的环节,它们确保软件满足用户的实际需求并提供丰富的功能。

1. 用户需求调研

用户需求调研是确定软件功能和特性的基础。在调研过程中,采用了以下方法:

(1) 市场调研:对类似的智能执法装备软件进行市场调研,了解竞争产品的功能和用户反馈,分析用户对现有产品的满意度和不满意之处。

(2) 用户访谈:与执法人员和相关工作人员进行深入访谈,了解他们的工作流程、需求和痛点。通过与用户的直接沟通,收集用户的意见和建议,了解他们对执法终端软件的期望和需求。

(3) 问卷调查：设计调查问卷，向执法人员和相关工作人员发送调查问卷，收集他们对执法终端软件功能和特性的看法和需求。通过统计和分析问卷结果，获取更广泛的用户反馈。

2. 功能模块设计

在功能模块设计阶段，采用了以下策略：

(1) 需求分析：根据用户需求调研的结果，将用户的需求分为不同的功能模块。通过仔细分析用户的工作流程和任务，确定每个功能模块的职责和需求功能。

(2) 模块划分：根据功能模块的职责和需求功能，对功能模块进行划分和归类。将相关的功能模块归为一组，确保模块之间的协作和数据交互。重点考虑以下几个核心模块：

① 问题采集模块：该模块负责执法现场的问题采集和信息录入。设计上，采用了简洁的表单界面，包含必填字段和可选字段，确保用户能够快速、准确地记录问题。此外，还提供了拍照和录音功能，以便用户能够附加相关证据和说明。

② 案件上报模块：该模块用于将采集到的问题和相关信息上报至上级部门或相关机构。设计上，提供了数据提交和报告生成的功能，用户可以选择不同的上报方式，如电子邮件、短信或在线提交。为了确保数据的安全性和完整性，采用了数据加密和数字签名技术，以防止数据篡改和非授权访问。

③ 数据录入模块：该模块用于管理和录入相关执法数据，如案件信息、执法人员信息、当事人信息等。设计上，提供了数据的增加、编辑和删除功能，同时结合了数据校验和合法性检查，以确保数据的准确性和一致性。此外，还提供了数据导入和导出的功能，方便用户进行数据的批量处理和备份。

④ 移动打印模块：该模块实现了移动设备的无线热敏打印技术实时打印执法文书和相关证据。设计上，支持多种打印格式和模板，用户可以根据需要选择合适的打印布局和内容。此外，还提供了打印设置和预览功能，以便用户对打印结果进行调整和确认。

⑤ 法律法规查询模块：该模块用于提供法律法规的在线查询和学习功能，帮助执法人员随时了解最新的法律法规。设计上，提供了全文搜索和分类浏览的功能，用户可以根据关键词或相关领域快速找到所需的法律文件。此外，还结合了书签和笔记功能，以便用户标记和记录重要的法律条文和解释。

每个模块的设计，非常注重用户界面的友好性和操作流程的简洁性。通过合理的布局和交互设计，确保用户能够快速且高效地使用各个功能模块。同时，也充分考虑了数据的安全性和隐私保护，在设计中采用了加密和权限控制等措施，确保用户数据的保密性和完整性。

通过以上的功能模块设计，实现了一个集问题采集、案件上报、数据录入、移动打印和法律法规查询于一体的现场智能执法装备。这些模块相互配合、协同工作，为执法人员提供了全面、便捷的执法支持，提高了工作效率和数据管理的准确性。同时，还留有一定的灵活性和可扩展性，以便根据不同执法部门和用户需求定制配置和功能。

(3) 模块优先级：对功能模块进行优先级排序，根据用户需求的重要性和紧迫性，确定各个功能模块的开发顺序。重要的核心功能模块将优先考虑实现。

3. 用例设计

用例设计是描述用户与软件之间交互行为的过程。以下是在用例设计方面的注意事项：

（1）场景分析：通过场景分析，深入了解用户在不同情境下的使用场景和需求。分析用户的工作流程，确定每个用例所需的操作和功能。

（2）用例编写：根据场景分析的结果，编写详细的用例描述，包括用户的操作步骤、系统的响应和预期结果。用例要尽可能全面地覆盖用户的使用场景和需求。

（3）异常处理：考虑各种异常情况，编写相应的用例描述，包括用户输入错误、网络连接中断等情况下的处理方式。确保软件在异常情况下能够提供恰当的提示和处理。

4. 设计亮点

在用户需求分析和功能设计方面，设计结果具有以下亮点：

（1）用户导向：通过深入的用户需求调研和场景分析，确保软件功能与用户需求紧密匹配，为用户提供高效、便捷的现场智能执法装备体验。

（2）功能全面：在功能模块设计和用例设计中，充分考虑了用户的各种需求和使用场景，确保软件具备涵盖执法工作各个环节的功能。

（3）模块化设计：通过合理的模块划分和接口设计，实现了功能模块的高内聚、低耦合。这使得模块的维护、升级和扩展变得更加方便和可行。

（4）用户友好界面：在用户界面设计和交互设计中，注重简洁、直观的界面布局和操作流程，使用户能够快速且高效地完成各项任务。

（5）定制化选项：为了满足不同用户的个性化需求，提供了灵活的配置选项，允许用户根据自己的习惯和喜好进行个性化设置。

（6）智能推荐和分析：利用数据分析和机器学习，为用户提供智能推荐功能和数据分析报告，帮助他们更好地理解案件数据和执法趋势。

通过以上的用户需求分析和功能设计，确保软件能够满足用户的期望，提供高效、便捷的现场智能执法装备体验，并具备灵活性、可扩展性和定制化的特点，以满足不同执法部门和用户的需求。

8.3.3.2 用户界面设计和交互设计

用户界面设计和交互设计是智能执法装备软件设计中至关重要的部分。良好的用户界面设计和交互设计可以提升用户体验、降低学习曲线，确保用户能够轻松有效地操作系统，以下是关于用户界面设计和交互设计中考虑的一些关键点：

1. 界面布局

（1）界面布局：设计界面简洁、直观，使用户能够快速找到所需功能和信息。采用合理的信息结构和层次化布局，确保相关功能和操作具有一致的位置和风格。

（2）图标和按钮：使用易于识别和理解的图标和按钮，使用户能够直观地理解其功能。采用一致的图标和按钮样式，减轻用户的认知负担，提高操作的效率。

（3）配色方案：选择合适的配色方案，使界面具有良好的可读性和视觉吸引力。考虑到执法环境的特殊性，采用明亮而不刺眼的颜色，并注意对比度和色彩搭配，以确保界面信息清晰可见。

(4) 字体和字号:选择清晰易读的字体和适当的字号,确保用户能够舒适地阅读界面上的文字内容。避免使用过小或过大的字号,以及复杂的字体,以提高用户的可读性和理解能力。

2. 操作流程

(1) 操作流程:设计简洁、直观的操作流程,减少用户的操作步骤和冗余操作。优化用户界面的导航结构和操作流程,使用户能够快速完成任务。

(2) 手势操作:利用移动设备的触摸屏功能,设计支持手势操作的界面。例如,通过滑动、缩放和旋转手势等方式,实现快速浏览、放大/缩小和旋转操作,提高用户的操作便捷性。

(3) 即时反馈:为用户提供及时的操作反馈,让用户清楚地知道他们的操作产生了什么结果。通过动画效果、声音提示和震动反馈等方式,增强用户对操作的感知和确认。

(4) 易用性测试:进行用户体验测试和易用性测试,收集用户的反馈和意见,对用户界面和交互进行优化和改进。根据用户的实际使用情况,不断改进用户界面和交互设计,提高用户的满意度和工作效率。

3. 用户反馈

(1) 操作确认:在用户执行重要操作时,及时给予确认提示,以避免用户的误操作。例如,在删除操作或敏感操作前,弹窗要求用户确认操作。

(2) 实时反馈:在用户进行操作时,及时反馈操作的结果和状态。例如,显示进度条、成功或失败的提示信息等,使用户明确知道操作是否成功。

(3) 界面动效:合理运用界面动效,以增加用户的参与感和可视化反馈。例如,过渡动画、按钮点击效果等,提升用户体验。

(4) 错误提示:对于用户操作中可能出现的错误或异常情况,给予明确的错误提示信息。解释错误原因,并提供相应的解决方案或建议。

4. 设计亮点

相比其他设计,用户界面设计和交互设计有以下亮点:

(1) 专业化定制:针对执法行业的特殊需求和工作场景,进行定制化设计。考虑到执法人员的使用习惯和工作流程,用户界面设计和交互设计更加贴合实际工作需求,提供更高效的操作体验。

(2) 简洁实用:用户界面设计简洁明了,注重功能的实用性和操作的直观性。通过简化界面元素和操作流程,降低用户的学习成本和认知负担,提高工作效率。

(3) 可定制性:考虑到不同执法机构的差异性和个性化需求,提供一定程度的界面定制。用户可以根据自己的工作习惯和偏好,对界面进行个性化设置,以提高工作效率和舒适度。

(4) 响应式设计:用户界面设计和交互设计兼顾不同设备的适配性,适用于不同大小和分辨率的移动设备。无论是手机还是平板电脑,用户都可以获得一致的操作体验。

综上所述，用户界面设计和交互设计注重界面布局、操作流程和用户反馈，通过专业化定制、简洁实用、可定制性和响应式设计等特点，提供高效、直观和个性化的用户体验。这些设计亮点使现场智能执法装备的软件在使用过程中更加便捷、舒适和易于操作。

8.3.3.3　数据管理和存储设计

数据管理和存储设计是智能执法装备软件设计中至关重要的部分。合理的数据管理和存储设计可以确保数据的安全性和可靠性。

1. 数据结构设计

在管理数据和设计存储结构时，需要考虑以下几个关键因素：

（1）数据模型：选择合适的数据模型来组织和描述数据。常见的数据模型包括层次模型、关系模型、对象模型等。根据实际需求和数据的特点选择最合适的数据模型。

（2）数据结构：设计合理的数据结构，以支持数据的组织、存储和访问。根据数据之间的关系和操作需求，设计合适的表结构、索引和关联关系。

（3）数据字典：建立清晰的数据字典，记录和定义数据的各种属性和含义。数据字典可以帮助管理和存储的数据一致性和规范性。

2. 数据存储技术选择

在现场智能执法装备的数据存储和管理中，可以选择多种存储技术。其中，区块链作为一种安全、可信的数据存储解决方案，可以与其他传统的存储技术结合使用，充分发挥各自的优势。

选择分布式数据库作为传统的数据存储技术。分布式数据库具有数据分片、高可用性和容错性等特点，可以支持大规模的数据存储和处理。选择分布式数据库的原因可能是它具有高性能和可扩展性，适合现场智能执法装备中大量数据的存储和管理需求。

随后，将区块链与选择地存储技术进行结合。区块链作为一种分布式账本技术，可以提供数据的不可篡改性和可追溯性。它可以用于存储案件的关键信息、审批记录、数据修改历史等敏感数据，确保数据的安全性和可靠性。

具体来说，在数据存储和管理中，可以将重要的数据记录在区块链上，以确保其不可篡改性。这些数据可以包括案件信息、处罚决定、审批记录等。通过将这些数据记录在区块链上，可以提供高度可信的数据来源和修改历史，防止数据被篡改或丢失。

同时，为了提高性能和可扩展性，可以将一部分数据存储在分布式数据库中。这些数据可以是执法人员的基本信息、案件流程数据、统计报表等。分布式数据库可以提供高效的数据存储和查询功能，满足现场智能执法装备对实时性和高性能的需求。

在实际应用中，需要设计合理的数据结构和智能合约，以确保数据在区块链和分布式数据库之间的一致性和同步性。当现场智能执法装备产生新的数据时，可以将关键数据写入区块链，同时将其他相关数据存储在分布式数据库中。通过设计合适的接口和数据同步机制，可以实现数据在两者之间的交互和同步。

综上所述，选择合适的数据存储技术（如分布式数据库）与区块链相结合，可以充分发挥两者的优势。分布式数据库提供高性能和可扩展的数据存储和管理能力,而区块链能够确保数据的安全性、可靠性和不可篡改性。这种组合可以满足现场智能执法装备在数据存储和管理方面的要求,并确保数据的安全性和可追溯性。

3. 数据同步策略

在现场智能执法装备的数据存储和管理中,数据同步是非常重要的环节。选择合适的数据同步策略可以确保数据在现场智能执法装备和区块链之间的一致性和同步性。以下阐述说明数据同步策略的选择、原因以及与区块链的结合。

首先,需要根据具体需求选择的合适数据同步策略。常见的数据同步策略包括增量同步、全量同步和定时同步。增量同步是指只同步新增的数据或发生变化的数据;而全量同步是指将所有数据进行同步;定时同步则是定期将数据进行同步。

其次,需要解释选择该数据同步策略的原因。在现场智能执法装备的场景下,数据的实时性和准确性是非常重要的。因此,选择增量同步可以有效地减少数据同步的时间和带宽消耗,提高同步效率;只同步新增或变化的数据可以节省网络资源,降低同步过程的延迟;此外,增量同步可以更好地处理网络连接不稳定或断断续续的情况,保证数据同步的可靠性。

与区块链的结合方面,数据同步策略可以与区块链的共识机制和智能合约结合,确保数据在现场智能执法装备和区块链之间的一致性和同步性。通过智能合约的编程逻辑,可以定义数据同步的规则和条件,确保只有经过验证的数据才能被写入区块链。这样可以防止非法数据或错误数据被同步到区块链上,保证数据的可靠性和完整性。

同时,通过合适的数据同步策略,可以将区块链上的数据同步到现场智能执法装备,以便执法人员在现场进行查询和验证。这种双向的数据同步可以实现现场智能执法装备与区块链之间的数据交互,提供更全面和可靠的数据支持。

在实际应用中,可以采用基于事件驱动的数据同步策略。当现场智能执法装备产生新的数据或发生变化时,将触发相应的事件,并通过合适的通信协议将数据同步到区块链。同时,区块链节点可以监听区块链上的新区块或交易,并将相关数据同步到现场智能执法装备,以实现双向的数据同步。

综上所述,选择适当的数据同步策略(如增量同步)可以提高数据同步的效率和可靠性,同时与区块链的共识机制和智能合约结合,可以确保数据在现场智能执法装备和区块链之间的一致性和同步性。这种结合可以有效地支持现场智能执法装备的数据存储和管理,为执法人员提供更全面和可靠的数据支持。

8.3.3.4 功能模块实现和集成

功能模块的实现和集成是现场智能执法装备软件设计中的核心任务之一。它涉及将各个功能模块按照设计要求进行具体实现,并将它们进行合理的集成,以构建出完整的现场智能执法装备系统。

1. 模块划分

在设计功能模块时,需要根据执法工作的需求和流程将功能划分为不同的模块。例如,可以划分为问题采集模块、案件上报模块、数据录入模块、移动打印模块和法律法规查询模块等。每个模块负责不同的功能,通过模块划分可以实现功能的模块化和灵活性。

(1) 问题采集模块:负责执法采集现场的问题采集和信息录入,包括问题描述、位置信息、时间等。

(2) 案件上报模块:用于将采集到的问题和相关信息上报至上级部门和相关机构,包括数据传输和安全验证等功能。

(3) 数据录入模块:用于管理和录入相关执法数据,包括案件信息录入、数据查询和统计分析等功能。

(4) 移动打印模块:实现了移动设备的无线热敏打印功能,用于生成和打印相关文档、报告或处罚单等。

(5) 法律法规查询模块:用于提供法律法规的在线查询和学习功能,帮助执法人员随时了解最新的法律法规。

通过合理的模块划分,可以将复杂的系统拆解成多个相对独立、职责明确的模块,有利于模块的开发、测试和维护。

2. 模块接口设计

在各个功能模块之间进行数据交互和通信时,需要设计合适的模块接口。模块接口定义了模块之间的数据传输格式、通信协议以及调用方式等。通过良好的模块接口设计,可以实现模块之间的解耦和独立性,便于后续的维护和扩展。

(1) 输入和输出接口:明确定义模块之间的输入和输出接口,包括数据格式、传递方式和参数规范等。

(2) 功能调用接口:规定模块之间的功能调用接口,确保模块能够正确调用和使用其他模块的功能。

(3) 异常处理接口:定义异常处理接口,确保模块能够捕获和处理其他模块可能出现的异常情况。

模块接口设计需要充分考虑模块之间的依赖关系、数据交互方式和错误处理机制,以确保各个模块能够无缝协同工作。

3. 与区块链的集成

现场智能执法装备可以通过与区块链的集成,实现数据的安全存储和可信验证。具体实现方式可以采用区块链节点的接口调用或使用区块链开放的 API。通过与区块链的集成,可以将重要的执法数据写入区块链中,并利用区块链的不可篡改和分布式特性,确保数据的安全性和可靠性。同时,可以通过智能合约定义数据的访问权限和验证规则,保护数据的隐私和完整性。

4. 第三方组件集成

现场智能执法装备可能需要与外部系统或模块进行集成,以实现更丰富的功能和数据交互。例如,可以与案件管理系统、人脸识别系统、地理信息系统等进行集成。集成可以通过 API、数据传输协议或其他适配方式进行。通过与外部系统或模块集成,可以实现数据的共享和交流,提高执法工作的效率和准确性。

(1) 组件选择:根据实际需求和系统要求,选择适合的第三方组件。考虑组件的功能覆盖、性能、稳定性、兼容性等因素进行评估和选择。

（2）接口适配：了解第三方组件的接口规范，进行接口适配和调用。确保系统能够正确地与第三方组件进行交互。

（3）错误处理：处理第三方组件可能出现的错误和异常情况，保证系统的稳定性和可靠性。

之所以选择这样的实现和集成方式，主要基于以下考虑：

（1）功能需求：根据执法工作的实际需求，选择合适的功能模块和集成方式。这样可以确保现场智能执法装备具备必要的功能，满足执法工作的需求。

（2）技术可行性：在实施过程中，需要考虑技术可行性和实现的复杂性。选择基于现有技术和资源可用的实现方案，确保实现的可行性和效果。

（3）用户体验：在设计用户界面和交互流程时，需要关注用户体验。通过合理的界面布局、简洁明了的操作流程和及时的用户反馈，提供良好的用户体验，方便执法人员的使用和操作。

综上所述，功能模块的实现和集成是根据执法工作的需求和技术可行性设计的，同时考虑了与区块链和外部模块的集成，以实现数据的安全性、可靠和功能的完整性。

8.3.3.5 性能优化和安全考虑

在现场智能执法装备软件设计中，性能优化和安全考虑是至关重要的。性能优化旨在提高系统的响应速度、资源利用效率和用户体验，而安全考虑则是为了保护用户的数据和系统免受潜在的威胁。

1. 响应速度优化

响应速度是现场智能执法装备的关键指标之一，直接影响执法人员的工作效率和用户体验。为了优化响应速度，采取了以下几个方面的策略：

（1）用户需求：分析用户的需求和使用场景，了解用户对系统响应速度的期望和要求。这样可以确保有针对性地进行优化，满足用户的预期。

（2）代码优化：通过对关键代码的优化，可以提高系统的执行效率。例如，使用更高效的算法和数据结构，避免不必要的计算和循环操作。同时，减少资源的浪费和冗余操作，优化代码质量和执行效率。

（3）异步处理：将耗时的操作放在后台线程进行处理，不阻塞用户界面的操作。例如，在数据传输、网络请求和文件操作等耗时任务上，使用异步处理可以提升用户体验，让用户可以继续其他操作。

（4）缓存机制：对频繁访问的数据进行缓存，减少重复的数据读取操作。通过缓存，可以提高数据访问速度，减轻对服务器的请求压力，加快数据加载和展示的速度。

2. 资源占用优化

移动设备的资源有限，优化资源占用可以提高系统的稳定性和可靠性。为了优化资源占用采取了以下几个方面的策略：

（1）内存管理：及时释放不再使用的内存，避免内存泄漏和过度占用的情况发生。合理使用对象的生命周期和垃圾回收机制，优化内存的分配和释放。

（2）图片压缩：对需要展示的图片进行压缩处理，减少内存占用和传输时间。使用合适的图片格式和压缩算法,确保在保持图像质量的同时降低文件大小。

(3) 资源回收:在不使用的时候及时释放占用的资源,如关闭网络连接、释放数据库连接等。避免资源的滥用和浪费,提高系统的稳定性和资源利用率。

3. 数据加密

现场智能执法装备涉及敏感数据的处理和传输时,保护数据的安全性是至关重要的。为了保护数据,采取了以下几种数据加密的方法:

(1) 传输加密:通过使用加密协议(如 HTTPS)来保护数据在网络传输过程中的安全性。采用加密算法和证书验证机制,确保数据的机密性和完整性,防止中间人攻击和数据篡改。

(2) 存储加密:对敏感数据在存储过程中进行加密,保护数据的机密性。可以使用对称加密算法或非对称加密算法对数据进行加密,确保数据在存储设备上的安全性。

(3) 访问控制:设置访问权限和身份验证机制,限制对敏感数据的访问。通过用户身份验证、访问令牌和权限控制等方式,确保只有授权用户可以访问和修改敏感数据。

(4) 安全审计:记录和监控对敏感数据的访问和操作,建立安全审计机制。通过日志记录和监控系统,及时发现异常行为和安全威胁,采取相应的应对措施。

数据加密需要综合考虑数据的安全性、性能和用户体验等因素。合理选择适合的加密算法和密钥管理方式,确保数据在传输和存储过程中的安全性。

通过响应速度优化、资源占用优化和数据加密等措施,可以提高现场智能执法装备的性能,保护敏感数据的安全,确保系统的稳定性和可靠性。这些操作可以使现场智能执法装备在实际应用中更加高效、安全和可靠。

8.3.4 装备应用

现场智能执法装备作为一种集问题采集、案件上报、数据录入、移动打印和法律法规查询于一体的综合工具,在现场执法中具有重要的应用价值。目前,该装备主要应用在执法案件现场快速上报、执法案件现场调查取证、执法文书现场实时打印、法律法规掌上查阅与学习这四个应用场景。

8.3.4.1 执法案件现场快速上报

现场智能执法装备可以帮助执法人员在现场快速上报执法案件相关信息,实现快速、准确的数据采集和上报,主要包含如下常见的功能和特点:

(1) 案件信息采集。现场智能执法装备可以通过表单、文本、图片、音频、视频等多种形式,采集执法案件的基本信息,包括案件类型、当事人信息、证据材料等。

(2) 位置定位和地图标注。利用移动设备的定位功能,现场智能执法装备可以获取当前位置信息,并在地图上标注相关位置信息,方便后续的案件调度和定位。

(3) 在线上报和实时同步。现场智能执法装备支持在线上报执法案件信息,通过互联网或内部网络与相关系统实时同步数据,加快案件信息传递和处理的效率。

(4) 数据验证和完整性检查。现场智能执法装备可以对采集的数据进行验证和完整性检查,确保数据的准确性和完整性,避免信息缺失和错误。

8.3.4.2 执法案件现场调查取证

现场智能执法装备在现场调查取证环节起到了关键作用,可以帮助执法人员高效、准确地进行案件调查和取证工作,主要包含如下常见的功能和特点:

(1)拍照和视频录制。现场智能执法装备配备摄像头和录像功能,执法人员可以通过拍照和录制视频的方式,实时记录案件现场的情况和证据。

(2)实时标注和注释。在拍照和录制视频的过程中,现场智能执法装备支持实时标注和注释功能,可以对关键信息和证据进行标记和说明,提高案件调查的准确性。

(3)数据加密和安全存储。为了保护案件数据的安全,现场智能执法装备可以采用数据加密和安全存储的方式,防止数据被非法获取和篡改。

(4)现场数据分析。现场智能执法装备可以通过智能推荐和分析功能,实时对案件数据进行统计和分析,为执法人员提供参考和决策依据。

8.3.4.3 执法文书现场实时打印

现场智能执法装备支持现场实时打印执法文书的功能,可以帮助执法人员在现场生成和打印相关文书,提高办案效率和准确性,主要包含如下常见的功能和特点:

(1)模板和自定义文书。现场智能执法装备可以预设各类执法文书的模板,并支持执法人员根据具体案件的需要进行自定义文书的生成。

(2)打印设备兼容性。现场智能执法装备可以与各类打印设备进行兼容,包括无线热敏打印设备、激光打印机等,方便执法人员选择适合的打印设备。

(3)打印预览和调整。现场智能执法装备可以提供打印预览功能,执法人员可以在生成文书前进行预览和调整,确保文书的格式和内容的准确性。

(4)打印记录和存档。现场智能执法装备可以记录打印的相关信息,包括打印时间、打印人员等,方便后续的案件追溯和存档管理。

8.3.4.4 法律法规掌上查阅与学习

现场智能执法装备可以提供法律法规的在线查阅和学习功能,方便执法人员随时获取最新的法律法规,提升专业知识和能力,主要包含如下常见的功能和特点:

(1)法律法规数据库。现场智能执法装备可以集成法律法规的数据库,包括宪法、法律、行政法规、地方性法规等,执法人员可以通过搜索和分类浏览等方式获取相关法规的内容和解释。

(2)在线更新和同步。现场智能执法装备可以通过互联网或内部网络与相关法律法规数据库进行在线更新和同步,确保获取的法律法规信息是最新和准确的。

(3)学习资料和题库。现场智能执法装备可以提供法律法规学习资料和题库,包括案例分析、法规解读、知识测试等,帮助执法人员学习和巩固知识。

(4)个性化设置和书签功能。现场智能执法装备支持个性化设置和书签功能,执法人员可以根据自己的需求和兴趣进行定制和收藏,提高学习效率和体验。

通过对四个场景的应用,现场智能执法装备可以成为一种强大的工具,为执法人员提供便捷、高效的工作支持。同时,功能模块的合理设计和应用,也结合了实际场景和用户需求,确保了系统的稳定性、易用性和安全性。

8.4 以智能手机为载体的城市综合管理服务集成装备

8.4.1 装备的组成、功能及性能介绍

以智能手机为载体的城市综合管理服务集成装备(以下简称智信装备)是基于现代信息技术的 APP,被广泛应用于城市综合管理领域。它集成了多种功能,可以提供便捷的数据查询、问题采集、决策支持等服务,有效提升了城市综合管理的效率和准确性。

8.4.1.1 装备的组成

1. 硬件设备

(1) 主机:主机是其核心部件,包含了处理器、内存、存储器等。处理器负责终端的运算和数据处理,内存用于存储正在运行的应用程序和数据,存储器则用于存储终端的操作系统、应用程序和用户数据等。

(2) 显示器:通常配备高分辨率的触摸屏显示器,用于展示图像、文字和用户界面。触摸屏使用方便快捷,可以通过手指触控进行操作和交互。

(3) 摄像头:现场智能执法装备摄像头用于拍摄照片和录制视频。摄像头的分辨率和拍摄质量决定了记录的图像和视频的清晰度和准确性。通过摄像头,网格员可以拍摄现场证据、记录违法行为等重要信息。

(4) GPS 模块:GPS 模块是定位设备,能够准确获取终端的位置信息。这对于网格员在城市中准确定位、导航和执行任务非常重要。

(5) 无线通信模块:通常配备无线通信模块,支持移动网络(如 4G/5G)和 Wi-Fi 等无线通信方式。这样网格员可以通过终端进行数据传输、接收实时指令、远程通信等,与指挥中心和其他网格员保持联系。

(6) 电池:装备可充电电池,为终端提供电源供给。长时间的电池续航能力对于网格员在外勤工作中的持续使用至关重要。电池的容量和性能会直接影响终端的使用时间和稳定性。

2. 软件系统

(1) 操作系统:通常使用定制化的操作系统,以满足特定的需求和硬件要求。这些操作系统具有稳定性、安全性和良好的用户体验,能够支持各种应用程序的运行和协调。

(2) 管理系统:管理系统是装备的核心应用程序,用于管理活动和数据。它通常包括人员管理、车辆管理、案件管理、罚款管理等功能模块,能够记录和查询网格员的基本信息、违法信息等。

(3) 数据查询与统计分析工具:智信装备的软件部分提供了数据查询和统计分析工具,用于快速获取和分析各类数据。网格员可以通过这些工具查询人员信息、车辆信息、法律法规等,并进行数据统计和分析,为决策提供支持。

(4) 电子地图导航软件:常配备电子地图导航软件,利用 GPS 模块提供的位置信息,实现实时定位、路径规划和导航功能。这使得网格员可以准确找到地点、规划最佳路径,提高行动的效率和准确性。

（5）数据同步与共享功能：可以通过无线通信模块与数据中心进行数据的同步和共享。网格员可以将采集到的数据、照片和视频等上传到数据中心，实现数据的集中管理、备份和共享，为后续的管理、分析和审查提供支持。

（6）安全与权限管理：智信装备的软件部分通常配备安全与权限管理机制，确保数据的机密性和完整性。这些机制包括用户身份认证、数据加密、访问权限控制等，防止未经授权的人员访问和篡改数据。

综上所述，这些软件工具为网格员提供了便利的操作界面、数据管理和分析功能，促进了城市综合管理的高效运行。

8.4.1.2 装备的功能

智信装备具备多种功能，以满足城市综合管理的需求。以下是常见的功能：

（1）数据查询与管理。可以通过与相关数据库连接，实现快速查询和管理各类数据，如人员信息、车辆信息、法律法规等。网格员可以在现场通过终端轻松获取所需数据，提高工作效率。

（2）问题上报。网格员可以使用摄像头和录音设备上报问题，保证证据的真实性和完整性。通过智信装备终端，网格员可以方便地记录问题、现场情况等，提供有效的依据。

（3）定位与导航。配备了 GPS 模块，能够准确获取智信装备终端的位置信息。结合地图导航软件，网格员可以实时定位、路径规划和导航，提高行动的准确性和效率。

（4）数据同步与共享。可以通过无线通信模块与数据中心进行数据的同步和共享。网格员将采集到的数据、照片和视频等上传到数据中心，以便后续的管理、分析和审查。

（5）统计分析与报告生成。可以进行数据的统计分析，生成相关的报告和统计图表。这有助于对工作的效果和趋势进行评估，为管理决策提供科学依据。

8.4.1.3 装备的性能

智信装备性能至关重要。以下是一些常见的性能指标：

（1）处理能力：主机配置高性能的处理器和充足的内存，保证应用程序的流畅运行和响应速度。

（2）存储容量：提供足够的存储空间，用于保存大量的数据、照片和视频等。

（3）电池续航：具备长时间的电池续航能力，以应对长时间的任务和应用程序使用。

（4）抗震抗摔：具备较高的抗震性能和耐摔性能，以应对复杂的工作环境和应急情况。

（5）数据安全：采用加密技术和安全协议，保障数据的机密性和完整性，防止数据被泄漏和篡改。

智信装备是城市综合管理的重要工具，通过集成多种功能，提供数据查询与管理、问题采集、案件处置、定位与导航、决策支持等服务，显著提高了工作效率。同时，高性能的硬件设备和稳定的软件系统保证了终端的稳定运行和数据安全。

8.4.2 关键技术

8.4.2.1 接入第三方应用技术

APP 接入第三方 H5 应用是指在 APP 中嵌入第三方开发的基于 HTML5 技术的

Web 应用。通常，APP 本身是通过原生开发技术（如 iOS 的 Objective-C/Swift 或 Android 的 Java/Kotlin）构建的，而第三方 H5 应用则是使用 HTML、CSS 和 JavaScript 等 Web 技术开发的。

1. 工作原理

（1）接入准备：APP 开发者需要与第三方 H5 应用的提供者进行合作和沟通，获取必要的接入凭证和信息。这可能包括开发者身份认证、应用密钥、API 文档等。

（2）H5 应用嵌入：APP 开发者将第三方 H5 应用的页面嵌入到自己的 APP 中。通常，APP 会提供一个 Web 容器或内嵌浏览器来加载和显示 H5 应用的内容。开发者需要在 APP 的界面中合适的位置创建一个 Web 视图，并将 H5 应用的统一资源定位器（Unified Resource Locator，URL）或代码嵌入其中。

（3）接口调用和通信：APP 和 H5 应用之间可能需要进行数据交互和通信。APP 可以通过 Web 视图提供的接口，向 H5 应用发送数据或调用 H5 应用提供的功能。常见的方式是通过 JavaScript 与原生代码进行交互，实现双向通信。

（4）安全性和权限控制：在接入第三方 H5 应用时，需要考虑安全性和权限控制。APP 开发者应确保 H5 应用在 Web 视图中运行时的安全性，防止恶意代码或攻击。同时，开发者可以对 H5 应用的权限进行限制，确保只有必要的数据和功能可以被访问和调用。

（5）用户体验和界面适配：在将第三方 H5 应用嵌入到 APP 中时，需要考虑用户体验和界面适配。开发者可以根据自己的 APP 设计风格和布局要求，对 H5 应用的界面进行适配和定制，以确保一致的用户体验。

2. 应用作用

作为一网统管 APP 的统一入口，集成第三方 H5 应用，整合各种 APP，提升用户满意度。

（1）便捷性：统一 APP 入口可以让用户在一个统一的界面中访问和管理多个 APP，避免了频繁切换和查找 APP 的麻烦。用户可以通过一个入口即可轻松找到所需的功能和服务。

（2）统一用户体验：通过统一 APP 入口，可以实现不同 APP 之间的一致性设计和用户体验，提供统一的界面风格、导航逻辑和交互方式。这样用户在不同 APP 之间切换时能够更加流畅和自然。

（3）管理和维护的便利性：统一 APP 入口可以简化 APP 的管理和维护工作。开发者可以通过一个入口进行 APP 的发布、更新和监控，减少了多个 APP 独立管理的复杂性和成本。

（4）数据和用户分析：统一 APP 入口可以收集和整合不同 APP 的数据，提供更全面的用户分析和洞察。开发者可以更好地了解用户行为、偏好和需求，从而优化产品和提供个性化的服务。

（5）资源共享和协同开发：统一 APP 入口可以实现不同 APP 之间资源的共享和协同开发。例如，可以共享用户登录信息、用户数据等，提高开发效率和资源利用率。

8.4.2.2 人脸识别技术

人脸识别技术是一种通过计算机视觉和模式识别技术，自动识别和验证人脸的方法。它能够从图像或视频中提取人脸的特征信息,并将其与事先储存的人脸数据库中的模板进行比对和匹配。

1. 工作流程

人脸识别技术的工作原理涉及多个步骤和算法,下面是一般的工作流程:

(1) 人脸检测:首先,使用人脸检测算法在输入的图像或视频中定位和提取人脸区域。常见的人脸检测算法包括基于特征的方法(如 Haar 算法、HOG 算法)和基于深度学习的方法(如 CNN)。

(2) 人脸对齐:为了确保后续的特征提取和匹配的准确性,对提取到的人脸进行对齐操作,使其在尺寸、姿态和光照等方面具有一致性。这通常涉及校正人脸的旋转、缩放和平移。

(3) 特征提取:从对齐后的人脸图像中提取关键的特征信息。这些特征可以是局部的,如眼睛、鼻子、嘴巴等的位置和形状特征,也可以是全局的,如面部轮廓的特征。常用的特征提取算法包括主成分分析、线性判别分析、局部二值模式、CNN 等。

(4) 特征匹配:将提取到的人脸特征与预先录入的人脸数据库中的特征进行比对和匹配。匹配过程可以使用不同的算法或度量方法,例如欧氏距离、余弦相似度、支持向量机 SVM 等。通常,匹配结果会生成一个相似度分数或距离值,用于判断是否匹配成功。

(5) 决策和应用:根据特征匹配结果和设定的阈值,进行相应的决策和应用。例如,如果特征匹配分数高于阈值,则认为是同一个人;如果低于阈值,则认为是不同的人。根据不同的应用场景,可以进行身份验证、门禁控制、犯罪调查、人脸检索等操作。

2. 应用领域

人脸识别技术可以用于替代传统的身份验证方法,比如 APP 登录,考勤验证,以及案件核实是否本人上报等。

3. 误识别和准确率的注意事项

在人脸识别技术的应用中,误识别和准确率是需要注意的问题。以下是一些相关的注意事项:

(1) 误识别问题:人脸识别技术可能存在误识别的情况,即将不同的人误认为同一个人。这可能由于光照变化、姿态变化、遮挡、年龄变化等因素引起。为减少误识别的风险,应该选择具有较高准确率的人脸识别算法和系统,并进行充分的测试和评估。

(2) 精度和准确率:人脸识别技术的准确率是评估其性能的关键指标。在选择人脸识别系统时,应该关注系统的准确率和误识别率,并根据具体应用场景的需求进行权衡。需要理解,在实际应用中,100%准确率是难以实现的,因此需要在准确率和误识别率之间综合考虑。

(3) 样本数据的质量:人脸识别系统的准确率和鲁棒性受到训练数据的质量影响。为了获得较高的准确率,需要使用大规模且具有代表性的人脸样本数据进行训练,并确保数据集的多样性和平衡性。

(4) 算法的选择和更新:人脸识别技术的算法不断发展和改进,新的算法可能具有更高的准确率和鲁棒性。因此,应该关注算法最新的研究和进展,并及时更新和升级人脸识别系统,以提高准确性和鲁棒性。

(5) 环境因素的考虑:人脸识别技术的性能可能受到环境因素的影响,如光照条件、摄像头质量、角度变化等。在实际应用中,应该尽量优化环境设置,以提供良好的拍摄条件,并选择适合的摄像头和设备。

(6) 隐私和安全问题:人脸识别技术涉及个人隐私和数据安全问题。在应用人脸识别技术时,需要遵守个人隐私相关的法律法规,并采取适当的数据保护措施,确保个人隐私的安全性和合法性。

4. 人脸识别技术的优势和局限性

人脸识别技术具有以下优势:

(1) 优势:识别高准确率:现代的人脸识别技术经过不断地研究和改进,具有较高的识别准确率。特别是在受控环境下,如良好光照条件和正脸角度,准确率可以非常高。

(2) 非接触性:相比其他生物识别技术,如指纹识别或虹膜识别,人脸识别技术是一种非接触性的识别方式。它不需要用户与设备直接接触,提供了更方便、卫生和无感知的使用体验。

(3) 广泛应用场景:人脸识别技术适用于各种应用场景,如安全和监控、身份验证、访问控制、社交媒体、市场营销等。它可以在多个领域中提供自动化的人脸识别解决方案。

(4) 实时性能:现代的人脸识别算法和硬件设备使得实时性成为可能。它可以在几乎即时的时间内完成人脸检测、特征提取和匹配,满足快速响应和实时识别的需求。

然而,人脸识别技术也存在以下局限性:

(1) 环境依赖性:人脸识别技术对环境条件比较敏感。光照变化、角度变化、遮挡和低质量的图像都可能影响识别的准确率。在复杂环境下,如弱光环境或快速移动的人脸,识别性能可能受到限制。

(2) 隐私和伦理问题:人脸识别技术涉及个人隐私和数据保护问题。对于大规模的人脸数据采集和存储,需要遵守相关法律法规,并保障个人隐私的安全性和合法性。

(3) 个体差异性:不同个体之间的面部特征差异较大,包括年龄、种族、肤色等因素,可能会对识别准确率产生影响。人脸识别的算法和系统需要具备良好的鲁棒性和普适性,以适应不同个体的面部特征。

(4) 伪造和攻击风险:人脸识别技术可能面临伪造和攻击的风险。例如,使用照片、视频或三维打印的人脸模型等方式进行欺骗。对于高安全性场景,可能需要结合其他的生物识别技术或多因素认证来提高安全性。

此外,本装备还集成了语音识别转文字技术、图像识别技术以及区块链存证技术。其中语音识别转文字技术可以通过识别和解析语音信号中的语音单元,将其转换为相应的文字表示;图像识别技术能够自动识别图像中的文本信息并将其转换为可编辑文本。上述两项技术降低了信息录入的烦琐程度,提高了执法人员的工作效率和准确性。区块链存证技术通过基于区块链的数字存证和时间戳服务,将原始的证据材料、行政执法信息、过程视频记录信息自动接入区块链进行存储,用于确保数据的完整性、可靠性和不可篡改性,解决在行政执法过程中"以权谋私""以罚代法""关系案""人情案""金钱案"等"乱象"难以根治的问题,确保数据不可篡改、真实有效。

8.4.3 软件设计

智信装备的软件设计与面向城市管理执法的现场智能执法装备的软件设计需要遵循的原则大体一致,此处不再赘述。

8.4.4 装备应用

(1) 网格任务指令并反馈功能:该模块依托该装备硬件基础,采用无线网络传输技术,实现网格巡查应用功能。网格巡查应用功能主要用于网格员向中心上报在管理范围内通过巡查发现的与网格巡查相关的问题信息,接受中心分派的件分类编码、地理编码,完成网格巡查问题文本、图像、视频、声音和位置信息的实时传递。具体包括问题上报、自行处置上报、历史记录、今日提示、地图浏览、任务管理、通用查询、跨网格智能提醒等功能。

(2) 移动处置应用功能:移动处置应用功能是基于该装备硬件基础,设计开发的手持移动办公应用功能,使处置部门人员无须坐在电脑前等待问题的派遣,提高了问题处置效率。通过该模块,相关人员可以及时接收指挥派遣来的城市治理问题,在现场借助该装备将问题处置完毕后,通过系统将处置结果反馈到中心。相关人员能够在系统中查看问题的基本信息、派遣意见以及案件的图片等信息,也可以查询案件办理的过程,处置部门能够将问题处置的过程通过填写表单和拍照等方式记录下来,并将结果反馈到协同工作系统。

(3) 移动督办应用功能:移动督办应用功能为管理人员提供了有效的案件督办方式,同时借助系统的智能化,从实际角度解决了案件的实时督办,有效提高了案件的处置效率。主要包括案件催办、处置时限五级催办、发起督办、答复督办、急要件设置和案件批注等功能模块。

(4) 移动考评应用功能:移动考评应用功能为考评人员提供了基于随机抽样的实地考察手段。考评人员通过该功能接收考评部门以"双随机"形式分派的实地考察任务,根据应用中的导航功能前往样本点,针对该类型样本点对应的检查项开始实地考察打分,并上报检查打分记录,供平台自动生成实地考察结果。

(5) 专项普查应用功能:专项普查应用功能为网格员提供了接受监督中心下达的专项采集任务,并按照任务要求进行专项采集反馈的手段。平台可根据专项采集的需要,灵活配置专项普查采集模板,建立专项普查任务,并将采集模板同步至移动端,由移动端开展各类专项普查工作。

(6) 掌上驾驶舱应用功能:掌上驾驶舱应用功能是基于装备硬件基础,为决策者研发的专用移动办公工具,可以通过无线网络进行联网办公。决策者通过装备,每天打开手机就能看到最新城市治理状况,能够随时对重要问题进行督办,并能查看系统中的各类信息,包括重要紧急的问题、超时处理的问题、高发的问题、每日发生问题来源、网格员的工作情况等,可以让决策者全面了解城市治理情况。

(7) 市民服务APP功能:市民服务APP是为了方便市民上报、投诉或咨询城市治理问题的一款手机软件,是市民与网格化系统之间的一座桥梁。市民可以随时将发现的社会问题、投诉建议、问题咨询、文明事迹等信息用手机登录市民服务 APP,编辑问题后上报到中心,中心收到市民上报的问题后可以及时回复、反馈市民,实时处理问题;市民则可通过市民服务 APP 及时查看中心处理后的回复意见及咨询、投诉处理建议。市民只需安装市民服务 APP 均可登录系统进行上报、投诉、咨询、查看城市治理新闻等操作。用户启动软件后即可登录市民服务 APP,无须用户重新单独设置服务端地址,这样使得用户操作该软件时更加地简单、快捷、方便。

(8) 微网格应用功能:微网格应用功能是联系该装备各个功能模块和微信的一个通道,该模块支持将案件通过微信发送给其他用户,接收者可直接在微信里处置案件,实现案件的自由派遣,实现"微循环"工作。

(9) 即时通信应用功能:即时通信应用功能是为不同系统用户之间提供的便捷的交流和沟通手段。该模块支持点对点通信、群组讨论以及实时对讲,通信形式包括语音、视频、文字、图片、定位等,同时支持联系人管理和群组管理。

(10) 移动 AI 识别应用功能:移动 AI 识别应用功能充分发挥人工智能的应用,以人机交互的方式,便于用户单位各部门(区级部门、街镇部门)、分层级(区、镇街、村社)、分角色(城市管理人员、处置人员、网格员等)、分权限(监督评价、处置反馈、问题上报等)使用,通过"简单傻瓜式"操作做到"实战中管用、基层干部爱用、群众感到受用"。具体包括智能助理、智能上报、自动处置、任务管理、登录管理、身份信息确认等功能。

8.5 面向公共安全事件的非现场智能巡查和执法集成装备

8.5.1 装备的组成、功能及性能介绍

1. 概述

在城市现代化的进程中,社区功能日益强大。任何一个社区都是一个规模不等的小社会,是整个大社会最基本的组成单元。社区公共安全管理的水平直接关系到每一个社区成员的生命财产安全,关系到每一个社区的安定和谐,关系到整个城市的文明和进步。社区在解决社会问题、化解社会矛盾等许多方面,具有其他组织不可替代的优势,它不仅是城市经济和社会发展的基础,更是人民群众有序参与社会管理的有效平台,从一定意义上说,城市的安全与稳定关键在社区。

社区是城市的细胞,也是社会治理的基本单元,其安全管理不仅与社区居民息息相关,更是城市公共安全事件联防联控的第一线,也是最有效的防线。公共安全事件具有突发性、复杂性、跨部门职责等特性,对城市安全治理提出重大挑战。聚焦高空抛物、明火烟雾、人群聚集、沙尘环境等社区公共安全隐患,探索从"事后追溯,人防为主"的传统管理模式,到"事前预防,技防为主"的智能联防模式。研制集事先预防、事中报警、事后认责于一体的非现场智能巡查和执法集成装备,以杆柱为载体融合传感器和视频监控数据,提供公共安全事件的实时监测和预警服务,融合人防、技防和智防,实现社区公共安全的全面提升。

2. 装备介绍

针对公共安全中的社区公共安全事件相关人事物的感知与研判分析实时性不强等问题,以传统型杆柱为载体,基于云-边-端智能分析模块,集成视频监控前端、感知等多种设备,赋予传统型杆柱智能扩展功能。装备适用于社区重点区域环境的实时监测与可疑事件的预判,不需要管理人员实时在现场执勤,服务于社区高空抛物、明火烟雾、人群聚集、沙尘环境等可疑社区公共安全事件场景的及时感知、预警、预判处理,为社区管理部门争取足够的响应时间,提升非现场巡查和线索链辅助执法的能力。智能装备如图 8-52 所示。

图 8-52 智能装备

3. 设计思路

探索新形势下社区治安和技术防范工作的新技术、新思路和新方法,聚焦小区高空抛物、明火烟雾、人群聚集等社区公共安全隐患。研制集事先预防、事中报警、事后认责于一体的非现场智能巡查和执法集成装备,集成视频监控前端、传感器等多种设备,利用边缘微服务芯融合的智能分析盒组装成套,以杆柱为载体,赋予传统型杆柱更多实用的功能。

采用"边缘计算+AI"技术,强化前端设备巡查的时效性和精准度,实现前端预判加后端精判的非现场联动执法,提供社区人事物智能识别、异常事件关联预警、证据链辅助事件追责、危险程度评估等在线服务,将人防、物防、技防和智防结合起来,形成社区公共安全的第一道屏障,实现社区公共安全的全面提升。

4. 装备构成

本装备主要由监控模块、环境监测模块、数据通信模块、数据分析模块、通信防护模块和杆柱构成,其中数据通信模块、数据分析模块和通信防护模块以组件形态封装到定制的外箱中,如图 8-53 所示。监控模块和环境监测模块属于独立的采集设备,即监控摄像头和百叶箱气象传感器。整套装备以单杆柱为载体,挂装多个监控摄像头、1个百叶箱气象传感器和 1 个核心箱,也可以采用多杆柱分别挂装以上设备,安装完成照如图 8-54 所示。

图 8-53 装备核心箱

图 8-54 装备安装完成照

装备中的核心箱搭载了 2 台具有边缘计算能力和视频分析能力的智能分析盒,进一步提升了边缘端采集图像的实时分析能力,大大减小了监控图像实时传回后端城市网格化综合管理应用支撑平台的集中处理分析的压力。

在核心箱中的智能分析盒承载了配套的软件,通过登录 IP 地址管理后台进行广域网(Wide Area Network,WAN)/局域网(Local Area Network,LAN)IP 地址的设置以及摄像头传感器的配置,确保该网关与城市网格化综合管理应用支撑平台在同一个网络上。

5. 装备关键模块参数

(1) 监控模块:

① 最高分辨率:800 万像素(3840×2160),并在此分辨率下可输出 30fps 实时图像。

② 码流设置,适应不同场景对图像质量和流畅性的要求。

③ 支持 H.265/H.264/MJPEG 视频压缩算法,支持多级别视频质量配置、编码复杂度设置。

(2) 通信防护模块:箱体内部包含自动重合闸、网络防雷、电源防雷、配电单元、盘纤盘、风扇,箱内单元采用导轨式安装,接线方便,每个单元均可独立更换。

(3) 数据分析模块:

① 支持网络类型:5G、2.4G 频段 Wi-Fi、5G 频段 Wi-Fi、RJ45 网口。

② 以太网接口:2 路 RGMII、4 路 QSGMII,内置 15kV 电磁隔离保护。

③ 串行数据接口:4 个 RS-232 和 3 个 RS-485 接口(内置 15kV 电磁隔离保护)、1 个 RS-232 调试接口、1 个 USB3.0 接口、1 个 SATA3.0 外拓硬盘接口。

④ TF 卡接口:可以连接 TF 卡保存 Linux 中的 log 文件,可定期上传 log 文件。

⑤ RS-232 接口:4 个 RS-232 和 3 个 RS-485 接口,内置 15kV 电磁隔离保护。

⑥ 嵌入式软件功能:可实现页面配置、数据上传、Modbus TCP 连接、统一信息配置、AES 加密、数据变化上报、内置 AI 算法和兼容其他可编程逻辑控制器扩展模块功能。

(4) 百叶箱气象传感器:百叶箱气象传感器,是监测 PM2.5、PM10、温度、湿度等环境要素于一体的集成传感器。百叶箱的作用是防止太阳对传感器的直接辐射和地面对传感器的反辐射,保护传感器受强风、雨、雪等的影响,并使传感器有适当的通风,能真实地感应外界环境的变化。

百叶箱采用直径 140mm 的人字形环形结构,可以保证空气由各个角度自由通过,百叶箱气象传感器通过 RS-485 输出接口可以方便地与其他采集仪器连接起来。采集仪通过标准 Modbus 协议来读取百叶箱气象传感器的数值,同时设备最多还可以支持输出 4 路模拟量信号(电流和电压输出)。

6. 装备功能

装备以在杆柱为载体,实现传统固定点位安装。点位选址要满足社区建筑和公共区域的广角覆盖要求,通过 24 小时全天布防,对社区公共安全风险进行实时巡查,高效完成安全监管,有效提升执法的智能程度,提供高空抛物监测、明火烟雾事件监测、沙尘环境监测、人群聚集监测等服务。本装备提供监控采集功能、环境监测功能、数据通信功能、数据分析功能、通信防护功能。

(1) 监控采集功能:视频监控设备包含球机和枪机两种,可通过常规监控杆柱实施便捷安装,监控摄像机通过交换机划分虚拟局域网(Virtual Local Area Network,

VLAN)的方式连接至现有智能化局域网。设备最高分辨率可达 2560×1440,并在该分辨率下可输出 25fps 实时图像,智能监控支持越界监控、区域入侵监控,支持背光补偿、强光抑制、3D 数字降噪,120dB 宽动态适应不同监控环境,支持白光灯补光,最远可达 30m。

(2) 环境监测功能:利用百叶箱气象传感器,采用直径 140mm 的人字形环形结构,可以保证空气由任何角度自由通过。将大气温湿度、PM2.5/10 等真实感应外界空气环境数据实时采集,采集仪通过标准 Modbus 协议读取百叶箱气象传感器的数值,并传输至边缘服务器,提供 RS-485 输出接口与其他采集仪连接,可实现对沙尘或烟尘中对人体危害大的直径在 $2.5 \sim 5\mu m$ 的固体颗粒物指标的准确监测和预警。

(3) 数据通信功能:该模块便携式无线网卡提供加载集成、多协议接入的功能,能够满足不同通信频段聚合使用,大幅提升数据吞吐量。该模块的优势是降低网络延时,允许接入设备的通信频段在 2.4GHz 或 5GHz 上,并支持这两个频段的聚合使用,使得数据传输的有效吞吐量得到大幅提升。如遇到某个通信频段干扰或负载较大时,可以自动切换至其他通信频段,以此提升抗干扰能力,并降低时延。通过该模块对数据传输加密、远程集中管理和控制,能够对接入设备的运行状态、网络运行状态进行全面地监控。

(4) 数据分析功能:集音视频解码、数据传输与存储、行为分析等多种技术于一体,利用边缘微服务芯融合的智能分析盒组装成套,提供多路视频同步分析、设备认证、边缘计算、算法配置、算法轻量化加载功能。综合分析视频监控数据、烟火识别和环境监测数据、融合多种智能算法,采用边缘计算的优势开展预处理,实现社区公共安全事件的预判和及时预警,提升事件处理的时效性和精准度。

(5) 通信防护箱功能:通信防护箱用于监控杆柱上集成的所有设备状态,提供统一强弱电供电环境。箱体内部包含网络防雷、电源防雷、配电单元。箱内单元采用导轨式安装、接线方便,每个单元均可独立更换。箱体适合户外环境使用,能防雨、防尘、通风散热、抗紫外线(耐老化)、防盗、防锈;提供 3~5 路 DC12V 电源输出,用于摄像机等设备供电。DC12V 电源输出具有过流、过压、短路保护功能,支持防雷失效检测以及雷击计数功能。箱体具备强电防雷和网络防雷功能,提供 1 路 AC 220V 强电和 4 路网络防雷保护。

8.5.2 关键技术

面向公共安全事件的非现场智能巡查和执法集成装备基于轻量级边缘智能融合计算技术进行研发,研发理念基于当前的物联网发展五大趋势:

(1) 物联网终端大规模普及,导致终端数据和连接出现井喷式增长。根据华为和思科预测,到 2025 年全球连接的终端数将达到 1 000 亿台,而到 2030 年将有超过 5 000 亿物联网终端接入互联网,届时全球每年产生的数据总量达 1YB,相比 2020 年,增长 23 倍。海量数据连接需要计算能力更高的物联网体系架构,以实现对数据的及时分析和处理。

(2) 数据处理的实时性、隐私性要求更为迫切。新的物联网业务不断衍生,万物感知、万物互联带来的数据洪流将与各产业深度融合，催生产业物联网的兴起。许多特殊领域的应用场景，如安防监测、自动驾驶、在线医疗等，一方面对数据的实时性要求较高，需要较低的数据传输时延；另一方面因为逐步与人们的日常生活深度融合，对隐私性保护的要求也极为迫切。

（3）深度学习等人工智能技术的兴起。近年来，以深度学习为代表的新一代人工智能技术快速发展。相比于传统的机器学习，深度学习在很多领域上都取得了较好的效果。但同时随着网络层数的增加，其模型参数规模不断变大，计算成本不断提高，为其在物联网环境的部署和执行带来了很大挑战。

（4）物联网终端计算能力不断提升。传统物联网终端主要负责数据的采集与传输，而随着智能芯片、嵌入式处理器、感知设备等的不断发展和小型化，终端被赋予了智能数据处理能力，能在成本约束下完成部分智能数据处理和推理任务，可以为提升计算的实时性和保护数据隐私性提供支撑。

（5）边缘计算和边缘智能的兴起。边缘计算是指在用户或数据源的物理位置或附近进行的计算，能就近提供边缘数据处理服务，这样可以降低延迟，节省带宽。边缘计算的兴起进一步提升了本地数据处理能力。

传统物联网架构的数据处理和计算能力已不足以支撑物联网的深度覆盖、海量连接、实时处理和智能计算等，在终端智能及边缘计算的发展背景下，轻量级边缘智能融合计算技术作为未来物联网发展的新趋势近年来得到广泛关注。

轻量级边缘智能融合计算技术是人工智能与物联网相融合的产物，正成长为一个具有广泛发展前景的新兴前沿领域，实现从"万物互联"到"万物智联"的演进。据Gartner预测，未来超过75%的数据需要在网络边缘侧分析、处理与存储。轻量级边缘智能融合计算技术首先通过各种传感器联网实时采集各类数据（环境数据、运行数据、业务数据、监测数据等），进而在终端设备、边缘设备或云端通过数据挖掘和机器学习进行智能化处理和理解。近年来相关应用已逐步融入国家重大需求和民生的各个领域，如智慧城市、智能制造、社会治理等。

基于以上论述，将轻量级边缘智能融合计算技术定义为：通过人工智能、边缘计算、物联网等技术的深度融合，赋能感知、通信、计算和应用等路径实现万物智联，呈现泛在智能感知、云-边-端协同计算、分布式机器学习、人机物融合等新特征，具有更高的灵活性、自组织性、自适应性、持续演化的物联网系统。

轻量级边缘智能融合计算技术是人工智能和物联网两种技术相互融合的产物：一方面，物联网终端大规模普及，终端生成的数据量呈爆炸式增长，人工智能帮助物联网实现智能感知与智慧互联，提升感知与连接的广度、深度和有效性；同时能为物联网系统中数据的智能化分析和处理提供支撑，为物联网领域应用的效能提升和自主优化提供赋能，为用户提供更为个性化和智能化的体验。另一方面，物联网应用的不断普及为人工智能提供了海量的物理世界数据，实现了人-机-物的智能互联，也为人工智能的应用落地提供了客观的需求和丰富的路径。随着智能芯片、处理器、感知设备等的不断发展和小型化，终端被不断赋予了智能处理数据的能力，通过人类便携终端（如手机、可穿戴设备）、物联网嵌入式实体（如摄像头、智能小车）、互联网应用（如边缘计算、云服务器）

等异构群智能体的协作感知计算可赋予人工智能新特点,人工智能 2.0 中的"群体智能"是一种通过聚集群体的智慧解决问题的新模式。总的来说,物联网是异构、海量数据的来源,而人工智能用于实施大数据分析,其最终目标是实现万物智联。

传统物联网是将终端数据收集起来传输到云端进行处理。海量的传感器和设备收集来自环境的数据,将它们传输到云中心,并通过互联网接收反馈,实现连接和感知。传统物联网终端数据的计算和存储均在云中心,而轻量级边缘智能融合计算技术是以数据处理为中心,通过物联网系统的传感器实现信息实时采集,进而在终端、边缘服务器或云服务器通过数据挖掘和机器学习进行智能化处理和理解,最终形成一个智能化系统。相比传统的物联网云服务器处理数据,在轻量级边缘智能融合计算技术时代,从云端计算集群、边端网络节点到物联网智能终端都可参与到感知、学习和决策的过程中。

轻量级边缘智能融合计算技术特点,如图 8-55 所示。

图 8-55 轻量级边缘智能融合计算技术特点

1. 人机物融合计算

随着物联网、人工智能等技术的发展,计算系统正从信息空间向包含社会空间、信息空间和物理空间的三元空间拓展,人、机、物三元融合计算成为重要形态。它能有效协同与融合人、机、物异质要素,进而构建新型智能计算系统,是解决智慧城市、智能制造、社会治理等国家重大需求的有力支撑。

人,主要体现为社会空间中广大用户及其所携带的移动设备或可穿戴设备,其发挥的作用一方面为人类智慧（包括个体或群体智能），另一方面则涵盖基于移动设备的群智感知计算。

机，主要体现为信息空间丰富的互联网应用及云计算和边缘计算，在传统互联网和移动互联网等发展背景下，信息空间集聚了海量多模态数据和多样化的计算资源。

物，主要体现为具有感知、计算、通信、决策和移动等能力的物理实体，在物联网发展背景下，各种各样的移动/嵌入式终端不断涌现，为感知和理解物理空间的动态提供了重要支撑。

将人、机、物三种要素在同一环境的应用场景下相互关联起来，利用各自关注同一事物的不同优势，依靠数据共享和交互协作来完成复杂事物的感知和计算任务，弥补单一设备存在的感知片面性。利用具有智算能力的边缘服务器将不同特性的感知设备聚集在一起可以实现自组织性，并能够对应用环境进行自适应处理。自组织性是指跨社会、信息和物理空间的异构群智能体，基于实时状态与动态环境交互，通过系统内部个体的分布式自主交互和内在共识，以形成时间、空间、逻辑或功能上的自组织协作。自适应性是指在动态环境中，异构群智能体根据感知数据的多样性、设备资源的动态性等因素，自适应调整优化感知计算模式、分布式学习策略等。

2. 泛在智能感知

在轻量级边缘智能融合计算技术时代，利用无处不在的感知资源，包括摄像头、射频识别技术（Radio Frequency Identification，RFID）、Wi-Fi、红外线、声波、毫米波等，产生丰富的多模态感知数据，进而通过机器学习和深度学习等方法实现对目标（人、环境、事件等）行为的准确感知。

3. 情境自适应通信

情境自适应通信，针对不断变化的网络资源、连接拓扑和数据传输等情境，从实时获取的网络数据中提取情境信息，进而通过自适应机制实现情境适配的低成本、高效通信。

4. 物联网终端智能

在轻量级边缘智能融合计算技术场景中，将深度学习模型（如实时视频数据处理）部署在资源受限且环境多变的物联网终端执行逐渐成为一种趋势，其具有低计算延时、低传输成本、保护数据隐私等优势，然而硬件资源的限制和动态环境的变化对终端智能算法带来很大地挑战。针对动态环境设计相适应的轻量级深度学习模型是轻量级边缘智能融合计算技术的一个关键问题。

5. 分布式群体智能

针对单个智能体的数据和经验有限、模型训练能力弱、应用场景和任务多变等问题，与现有集中式学习模型和框架相区别，在分布式环境下实现多个智能体协作增强学习是轻量级边缘智能融合计算技术发展的重要趋势。

6. 云-边-端协同计算

针对海量轻量级边缘智能融合计算技术数据及实时性、隐私性等数据处理需求，将边缘计算引入物联网，形成云-边-端协同计算的轻量级边缘智能融合计算技术体系架构，高效及时地处理业务数据。

基于轻量级边缘智能融合计算技术开展的设备研究，如图8-56所示，提供边缘计算节点内的通信、计算、存储、算法的融合及节点间的协同，就近提供低时延、高可靠、强安全的边缘智能服务。支撑终端在边缘侧的差异化计算诉求，满足高吞吐和低时延的网络诉求，提供实时业务、智能应用、安全与隐私保护等方面的业务需求。该技术突破了复杂干扰因素场景下的视频智能分析技术，设计与研制了轻量级边缘智能融合计算一体化设备，主要提供边缘计算节点内的通信、计算、存储、算法的融合及节点间的协同，具备复杂场景下的社区公共安全事件的预判、实时预警与及时上报功能。

该设备能够对边缘节点上接入的视频信息开展实时采集、存储、检索、分析等，以及对接入的传感器数据进行高效的时序分析。搭载了该关键技术的设备具有轻量化、高性能、低功耗、灵活配置、接入方便等特性。该设备的主要构思是汇聚多源物联采集设备，例如监控探头和环境采集传感器等，在边缘端搭载高性能的智能分析模块，融合多种智能算法，开展边缘采集数据的预处理，实现具有针对性的多个社区公共安全事件的预判和实时预警，有效提升典型事件处理的时效性和精准度。

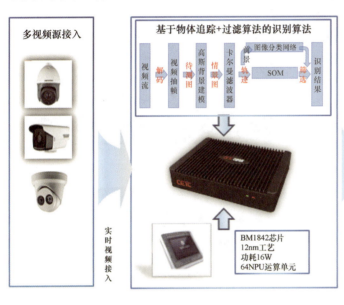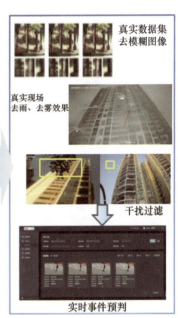

图 8-56　采用轻量级边缘智能融合计算技术的设备

（1）存算一体：在存储器中对数据进行运算，以新的运算架构进行二维和三维矩阵乘法/加法运算，从而避免数据搬运产生的"存储墙"和"功耗墙"。在存储中做计算，这样既可以突破算力瓶颈，同时不依赖于先进工艺，极大提高数据的并行度和能量利用效率。

（2）云-边协同：运用"云端训练、边缘推理"理念，基于云计算和边缘计算协同服务架构，将训练过程部署在云端，而将训练好的模型部署在边缘端。这种服务模型能够在一定程度上弥补边缘计算能力、存储能力等的不足，满足算法训练过程中对强大计算能力、存储能力的需求。

（3）模型分割：将计算量大的任务分配到边缘服务器进行计算，而计算量小的任务则保留在终端进行本地计算。终端与边缘服务器协同计算的方法能有效地降低深度学习模型的计算时延。不同的模型切分点将导致不同的计算时间，选择最佳的模型切分点,可以最大化地发挥终端与边缘服务器协同计算的优势。

重点对重点场景社区公共安全事件进行室外场地的技术验证,验证的流程如图 8-57、图 8-58 所示。

■ 高空抛物监测

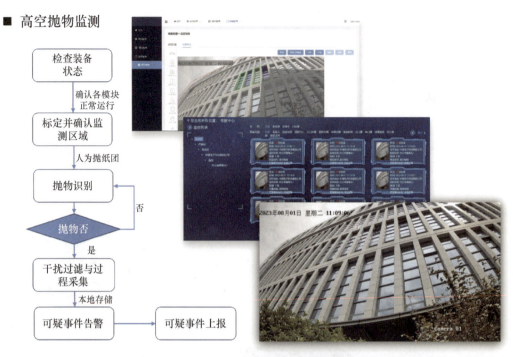

图 8-57　高空抛物事件动态监测

■ 明火烟雾监测、沙尘环境监测

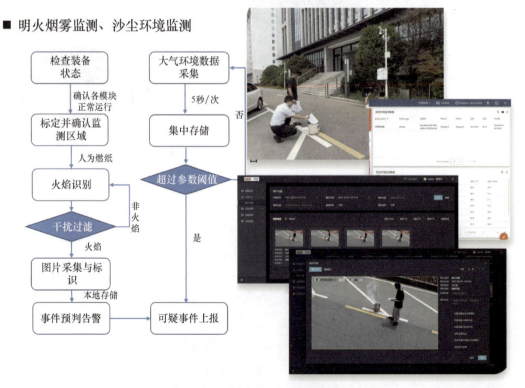

图 8-58　明火烟雾、沙尘环境监测

8.5.3 软件设计

8.5.3.1 整体架构

云-边协同平台是本装备配套的核心软件,该软件运行在装备的智能分析模块的微处理服务器中。微处理服务器能够存储整个设备的所有监测数据并负责主动向人防、社区、公安等应用系统推送。

边缘节点和设备网关位于设备核心箱内,属于通信模块的重要组成部分,负责与各个边缘设备建立连接、通信和设备状态管理。各类边缘设备是设备的采集部分,负责各类监测数据获取,如图 8-59 所示。

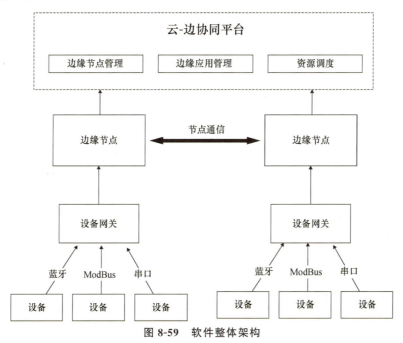

图 8-59 软件整体架构

8.5.3.2 功能描述

设备配套的软件功能包含设备管理、算法管理、应用管理和告警管理等,如图 8-60 所示。

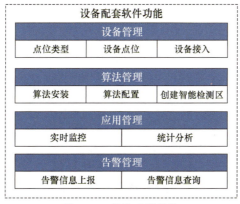

图 8-60 软件功能结构

（1）设备管理，支持边缘设备和附属终端设备管理，提供点位类型、设备点位、设备接入等管理功能。点位类型用以标识点位的具体类型，例如是公司、园区还是社区，方便设备标识的分类管理。物联设备接入后纳入系统统一管理与维护，例如监测设备状态、点位等信息。

（2）算法管理，支持算法安装、算法配置、创建智能监测区等管理功能。将提前准备好的轻量化算法程序和授权文件导入系统后，在系统主界面提供算法参数配置，支持检测区域、指标阈值和触发告警时间等算法参数配置。

（3）应用管理，支持实时监控和统计分析等管理功能。提供视频设备实时监控的调取和查看，支持视频调取信息的单屏和分屏显示，提供监控界面集中展示物联设备、告警信息和告警类型等统计信息，如物联设备数据统计、告警类型统计、近 1 个月告警趋势、实时告警滚动显示等统计分析信息。

（4）告警管理，支持告警信息上报和告警信息查询等管理功能。预判事件信息包含结构化信息和非结构化信息两部分，通过统一的 RESTful 接口将信息上报给城市网格化综合管理应用支撑平台，并支持按设备、事件类型、时间区间等条件进行告警信息的查询检索。事件告警如图 8-61 所示。

图 8-61　事件告警

8.5.4　装备应用

该装备聚焦小区高空抛物、明火烟雾、沙尘环境等社区公共安全隐患。后端关联公安、交通、综治、物业等多个部门数据及社区公共安全设施数据，提供社区人事物智能识别、异常事件关联预警、证据链辅助事件追责、危险程度评估等在线服务，将人防、物防、技防和智防结合起来，形成社区公共安全的第一道屏障，实现社区整体安全性的提升。

8.5.4.1　高空抛物事件监测

通过智能视频终端全天候 24 小时对小区整栋楼体进行监测，结合内置的智能监测分析技术，对高空抛物行为进行智能监测，并提取保存抛物过程的短视频作为高空抛物民事案件相关民事赔偿、行政处罚、刑事制裁的证据链,同时对物业管理区域内高空抛物等不良行为形成震慑作用。

该功能首先需要在智能装备的内置系统中指定高空抛物的监测区域。一旦指定高空抛物监测区域后,视频终端将实时监测这些区域中的抛洒物体情况,可监测 3×3 像素级别及以上大小的物体。在事件发生时自动识别高空抛物行为,并清晰记录 15s 内物体坠落轨迹,同时可有效过滤雾霾、雨雪、光照、夜间照明、飞鸟、飞虫等干扰因素,准确监测高空抛坠物,如图 8-62 所示为高空抛物事件捕捉与跟踪。

图 8-62　高空抛物事件捕捉与跟踪

8.5.4.2　明火烟雾事件监测

该功能基于深度学习目标检测算法,利用先进的图像识别、分析、处理技术,对烟雾、火焰进行识别,一旦采集的画面出现异常烟雾、火焰,系统自动生成告警信息,可以自动监测小区内的楼房火灾、露天烧烤、燃放烟花爆竹等安全隐患场景,提供社区安全隐患排查的依据,优化管理部门日常巡查与管理重点方向,提高社区内隐患排查的时效性和精准度。

8.5.4.3　沙尘环境监测

利用百叶箱气象传感器,实时采集大气温湿度、PM2.5/10 等真实感应的外界空气环境数据，采集仪通过标准 Modbus 协议读取传感器数值传输至边缘服务器处理，可实现对沙尘或烟尘中对人体危害大的直径在 $2.5\sim5\mu m$ 的固体颗粒物指标准确监测和预警，为明火烟雾事件的甄别提供辅助参考依据。

8.5.4.4 应用成效

1. 全天候布防，弥补社区公共安全人防局限性

以人防为主的社区公共安全防范，投入成本大，工作效率低，常因安全巡查范围不足、排查不到位而导致异常事件发生后难以及时处理，给社区业主造成一定的损失。基于非现场智能巡查和执法集成装备，可实现 24 小时全天布防，形成具有震慑性的社区公共安全巡查和实时报警机制，融合物防、技防和智防，与人防形成有效的补充和提升。

2 完整证据链，破解社区公共安全事件取证难

高空抛物是高层社区的一大顽疾，由于一直以来缺乏有效的监控手段，难以追究到相关责任人，造成高空抛物行为屡禁不止，不仅影响小区的环境，而且给社区居民带来很大的安全隐患。本装备聚焦小区高空抛物、楼房火情等社区公共安全事件取证难，实现精准溯源、快速取证，形成社区公共安全事件的事前、事中、事后完整的证据链，有效解决社区公共安全事件发现难、取证难、阻止难的问题。

3. 预判加精判，支持非现场智能巡查和执法

利用视频监控技术、结合智能化的烟火识别和环境监测技术、融合多种智能算法，采用边缘计算优势在装备前端开展预处理，实现事件预判及实时预警，有效提升事件预判的时效性和精准度。本装备后端关联通信、公安、交通等多部门数据及社区公共安全设施数据，提供事件精判及多设备联动的轨迹追踪，提供违法人事物智能识别、异常事件关联预警，破解综合执法难进小区的困局，辅助建立安全事件非现场巡查和执法联动机制。

参考文献

[1] MaqsoodA, Yonglin S, Mansoor A, et al. AQE-Net: A Deep Learning Model for Estimating Air Quality of Karachi City from Mobile Images[J]. Remote Sensing, 2022, 14(22).

[2] JieL, Chuli H, Xiaowei Y, et al. OCAGraph: An effective observation capability association model for Earth observation sensor planning[J]. International Journal of Applied Earth Observation and Geoinformation, 2022, 114.

[3] 刘俊生. 基于激光点云与图像融合的车辆检测方法研究[D]. 重庆理工大学, 2019.

[4] 王宝树, 李芳社. 基于数据融合技术的多目标跟踪算法研究[J]. 西安电子科技大学学报, 1998(03): 5-8.

[5] 周锐, 申功勋, 房建成, 等. 多传感器融合目标跟踪[J]. 航空学报, 1998(05): 25-29.

[6] 李学永, 周俊. 实时时间配准仿真研究[J]. 电子工程师, 2007(11): 1-4.

[7] 梁凯, 潘泉, 宋国明, 等. 多传感器时间对准方法的研究[J]. 陕西科技大学学报, 2006(06): 111-114.

[8] 施立涛. 多传感器信息融合中的时间配准技术研究[D]. 国防科学技术大学, 2010.

[9] 韩崇昭, 朱洪艳, 段战胜. 多源信息融合[M]. 清华大学出版社, 2010.

[10] Bai Z, Jiang G, Xu A. Lidar-camera calibration using line correspondences[J]. Sensors, 2020, 20(21): 6319.

[11] Hou Q, Zhou D, Feng J. Coordinate attention for efficient mobile network design: Proceedings of the IEEE/CVF conference on computer vision and pattern recognition[C]. 2021.

[12] Howard A G, Zhu M, Chen B, et al. Mobilenets: Efficient convolutional neural networks for mobile vision applications[J]. arXiv preprint arXiv: 1704.04861, 2017.

[13] 李宝奇. 深度卷积神经网络及其在地面图像目标识别中的应用[D]. 西北工业大学, 2019.

第四部分

人机物融合的新一代城市网格化综合管理应用支撑平台

第 9 章 人机物融合的城市网格化综合管理应用支撑平台

网格化城市管理从 2004 年北京市东城区首创"数字化城市管理新模式"到全国推广,覆盖了 81% 的地级市,在很大程度上解决了当时城市管理的对象底数不清、责任相互推诿、结果无法考核等老大难问题,但是随着国家、部委、地方发布的一系列城市管理体制改革的政策文件,城市管理的范围和职责发生了相应变化,且随着人工智能等新技术的发展,城市管理的需求也发生了很大变化,暴露出了数据关联分析弱、业务协同效率低、群众参与度低等问题,现有的网格化城市管理平台已无法满足当前城市管理的新需求。尤其是超大/特大城市网格化管理正在从单一职能机构向多职能机构转变,从单一业务管理向多业务管理发展,形成了一网统管背景下城市网格化综合管理新格局。

因此,人机物融合的城市网格化综合管理应用支撑平台致力于研究创新城市管理模式,协同城市运行的多方主体,构建人机物融合。平台整合城市各类数据资源,通过数据分析和模拟仿真等手段,为决策者提供科学的依据和决策支持,并且提供智能化管理工具和服务,帮助城市管理人员更好地规划、执行和评估城市管理策略,解决目前城市管理存在的问题,达到更高效、可持续的城市管理,逐步实现城市治理水平与治理现代化的提升。

9.1 平台概述

人机物融合的城市网格化综合管理应用支撑平台(以下简称"平台")是一种集成了人工智能、物联网和大数据等先进技术的综合性管理服务平台,它通过实时采集、处理、分析和应用人、机、物三元信息,实现城市管理的精细化、智能化和高效化,从而提升城市的可持续发展水平。

在数据应用方面,平台考虑了"城市网格化综合管理应用支撑平台与示范"项目的研究内容。采用了模块化的设计理念,划分为数据采集模块、数据处理模块、数据分析模块和应用展示模块四个部分。各模块之间相互独立,可以灵活组合,以满足不同场景下的需求。

(1) 数据采集模块。该模块负责收集城市中各类人、机、物三元信息,包括传感器数据、视频监控数据、移动通信数据等,集成对接了中国地质大学(武汉)研究者们研制的面向城市一网统管(含城市污染事件)的现场智能巡查与执法装备、面向小区治理的便民智能装备和太极计算机股份有限公司团队研制的面向公共安全事件的非现场智能巡查和执法集成装备。这些数据通过各种通信方式(如 GPRS、LTE、5G 等)传输到数据中心。

(2) 数据处理模块。该模块对采集到的数据进行预处理、清洗和整合,以确保数据的准确性和完整性。同时,该模块还对数据进行去重、标准化和归一化处理,以便后续的数据分析和应用。

(3) 数据分析模块。该模块利用人工智能(如机器学习、深度学习等)对大量数据进行分析和预测,并集成了北京大学的研究者们研发的基于视频识别的城市运行复杂事件感知算法、多渠道城市运行事件关联分析与预警预报算法和基于深度学习的时间序列分析方法,提取有价值的信息和知识。例如,可以通过数据分析发现城市中的交通拥堵状况、环境污染程度、公共安全风险等,为决策者提供有力的支持。

(4) 应用展示模块。该模块将经过分析的数据可视化展示给用户,以便于用户直观地了解城市运行状况和问题。应用展示模块可以采用图表、地图等多种形式,支持多终端访问(如 PC 端、移动端等)。

在技术方面,平台采用人工智能、物联网等技术,有效保障平台高效运行。主要包括以下模块:

(1) 人工智能。平台采用了先进的人工智能技术,如机器学习、深度学习等,实现对大量数据的智能分析和预测,更好地理解城市运行规律,提高决策的准确性和效率。

(2) 物联网。平台充分利用物联网技术实现了对城市各类设备和物体的实时监测和管理。通过物联网技术,及时发现设备故障、环境异常等问题,采取相应的措施保障城市的正常运行。

(3) 大数据。平台采用大数据技术对采集到的海量数据进行深入挖掘和分析。通过对数据的挖掘,发现潜在的问题和需求,为城市规划和管理提供有力支持。

从未来发展趋势来看,主要涉及平台建设的跨行业融合、个性化定制以及云端部署等。

(1) 跨行业融合。平台有望与其他领域的新技术结合,形成更加广泛的应用场景,共同推动城市智能化发展。例如,在智慧城市建设领域融合大数据、人工智能、物联网等技术实现城市智能化管理;在智能物流领域对城市物流高效、精准追溯,智能规划配送路线,有效提升了物流配送效率。

(2) 个性化定制。随着人工智能的不断发展,基于更加精准的智能化数据分析,平台有望实现个性化定制服务。根据用户的需求和喜好,提供定制的城市管理方案和服务。

(3) 云端部署。平台有望实现云端部署,用户只需要通过互联网访问平台,即可使用平台提供的各种服务信息,无须安装任何软件或硬件设备,降低了使用成本,提高了服务可及性。

9.2 平台架构

一个强大的平台离不开稳定可靠的架构支持。在过往研究的基础上,着重关注了平台的架构部分,以此深入探索并设计了一个具有高扩展性和高性能的平台架构。平台架构如图 9-1 所示,包括数据采集与传输层、数据汇聚层、支撑层、应用层、展示层以及保障平台良好运行的管理体系和共性支撑体系。

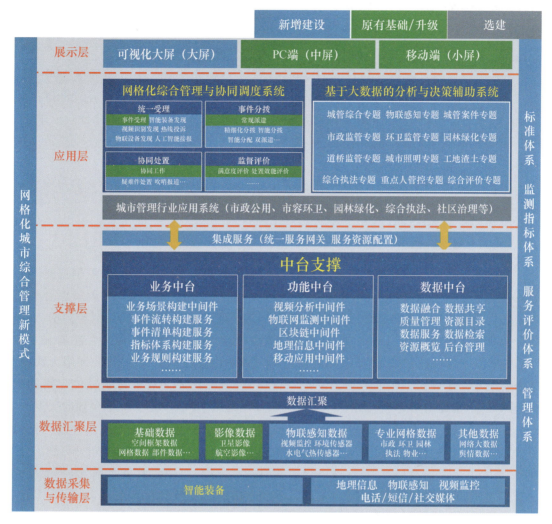

图 9-1 人机物融合的城市网格化综合管理应用支撑平台架构

9.2.1 数据采集与传输层

数据采集与传输层负责对不同来源数据进行采集、传输和管理。这个层面涉及基于多源多模态数据的采集与传输,包括平台运行基础数据、智能感知终端采集数据、第三方公众诉求数据等。城市管理部门通过采集和传输上述数据了解城市的运行状况,做出更科学合理的决策。

一是平台运行基础数据包括地理空间数据、单元网格数据、城市部件数据等。通过统一普查与采集,汇聚进入平台,为平台运行提供基础数据资源。这些基础数据为城市规划、交通管理、环境保护等方面提供有力的支持。例如,通过对地理空间数据的分析,了解城市的地形地貌、土地利用情况等,更科学地进行城市规划;通过对单元网格数据的分析,了解道路的拥堵情况、交通事故发生率等,更智能地进行交通管理。

二是智能感知终端采集数据。实时感知城市运行状况,并将数据上传至平台。现场智能巡查装备、智能巡检机器人、现场智能执法装备、城市综合管理服务集成装备、非现场智能执法装备,采集城市管理事件数据。此外,市政相关感知设备、环卫相关感知设备采集的数据,以及视频监控上传的数据,也是重要数据采集来源。这些智能终端帮助城市管理人员全面了解城市运行状况,及时发现问题并采取措施。

三是第三方诉求数据。通过APP、电话投诉、公众号及微信小程序等线上渠道接入,支撑平台实现对城市运行的全面感知。第三方诉求数据帮助城市管理人员更好地了解民意和社会需求,及时调整政策和规划。例如,在城市管理方面,通过公众诉求,了解市民对城市管理的期望和需求;在环保方面,通过公众诉求,了解市民对环境污染的关注和反映。

总之,通过数据采集与传输层实现基于多源多模态数据采集与传输,为平台实现对城市运行数据的全面感知提供必要支撑。

9.2.2 数据汇聚层

一个强大而可靠的数据汇聚层能够使数据能够被更好地利用。数据汇聚层是平台中至关重要的一层,它负责将不同来源数据进行整合、清洗和分类,最终形成综合性城市运行数据库。数据库不仅包含城市管理的各个方面,如部件数据、空间框架数据、网格数据等基础数据;还包括卫星影像、航空影像等影像数据;视频监控、环境传感器和水电气热传感器等物联感知数据;市政、环卫、园林、执法、物业等专业网格数据;网络大数据、舆情数据等其他数据。数据汇聚层通过数据整合、分类建库为业务系统提供丰富的数据资源支撑,帮助城市管理人员更好地了解城市的运行状况,制定更科学合理的决策。

首先,数据汇聚层通过设计开发相应的接口,实现不同来源数据的汇聚。这些接口与政府部门、企业、社会组织等各个方面的信息系统进行对接,实现数据共享和交换。例如,对接政府部门信息系统,获取城市管理各项指标数据;对接企业信息系统,获取商业运营数据;对接社会组织信息系统,获取民意调查数据等。数据汇聚层帮助城市管理人员全面了解城市运行状况,科学地制定政策和规划。

其次,数据汇聚层对采集到的数据进行全面清洗和分类。在数据采集过程中,数据可能存在错误、重复等问题,数据汇聚层需要对问题数据进行清洗和去重,确保数据的准确性和完整性。同时,为了方便后续使用和管理,数据汇聚层还需要对数据分类和归档。例如,将城市管理的部件数据按照区域划分,将基础空间数据按照用途划分等。当需要使用某个类别的数据时,直接定位到对应文件中,提高数据利用效率。

最后,由数据汇聚层形成城市运行综合性数据库。数据库包含了城市管理各个方面数据以及各种类型的影像数据和物联感知数据。这些数据的整合帮助城市管理人员更加全面地了解城市的运行状况。例如,通过对卫星影像和航空影像的分析,了解城市的地貌变化、交通拥堵情况等;通过对物联感知数据的分析,了解城市安全运行情况、环境污染情况等。此外,综合性城市运行数据库还为业务系统提供丰富的数据资源支撑,例如在交通管理方面,根据实时数据分析当前的交通状况,制定相应的调度方案等。

数据汇聚层是平台中至关重要的一层。它将汇聚的不同来源的数据进行清洗和分类,形成综合性城市运行数据库。这个数据库不仅为业务系统提供丰富的数据资源支撑,还帮助城市管理人员更好地了解城市的运行状况,制定更科学合理的决策。

9.2.3 支撑层

数据汇聚层的实现并非一蹴而就，它需要依托于稳定可靠的支撑层。支撑层是平台的基础，它为平台的搭建提供技术支撑和数据支撑。支撑层基于大数据、人工智能、物联网、区块链等先进技术，实现视频智能感知、物联智能感知、社情民意标识、预警预报和综合决策等，这为各行各业带来了巨大的变革，也为政府、企业和个人提供了更加便捷、高效的服务。

视频智能感知技术实现了视频智能分析，用于交通监控、基层社会治理等场景。随着视频技术的进步，视频数据已经成为一种重要的公共资源。通过对视频数据实时分析，可以发现异常行为、犯罪活动等。例如，在城市城管监控系统中，通过视频智能感知技术实时分析沿街商贩经营、道路交通拥堵、建筑垃圾违规运输等情况，为城市管理执法部门提供执法线索和依据。此外，视频智能感知还应用于社会治理领域，通过对视频数据的智能识别，监管重点人群的异常行为。

物联智能感知实现物联感知，用于城市基础设施，如桥梁、路灯、井盖、燃气、供水管网等场景。随着物联网技术的快速发展，越来越多的设备和物品联网，形成一个庞大的物联网生态系统。物联智能感知技术通过对这些设备的传感器数据进行采集、处理和分析，实现对环境、物流等方面的实时监测和管理。例如，在环境监测领域，通过物联智能感知技术实时监测大气污染、水质污染等环境问题，为环保部门提供决策依据。在城市基础设施领域，通过物联智能感知技术实时监测城市基础设施运行状态，掌握城市运行状况和风险点位，提高城市安全运行韧性。

社情民意标识是对互联网上的信息进行收集、分析和整理，对民意进行准确评估。这对政府制定政策、企业了解市场需求等方面具有重要意义，通过社情民意标识及时了解民众对某些政策的意见和建议，从而调整政策方向，更好地满足人民群众的需求。

预警预报实现预警和预报，用于自然灾害、公共安全等场景。预警预报通过对各种风险因素的监测和分析，提前预测可能出现的灾害或安全事件，为相关部门提供预警信号和应急措施。在城市管理领域，通过预警预报，提前发现可能发生的影响城市市容市貌的相关隐患，为城市管理部门预先整改或制定政策提供处置线索、依据和建议。在气象领域，通过预警预报提前发布台风、暴雨等自然灾害的预警信息，提醒民众采取防范措施，降低灾害损失。

综合决策用于复杂的社会管理，有效支撑政府决策。综合决策通过对海量数据的挖掘和分析，为政府提供科学的决策依据。这对提高政府治理能力和效率具有重要意义。在城市管理领域，通过综合决策对城市管理监督和城市运行监测进行全面的分析和评价，为政策制定提供有力支持。

支撑层还设计了业务中台、功能中台和数据中台，为平台提供数据调用、分析决策和基础技术应用功能。业务中台提供业务场景搭建中间件、事件流转构建服务等功能；功能中台提供视频分析中间件、物联网监测中间件等功能，数据中台提供数据融合、数据共享、质量管理和资源目录等功能。这些中台的设计和实施，有助于提升平台的灵活性和可扩展性，满足不同应用场景的需求。支撑层为平台的搭建提供了强大的技术支持和数据支撑。

9.2.4 应用层

在支撑层的基础上,应用层成为平台的核心层,是平台的功能实现层。应用层包括网格化综合管理与协同调度系统、城市管理行业应用系统和基于大数据的分析与决策辅助系统。

网格化综合管理与协同调度系统是应用层的主要系统之一,它主要用于实现城市网格化综合管理并支持协同调度。通过该系统实现城市管理中各种资源的统一管理和调度,提高城市管理的效率和质量。网格化综合管理是一种基于地理信息的城市管理模式,将城市划分为多个网格单元,通过对每个网格单元进行精细化管理,实现城市管理的高效化和智能化。协同调度则是指不同部门或单位之间通过信息共享和协调,实现资源的优化配置和协同作业,达到最优化的效益。在网格化综合管理与协同调度系统中,各种城市管理资源(如道路、桥梁、绿化等)被划分为多个网格单元,每个单元都有相应的管理人员负责。管理人员通过系统对网格单元进行诸如巡查、维护、修缮等工作的实时监测和管理。同时,协同调度系统实现不同部门或单位之间的信息共享和协调,更好地完成各项任务。

城市管理行业应用系统是应用层的另一个重要组成部分,包含市政公用、市容环卫、园林绿化和城市管理执法等,主要用于实现城市管理的各种业务功能。本平台为其提供载体,根据各地建设需求来集成或建设相关业务系统,以满足城市管理部门的业务需求。市政公用是指包括供水、供电、供气、供热、排水、通信等城市基础设施的建设和管理。在数字化时代,市政公用领域也面临着诸多挑战,如能源消耗高、设备老化等问题。因此,利用大数据技术对市政公用数据进行分析和挖掘,发现问题并及时解决,提高能源利用效率,降低运营成本。市容环卫是指包括垃圾清运、道路清扫、公共厕所管理等城市环境卫生的管理。随着城市化进程的加速,市容环卫问题也越来越突出。可以利用大数据技术对市容环卫数据进行分析和挖掘,发现问题并及时解决,提高城市环境卫生水平,提升市民生活质量。园林绿化是指包括公园、绿地、花坛等城市绿化景观的建设和管理。园林绿化是城市美化的重要组成部分,也是城市生态系统的重要组成部分。可以利用大数据技术对园林绿化数据进行分析和挖掘,发现植物生长规律和病虫害发生规律,提高园林绿化管理水平,保护生态环境。城市管理执法是指包括交通管理、市场监管、环保执法等城市管理的执法工作。城市管理执法是保障城市安全和秩序的重要手段。可以利用大数据技术对城市管理执法数据进行分析和挖掘,发现违法犯罪行为的发生规律和特点,提高执法效率和准确率,维护社会稳定和公共安全。

基于大数据技术的分析与决策辅助系统帮助城市管理部门对海量的城市管理数据进行深度挖掘和分析,从而发现问题和规律,为城市管理决策提供科学依据和辅助支持。系统通过收集、整合和分析各种城市管理数据,包括人口、交通、环境、经济等方面的数据,来帮助城市管理部门更好地了解城市运行态势和民意诉求。同时为城市管理部门更好地了解市民的需求和诉求提供技术支撑,制定更加科学合理的政策和措施。例如,在公共安全方面,系统通过对犯罪数据的分析,发现犯罪的高发区域和时间段,为公共安全管理提供科学依据。随着技术的不断发展和完善,系统将会在未来的城市管理中发挥越来越重要的作用。

通过应用层实现平台上层的主要功能需求,提升城市管理的科学化、精细化、智能化水平。通过平台的建设将为城市管理行业的发展带来重要机遇和挑战,也将有助于推动城市管理的现代化进程。

9.2.5 展示层

当应用层完成各项任务和数据处理后,展示层接管并将结果以直观、易懂的方式展示给用户。在平台中,展示层扮演着至关重要的角色。它是平台输出端的重中之重,不仅通过不同的终端提供不同的展示效果,还满足不同用户、不同场景的使用需求。展示层提供了可视化大屏(大屏)、PC端(中屏)、移动端(小屏)等多种形式的终端,确保用户随时随地获取所需的信息。

在可视化大屏(大屏)方面,展示层通过高清大屏、数字孪生等技术手段,为用户提供了极具视觉冲击力的展示效果。例如,显示如交通状况、环境质量等城市运行态势,提供实时数据分析功能,帮助城市管理人员及时掌握城市运行态势,快速做出决策。

在PC端(中屏)方面,展示层提供了各种交互式的图表、数据可视化组件和动态效果,使用户更加深入地探索数据间的关联和规律。通过PC端,用户通过进行数据的录入、修改和查询等操作,实现对数据的实时管理和监控。

在移动端(小屏)方面,展示层则更加注重用户需求。通过移动端,用户随时随地查看各种数据和信息,并进行相应的操作。为了适应移动端屏幕的尺寸和分辨率,展示层特别优化了移动端的界面设计和展示效果,确保用户能够舒适地获取所需的信息。

展示层不仅提供了多种终端,还针对不同用户、不同场景的使用需求,提供了便捷实用的可视化展示效果。例如,在数据分析方面,展示层提供了丰富的图表组件,并支持自定义设计,方便用户快速地分析数据。在用户交互方面,展示层支持多种交互方式,例如缩放、旋转、平移等,方便用户灵活地操作数据。

总之,展示层作为城市管理的输出端,是平台非常重要的组成部分。它通过多种终端提供不同的展示效果,并根据用户需求和使用场景进行适配,确保用户方便、快捷地获取所需的信息。同时,展示层还在不断地更新和完善中,以满足不断变化的用户需求和场景需求。

9.2.6 管理体系和共性支撑体系

数据采集与传输层、数据汇聚层、支撑层、应用层和展示层提供了具体的功能和服务,但为了确保城市网格化综合管理应用支撑平台的高效运行,还需要管理体系和共性支撑体系的共同助力。项目团队已对一网统管下城市网格化综合管理新模式、城市运行监测指标体系、城市综合管理服务评价体系等内容进行了深入探讨。结合城市网格化综合管理实际需求,设置综合机构、整合人员力量、再造管理流程,可以更好地实现城市网格化综合管理。一是通过设置综合机构,保障平台长效运行。机构设置应充分考虑城市综合管理的实际需求,同时考虑不同部门之间的协同合作,以及不同层级之间的管理关系。通过合理的机构设置，更好地实现城市综合管理的目标。二是整合人员力量，保障平台长效运行。人员力量的整合应该从两个方面入手，加强不同部门之间的人员协作，同时加强人员的技能提升。通过人员协作和技能提升，更好地实现城市综合管理的目标。三是再造管理流程，确保平台运行顺畅。管理流程应根据城市综合管理的实际需求进行再造，同时要考虑到不同部门之间的协同合作，以及不同层级之间的管理关系。通过再造管理流程，可以更好地实现城市综合管理的目标。

9.3 平台主要功能

针对当前超大/特大城市市政、环卫、园林、执法、社区治理等不同行业和业务部门存在数据孤立、协作困难的现状，数字政通团队在平台框架的基础上，研发了一个集全面感知（指平台通过各种传感器、摄像头、监测设备等手段，实现对城市各个方面的感知和监测，包括但不限于交通流量、环境污染、公共设施使用情况等）、数据汇集（指平台通过不同数据来源对城市政府部门、企事业单位、社会等各个方面数据进行汇集和整合）、功能集成（指平台通过对各种数据和资源的整合和优化，实现对城市如公共服务、城市管理等业务服务的集成）、联勤联动（指平台通过对各个部门的联动和协作，保障业务高效运行）、共享开放（指平台通过对城市各种数据和资源的共享和开放的人机物融合）的新一代城市网格化综合管理应用支撑平台。该平台的目标是解决众多复杂的城市管理相关业务应用难以开展的问题。

新一代城市网格化综合管理应用支撑平台是一个综合性的管理平台，它集成了国家重点研发计划"城市网格化综合管理应用支撑平台与示范"的研究成果，为城市管理人员提供了全面、高效的管理工具。该平台由三个主要的业务系统组成：基于时空区块链的城市网格化综合管理与协同调度系统、基于大数据的分析与决策辅助系统、城市管理行业应用系统。这些系统具备数据整合和分析、智能化的决策支持、综合监测、指挥调度和行业精细化管理等功能。

基于时空区块链的城市网格化综合管理与协同调度系统以数字化城市管理模式为基础，通过闭环管理方式，统一受理 APP、微信、热线、智能发现等多渠道来源案件，按照案件的分级、分类标准，实现案件智能派遣、高效处置、长效考核，推动多部门联动和城市管理问题源头治理，实现对城市运行管理中的各类问题的早发现、早预警、早研判、早处置，达到高效处置一件事的目的。

基于大数据的分析与决策辅助系统支持智能化的分析、决策和预测，被打造成"一屏观天下，一网管全城"的综合展示窗口和智能治理基础，可以提供决策支持和预警信息。通过对海量数据的挖掘和分析，构建城市网格化综合管理分析与决策辅助系统各种专题，实现最全感知风险、最快响应处置。构建城市运行一网统管综合展示屏，可以实时显示城市运行宏观态势，辅助决策者决策。

城市管理行业应用系统则是为各个行业提供专门的管理工具和服务，平台为其提供载体，根据各地建设需求来集成相关业务系统，对城市的各个方面进行全面的监测和管理，包括市政公用、市容环卫、园林绿化、城市管理执法等。通过实时监测城市各项指标,并优化资源配置和调度,提高城市的运行效率和管理水平。

通过这些功能,城市管理人员能够实现更高效、更精细的城市管理,解决传统城市管理模式中的问题。然而,由于系统功能复杂,此处仅做简要介绍。详细的阐述将于后续章节进行,以更好地展示数字政通团队的业务流程、平台的功能和效果等。同时提供具体的解决方案和参考案例,为城市管理人员提供更多的实用信息和决策支持。

第 10 章 基于时空区块链的城市网格化综合管理与协同调度系统

基于时空区块链的城市网格化综合管理与协同调度系统是一种新型的城市管理平台,它结合了时空区块链技术,将城市管理的各种数据和事件记录在区块链上,确保数据和事件的不可篡改性和可追溯性,使得城市管理更加高效、透明和安全,可以实现城市管理的全面化、精细化和智能化,提高城市管理的效率和水平,为城市的可持续发展提供有力保障。

基于时空区块链的城市网格化综合管理与协同调度系统是人机物融合的城市网格化综合管理应用支撑平台的核心业务系统。该系统以数字化城市管理模式为基础,采用"信息采集、案件建立、任务派遣、任务处理、处理反馈、核查结案、绩效考核"的全过程自动化、闭环化管理方式,实现城市运行管理中各类问题的早发现、早预警、早研判、早处置。该系统基于现有数字化城市管理信息系统即智云城市管理信息系统的核心功能,统一受理公众类 APP、公众服务号、热线、智能发现等多渠道来源案件,按照案件的分级、分类标准,实现案件智能派遣、高效处置、长效考核,推动多部门联动和城市管理问题源头治理。该系统包括统一受理、事件分拨、协同处置、绩效考核、公众服务、综合评价六个功能,通过提高城市管理的效率,减少管理成本,提升城市服务质量,实现高效处置一件事,为城市的发展提供有力的支撑。同时,该系统还利用人工智能,实现自动分析、自动处理等功能,进一步提高城市管理的效率,实现智能化管理。

基于时空区块链的城市网格化综合管理与协同调度系统的基本业务流程如下:首先,按照市、县(区)、乡镇(街道)一体化业务流程,通过市平台统一受理来自社会公众、领导批示、信访投诉、媒体曝光等多种来源的事件,市平台对以上来源的事件甄别立案后,转发给区平台,由区平台统一受理立案、派遣;其次,区平台受理来各自网格员的上报、社会公众通过区热线电话举报、领导批示等事件,区平台对此上来源的事件甄别后立案,由区指挥中心根据指挥手册下派给各级部门(区专业部门、街道、各级执法部门等)办理;然后,街道分中心一方面接收区平台分派的案件,另一方面接收网格员上报的事件并甄别后立案,立案的案件派发至专业部门进行处理,如果案件不能解决再上报至区平台;最后,再对上述案件处置过程中涉及的人员、部门进行综合评价,提升城市精细化治理水平。为实现上述业务流程及业务目标,该系统设计了具体的功能模块,提高业务流程处理效率、优化用户体验。

10.1 统一受理功能

统一受理功能是人机物融合的城市网格化综合管理应用支撑平台的统一事件受理中心,统筹接收来自不同渠道的事件,包括统一受理网格员上报、物联感知、视频智能识别、舆情监测、投诉举报等。它的建设目标是打造一个"入口多源,出口统一"的全面感知系统模块,通过平台自身感知功能,包括自主发现、状态甄别和智能分派,实现一网统管的全域覆盖、智能派单、分层分级、依责承接和高效处置。该功能还包括相似案件去重、统一网格受理、网络舆情事件融合、重复案件智能分析、智能核查和案件标签等,以提高工作效率和质量,确保案件处理的一致性和准确性。统一受理功能整合多种渠道来源的案件,提供全面感知和智能化处理的能力,大幅提升城市管理整体效能,为各相关部门提供更好的协同合作和信息共享协同服务,促进城市可持续发展和全面提升,统一受理功能如图 10-1 所示。

图 10-1　统一受理功能

10.2　案件分拨功能

案件分拨功能是指向专业部门派遣由统一受理功能受理的案件,是平台的关键功能。该功能作为统一的事件分拨中心,承担着协调和引导城市各项工作的重要职责。该功能的核心任务是将多渠道来源的案件,经过精细的分析和处理,快速准确地分派给相应的责任部门、处置单位或责任人,实现城市案件的集中管理和高效调度。多渠道来源的案件都会经过事件分拨中心智能派遣,根据案件的性质、紧急程度和责任范围,精准地将其派遣给最合适的责任部门、处置单位或责任人。同时,事件分拨中心还能够智能分配案卷,利用先进的算法和大数据技术,对案卷的智能识别和定向分配,确保每一份案卷都能得到及时处理和妥善安排。此外,基于流程配置和排班管理模块,还能够实现各项工作的优化调度和合理安排,提高工作效率和资源利用率。事件分拨功能打破了传统工作模式的局限,实现了信息高效流转和资源优化配置,推动城市管理向更高水平迈进,为市民营造更美好、安全、有序的生活环境。

10.3 协同处置功能

协同处置功能是解决案件分拨功能无法处置多部门联动案件的重要手段。它能有效应对城市管理中的各种难题,促进各部门协同合作,高效处理上报的疑难案件,是平台的核心组成部分,扮演着案件协同联动处置中心的关键角色。该功能的核心在于打造一个联动处置系统,将业务办理与信息化手段有机融合,从而显著提升派遣员、指挥长以及处置部门的工作效率。该功能包含了协同工作、疑难案件处置、跟踪督办、高效处置一件事等多个模块,可以实现全方位协同处置,增强城市网格化综合管理能力。协同工作模块助力各部门形成合力,提升工作的整体协同性与协调性;疑难案件处置模块专注于解决复杂案件,全力应对高难度案件,确保案件得到妥善解决;跟踪督办模块持续监控并推动案件的进展,保证处置工作的及时性与准确性;高效处置一件事模块能够帮助个体或部门在紧急情况下快速做出决策与行动,确保案件得到快速响应与处置。协同处置功能推动了各部门之间的协同合作,提高了案件响应和处理的能力,有效改善了城市管理的整体水平,在平台中具有重要地位,协同处置功能如图 10-2 所示。

图 10-2　协同处置功能

10.4　绩效考核功能

绩效考核功能是指对案件处置各方进行公正客观的评价,促进各方及时发现问题,整改问题,实现城市管理精细化。绩效考核功能借助综合考评模型和实时或定期的统计数据,通过信息存储和信息查询技术,以图形化或表格化的方式展示数据的实时或定期统计结果。通过构建完善的考评体系,推动城市监督管理体系朝着主动、精确、快速、直观和统一的目标迈进。该体系能够形成健全的城市网格化综合管理监督机制,包括对城市管理网格化内部的岗位、人员、区域等的评价和城市网格化综合管理水平的评估。绩效考核功能包括综合评价、监督指挥、考核结果溯源、考核申诉、考核申报和案件质检等模块。在综合评价模块中,采用综合考核方法,对不同岗位、人员和区域的绩效进行全面评估;监督指挥模块起到协调和指导的作用,确保考核有序进行;考核结果溯源模块用于追溯考核结果的来源和数据支撑,保证评价过程的可追溯性和透明性;考核申诉模块提供了对考核结果进行申诉和复核的途径,保障考核的公正和公平;考核申报模块用于各个单位和个人按规定程序申报自身的考核情况;最后,案件质检模块用于对考核过程和结果进行检查,确保考核结果的准确性和可靠性。绩效考核功能完善了城市管理的考评体系和监督机制,有助于推动城市管理的现代化转型,提升综合管理水平,为城市的可持续发展提供有力支撑。绩效考核功能如图 10-3 所示。

图 10-3　绩效考核功能

10.5　公众服务功能

公众服务功能是平台为市民提供精准、精细服务的重要窗口。公众服务功能受理的案件将通过统一受理功能进入城市网格化综合管理与协同调度系统,并按照闭环处置方式进行处置。该功能通过热线、公众服务号和公众类 APP 等方式实现。这一功能不仅具备通过协同调度系统对公众诉求的案件进行派遣、处置、核查和结案的能力,还能进行服务结果和市民满意度的调查和回访。公众服务功能包括问题上报、案件查询、评价和意见反馈等多个模块。问题上报模块为市民提供了快速、方便地上报问题和诉求的功能,实现问题的高效流转和处置;同时,案件查询模块为市民提供了案件处置情况。评价和意见反馈模块为市民提供了对服务的评价和反馈机制,确保市民的声音得到充分听取和关注。公众服务功能具备对公众诉求进行派遣、处置、核查和结案的能力,并调查和回访服务结果和市民满意度,提高城市管理的效率和质量,满足市民的需求,为城市管理的持续改进提供反馈。

10.6 综合评价功能

综合评价功能是指根据城市综合管理服务评价体系的要求,通过实时监测、平台上报、实地考察和问卷调查等多种方式收集相关数据,以对城市综合管理工作全面评价。综合评价功能包含评价指标管理、评价任务管理、平台上报、实地考察、问卷调查和评价结果生成等模块。评价指标管理模块用于定义和管理评价的指标体系,确保评价的科学性和全面性,为评价工作提供了明确的指导和标准;评价任务管理模块负责规划和组织具体的评价任务,确保评价工作的有序进行,并及时对任务进行跟踪和监控;平台上报模块实现对实时监测数据和相关信息的汇总和上报,确保数据的及时性和准确性;实地考察模块通过对城市综合管理工作的实地调研,获取真实可靠的数据和情况,为评价结果提供有效支持;问卷调查模块则通过市民和相关利益方的参与,收集其对城市综合管理工作的意见和满意度,促进社会公众的参与和民主决策;评价结果生成模块将收集到的各项数据进行整合和分析,生成准确的评价结果;通过图形化或表格化的方式展示评价结果,使研究者们能够直观地理解和分析数据,从而为城市综合管理工作的改进提供科学依据。综合评价功能通过多种方式获取能够反映城市运行状况的关键数据,对城市综合管理工作进行全面评价,推动城市的优化发展。

第 11 章 基于大数据的分析与决策辅助系统

基于大数据的分析与决策辅助系统是人机物融合的城市网格化综合管理应用支撑平台的重要组成部分。该系统通过城市运行一网统管综合展示屏"一屏观天下,一网管全城",解决在城市化进程的加速发展下,城市管理任务愈加繁重,城市需求日益复杂的难题。

基于大数据的分析与决策辅助系统感知城市中存在的各种风险,及时响应并处置。构建城市体征、运行分析、部件事件、指挥协调等各种专题,能够实时显示城市运行宏观态势,辅助决策者决策。基于大数据的分析与决策辅助系统不仅具有感知风险和响应处置的能力,还能够实现最全感知、最快响应。系统利用智能化技术手段及时发现和处置各种突发事件,保障城市的安全和正常运行,为政府决策提供科学依据,帮助政府更好地管理和服务市民,提高城市管理效率,增强城市治理能力。同时,系统也为企业提供更好的发展环境,促进经济发展。总之,基于大数据的分析与决策辅助系统是实现城市管理现代化的重要手段,"一屏观天下,一网管全城",为城市的管理和发展做出更大贡献。

11.1 城市体征专题

城市体征专题是一个汇集城市案件、部件设施、部门业务等多种关键数据的专题模块。它采用构建指数分析模型、时间和空间维度分析等方法,对城市的运行状况进行全面分析和评估,提供了掌握城市运行状况的方法。该专题包括城市区域概况、精准治理、城市问题来源分析、热点分析以及综合诊断等多个维度的信息,为城市的运行管理、领导监督以及考核评价提供了直观可视化的数据支持。对各类数据的分析,能够了解城市在不同时间和空间的运行状况,分析城市问题的根源,把握城市发展的热点和趋势,辅助政府部门和决策者制定科学的城市管理政策,从而实现精细化治理,提升城市居民生活质量。城市体征专题如图 11-1 所示。

11.2 运行分析专题

运行分析专题是基于大数据的分析与决策辅助系统中的一个重要专题模块,能展示城市运行过程中的各项数据指标。通过对历史数据和相关业务数据的精确分析,运行分析专题能够展示案件信息的基本情况,了解不同类型案件的数量、分布以及时空特征,从而更好地了解城市的安全状况和问题所在。例如,可以发现哪些区域容易发生交通事故,以及何种类型的案件频发,帮助城市管理人员有针对性地采取措施,提高城市的整体治理能力。运行分析专题还能准确展示案件处置情况,实时监测和收集案件相关数据,了解案件的受理时间、处置进度以及结果等信息,有助于各级管理部门及时掌握案件处置的效率和质量,及时调整工作重点,确保案件得到妥善处置。同时,公众也能通过专题了解到城市管理工作的具体进展,增强对城市治理的参与感和满意度。运行分析专题通过直观的图表和可视化展示,使决策者一目了然地掌握城市管理的整体状况和趋势,从而更加精准地制定决策和规划。运行分析专题如图11-2所示。

图 11-1 城市体征专题

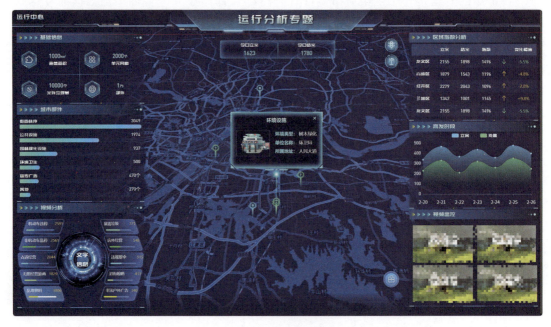

图 11-2 运行分析专题

11.3 部件事件专题

部件事件专题是指建立统一的部件设施数据库，整合道路交通设施、园林绿化设施、市政公用设施、市容环境设施、房屋建设设施等相关数据，导入适用的指数分析和预警模型，实现统一的部件设施监测和管理。通过多方面对部件设施进行综合分析，包括部件指数、类型指数、部件诊断、部件区域、高发区域等，及时发现和解决城市部件设施相关案件。该专题以部件指数和类型指数为基础，评估部件设施的综合状况和表现，帮助城市管理人员了解部件设施运行的效率和质量。部件诊断和部件区域可用于发现部件设施的问题和需求，并采取相应的改进措施。高发区域有助于定位部件设施事件高发的区域，重点加强维护和管理。通过建立统一的部件设施数据库，并结合指数分析和预警模型，实现对城市部件设施的全面监测和分析，有助于市容环境管理部门及时发现和解决部件设施相关案件，保障城市基础设施运行，提高市容环境的整体质量。部件事件专题如图 11-3 所示。

图 11-3　部件事件专题

11.4 指挥协调专题

指挥协调专题呈现城市运行的基本数据、案件态势和多维度的智能分析结果、案件高效处置信息和综合评价四大板块内容，全面展示指挥协调在案件处理过程中的全流程和闭环化。首先，通过展示城市运行的基本数据，如人口数量、基础设施情况等，直观反映城市的整体状况和特点，帮助决策者全面了解城市基本状况；其次，专题重点展示案件态势和多维度的智能分析结果，通过分析案件数据，揭示案件发展的趋势、特征和规律，帮助决策者深入了解案件的本质和背后的原因，为决策提供科学依据；专题还着重关注案件的高效处置信息，针对不同部门和不同层级的政府单位，评估和展示案件的处置效率，有助于发现潜在问题，优化资源配置，提高案件处置的效率和准确性；最后，基于案件处置结果数据，对不同区域、部门和岗位进行综合评价，以评估工作的完成程度和质量，激励工作人员的积极性，促进绩效提升。指挥协调专题为决策者提供了全面的数据支持，帮助他们更好地了解城市状况、发现问题和制定相应的政策和措施，从而提高城市管理和服务水平。指挥协调专题如图11-4所示。

图 11-4　指挥协调专题

11.5　市政监管专题

市政监管专题为城市的道路、排水、照明等重要市政公用设施的建设与运行维护情况提供了全面而关键的指标统计和趋势分析。其功能不仅限于数据呈现，还包括对市政公用设施和养护作业的动态监管，及在市政公用案件发生时的即时报警、处置响应和分析研判。市政监管专题能让决策者深入了解市政公用设施的建设和维护情况。它提供的关键指标统计和趋势分析有助于发现问题和规律，并为决策制定提供科学依据。无论是道路交通状况、排水系统运行状况还是照明设施的效能，该专题都能全面展现它们的运行状态和变化趋势。此外，市政监管专题还强调对市政公用设施的监测和养护作业的动态监管。它提供实时的公用设施状态数据，可帮助相关部门及时发现并解决潜在问题，确保公用设施的正常运行。最重要的是，该专题还提供了市政公用事件发生的及时报警、处置响应和分析研判功能。一旦出现紧急情况，系统将自动触发报警机制，并迅速通知相关部门进行处置。市政监管专题有助于提高市政公用设施的管理效率和服务质量，为居民创造更加安全便利的城市环境。市政监管专题如图11-5所示。

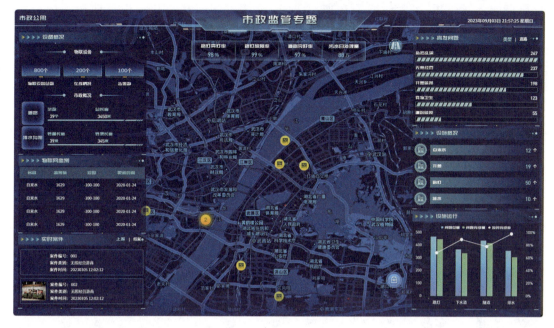

图 11-5　市政监管专题

11.6　环卫监管专题

环卫监管专题为城市的环卫设施建设与运行维护情况提供全面的数据统计和趋势分析，包括垃圾清运、公厕等环卫设施的建设与运行情况，以及道路清扫、垃圾分类等重要指标的统计和分析。环卫监管专题不仅是数据汇总平台，更强调对城市环卫设施的日常监管。该专题能让监管部门及时了解环卫设施的基本状况和养护作业，并进行动态监管，有助于发现和解决问题，保障环卫设施高质量运行。此外，环卫监管专题还具备及时报警、处置响应和分析研判的功能。系统会在市容环卫案件发生时触发报警机制，通知相关部门进行快速处置。同时，专题还记录和分析案件处理的过程，为决策者提供案件管理的有效数据和经验总结。环卫监管专题通过全面的数据统计、趋势分析、巡查监管和案件处置功能，为城市环卫管理工作提供有力支持。环卫监管专题如图 11-6 所示。

11.7　园林绿化专题

园林绿化专题提供全面的统计数据和趋势分析，统计分析城市绿地、古树名木以及城市公园建设与运行维护等各类数据，为决策者提供重要的决策支持。园林绿化专题更注重动态监管园林绿化设施和养护作业，这有助于及时发现问题并采取相应的措施，确保园林绿化设施的良好状态和可持续发展。除此之外，园林绿化专题还具备及时报警、处置响应和分析研判的功能。一旦出现园林绿化案件，系统将自动触发报警机制，并迅速通知相关部门处置并进行记录和分析。园林绿化专题通过全面的数据统计、趋势分析，以及巡查监管和案件处置功能，帮助决策者了解园林绿化设施的建设和运行状况，实现更高效的管理和维护，从而营造宜人的城市环境，让居民享受到绿色和谐的生活。园林绿化专题如图 11-7 所示。

图 11-6　环卫监管专题

图 11-7　园林绿化专题

11.8 综合执法专题

综合执法专题为城市综合执法领域提供全面的数据统计和趋势分析。专题详细记录了城市管理执法主体、执法机构、执法人员以及执法车辆的基本情况,为决策者提供重要的参考信息。综合执法专题对执法机构、执法人员和执法车辆等日常执法作业进行动态监管,通过该专题,相关部门可以实时了解执法活动的执行情况,以及执法过程中的问题和不足,并及时采取有效措施。这有助于提高执法质量和效率,并加强对执法活动的管理和监督。此外,综合执法专题还提供关键指标的统计和分析,为决策者提供全面的数据支持,通过对统计数据的深入分析,发现执法工作的规律和趋势,并据此制定更科学合理的执法政策,从而推动城市综合执法工作向着更高水平迈进。综合执法专题如图 11-8 所示。

图 11-8　综合执法专题

11.9 社情民意专题

社情民意专题凭借整合民情事件标识和文本语义表征的研究成果,汇集了来自 12319(城建服务热线)、12345(政务服务便民热线)、市民通、公众号等多个渠道的市民诉求信息。通过对市民诉求信息进行多维分析,特别关注诉求频发的信息类型,以便决策者更好地掌握市民当前最关注的问题。该专题的主要功能包括民情受理、民情热点、案件地图、民情处置以及效能分析。民情受理要高效地接收和整理来自不同渠道的市民诉求,确保信息的准确性和完整性;民情热点聚焦市民最关注的问题,帮助决策者快速了解社会热点,及时采取措施回应市民需求;案件地图以地理空间为视角,直观展示民情事件分布情况;民情处置将案件推送至业务处置部门解决,确保案件得到快速有效处置;效能分析能够评估监测各项案件处置工作的效果和效率,为决策者提供重要参考。社情民意专题凭借先进的技术手段和功能优势,帮助决策者洞察市民关切、解决市民需求,提升了政府对市民需求的响应能力。社情民意专题如图 11-9 所示。

图 11-9 社情民意专题

11.10 物联感知专题

物联感知专题是指采集各类城市运行管理设施和设备的物联感知数据,全面推动城市空间、城市部件和城市动态的数字化进程,推进治理要素的全面数据化,增强城市运行状况的智能感知能力。同时,该专题还注重对城市运行趋势分析和问题演化研判,实现对城市治理体系和治理能力的全面提升。物联感知专题能够获取各类城市运行管理设施和设备的实时运行数据,为城市治理提供强有力的支持,帮助决策者更加全面地了解城市的运行状况和管理需求。同时,治理要素的全面数字化能够更精确地分析和预测城市运行趋势,发现问题,从而有针对性地制订解决方案和改进措施,提升城市治理的效率。物联感知专题如图 11-10 所示。

11.11 慧眼识别专题

慧眼识别专题是一项融合了基于视频识别的城市运行复杂事件感知与标识技术的创新项目。通过实时感知城市各类视频设备的运行状态,慧眼识别专题能够准确识别并展示城市运行中的常见案件,为城市管理的智能研判提供重要支持。该专题不仅展示目标区域内视频设备的分布情况,还将常见案件智能识别并分类,帮助决策者迅速理解和分析案件。而详细的案件处置展示功能可以全面呈现案件的处置信息和进展,使决策者能够及时采取措施进行干预和协调。慧眼识别专题还具备智能识别和预警功能,能够及时发现和预警潜在风险,为决策者提供重要参考。同时,通过趋势分析,该专题能够利用大数据为决策者提供深入见解和策略思考,帮助他们进行长远规划。慧眼识别专题为决策者提供全面、准确的数据支持,使其能够迅速了解城市运行状况并做出相应决策,推动城市治理达到新的高度。慧眼识别专题如图 11-11 所示。

图 11-10　物联感知专题

图 11-11　慧眼识别专题

第 12 章　城市管理行业应用系统

城市管理行业应用系统是人机物融合的城市网格化综合管理应用支撑平台的重要组成部分,2015年中共中央、国务院印发了《关于深入推进城市执法体制改革改进城市管理工作的指导意见》,明确了城市管理的主要职责。为支撑城市管理工作,提高城市管理信息化水平,应针对市政公用、市容环卫、园林绿化和综合执法等建立相应的信息化管理系统。数字政通团队研发的人机物融合的城市网格化综合管理应用支撑平台包含相应的城市管理行业应用系统,为各地城市管理部门提供相关业务系统的建设。

12.1　市政公用

广义的市政公用设施既包括由城市管理部门管理的城市基础设施,又包括交通运输、通信、电力管理部门管理的城市基础设施,可分为:市政工程设施、环卫设施、园林设施、交通设施、城市安全设施、能源设施、通信设施等,是城市赖以生存的物质基础,是社会的公共财产,是广义城市管理的物化对象。狭义的市政公用设施主要是指城市管理部门管理的城市基础设施中的市政公用设施,通常包括城市规划区内的城市道路、照明、园林绿化、环境卫生、供水、燃气、热力、排水、管廊、污水处理、垃圾处理等设施及附属设施。近年来,部分城市利用现代信息技术,在市政设施基础数据管理、市政设施巡查养护、市政设施运行状态监测等方面开展了探索与实践。

本平台的市政公用系统(见图12-1)是利用移动互联网、物联网、云计算、大数据等新技术,为市政管理人员以及市政从业人员提供更高效、更便捷、更丰富的沟通与交互,满足市政领导、业务科室管理人员、巡查人员的整体掌控、日常巡查、管养维修、实时监测等不同需求,从而大幅提升监管效率,防患于未然。构建市政公用系统的目的在于提升城市管理的效能和水平,通过信息化技术的应用,实现对市政公用设施和相关管理工作的科学化、精细化、智能化。市政公用系统包括道路、排水、照明等相应的信息化系统,主要包含市政设施管理、巡查管理、工单管理、设施管养和维修台账、工程管理、系统配置维护等模块。

12.1.1　市政设施管理模块

市政公用系统基于对市政设施的全面摸底普查,建立了一套全面的市政设施基础数据库,涵盖各类市政基础设施,包括道路、管网、泵站、路灯等,为市政设施管理提供了重要的数据支持。

市政设施管理方面,系统具备灵活的查询统计和导出功能,使得市政管理人员能够便捷地调阅相关数据。用户通过系统实现数据查询和信息统计分析,快速获得所需数

图 12-1 市政公用系统

据。此外,针对设施属性变更的情况,系统具备属性编辑功能,当市政设施属性发生变化时,市政管理人员通过系统完成编辑,实现对市政设施相关属性信息的更新,确保数据库中的数据能够及时准确地反映实际情况。市政设施基础数据库的建立和管理,有效提升了市政公用系统对市政设施信息的管理和利用能力,进一步优化了市政设施管理的效率和准确性,为城市的规划、运营和维护提供了有力的支持。

12.1.2 巡查管理模块

市政公用系统的巡查管理模块(见图 12-2)根据巡查上报案件特点,制订相应的养护计划,确保案件得到有效处置。在巡查人员上报案件之后,系统根据案件的性质和紧急程度,自动将任务派遣给相应的权属单位或专业的养护单位进行处置。通过集中管理和统一协调的模式,有效提高了案件处置的效率和准确性。在任务处理过程中,系统具备实时跟进任务的进展情况并记录相关的反馈信息的能力,便于市政管理人员随时查看任务的状态和处理情况,做出相应的决策和安排。通过系统的全程跟踪和监管,巡查任务得以高效完成,问题得到迅速解决。此外,市政公用系统也支持对工地的监督管理,对于正在进行的工程项目,系统支持智能制订相应的巡查计划,确保工地符合规范和安全要求。建立有效的巡查机制,及时发现和解决工地问题,可避免潜在的安全隐患,保障城市的建设质量和公共安全。科学高效的巡查管理模式,提高了案件处置的效率,为城市的管理和发展提供了良好的支持。

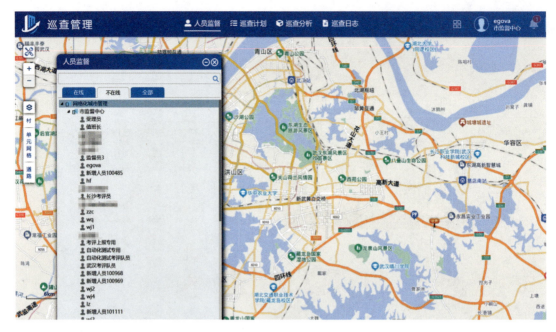

图 12-2　巡查管理模块

12.1.3　在线监测模块

在线监测模块(见图 12-3)用于展示物联设备在城市中的地图分布,并提供对各类物联设备监测数据的实时回传。通过该模块,市政管理人员能够掌握设备的实时状态和运行情况,实现对城市基础设施和环境的全面监测和管理。在线监测模块支持对物联设备实时监测数据的回传,并具备智能报警功能。当监测数据超过设定的阈值时,系统立即生成相应的报警信息,并通过短信形式将报警内容通知相关责任人,通过即时报警机制快速启动紧急响应,解决隐患,保障城市稳定和安全的运行。报警信息的处理不仅限于通知责任人,市政管理人员还可以对报警信息进行进一步的处理和处置,与相关部门和人员协同合作,共同应对案件,并及时评估和追踪案件的处置进展。在线监测模块通过物联设备的地图展示、实时监测数据查看、报警信息提醒以及报表功能,实现了对城市基础设施和环境的全方位监控。

12.1.4　工单管理模块

工单管理模块受理市政综合监管中心接收到的事件,实现立案管理。对于市政综合监管中心接收的来自城市管理监督员上报和核实的问题,其中符合立案条件的给予立案处理,录入立案意见,对于不符合立案条件的问题由用户录入销案信息进行销案处理。立案后,系统会自动读取城市管理监督员采集来的事件,工作人员填写相关立案意见后,市政综合监管中心将案件批转给协同工作子系统进行派遣处置。

图 12-3　在线监测模块

12.1.5　设施管养和维修台账模块

设施管养和维修台账模块(见图 12-4)。对例行养护任务可制订不同周期的养护计划。养护任务下派到对应的养护人员进行处置,对日常问题的维修台账由一线养护人员进行现场维修后反馈维修结果,形成维修台账,同时支持查看当前用户待处理、进行中、已完成的养护任务,包括养护任务编号、养护内容等,可通过地图定位查看任务地点。对养护计划进行增加、删除、修改、查询等基本操作,所有养护任务均可导出 Excel 表格。选中养护任务后可查看养护计划、办理经过、任务附件、养护成果。

图 12-4　设施管养和维修台账模块

12.1.6 工程管理模块

工程管理模块(见图12-5)通过将工程信息、工程建设进度等各个环节的数据进行系统记录和管理,实现对市政单位建设工程的信息化管理。该模块便于业务科室管理人员清晰地了解工程进度和整体情况,并对工程的全部档案进行管理和归档。工程档案根据工程的类型和工程年份进行分类,方便业务科室管理人员查找所需档案信息。通过工程管理模块,业务科室管理人员能够全面掌握工程进展情况,查询和监控工程建设的各个环节,包括工程设计、施工进度、材料采购、质量控制等。

图12-5 工程管理模块

12.1.7 系统配置维护模块

系统配置维护模块(见图12-6)是管理系统管理员使用权限的模块,是智慧市政业务的管理工具和维护平台,用于配置和维护智慧市政业务基本信息,维护市政体系组织机构,完成岗位、人员权限管理,便于业务科室管理人员快捷地调整系统,以适应业务需要,并在系统运行过程中不断完善系统配置以适应业务变化的需求。

当用户业务分类、管理范围、部门人员及管理办法发生变化时,系统管理员通过该模块实现快速配置。

12.2 市容环卫

市容环卫包括城市市容和环境卫生两个方面。城市市容即城市容貌,是城市外观的综合反映,是与城市环境密切相关的城市建(构)筑物、道路、园林绿化、公共设施、广告标志、照明、公共场所、城市水域、居住区等构成的城市局部或整体景观。环境卫生是指城市空间环境的卫生,主要包括城市街巷、道路、公共场所、水域等区域的环境整洁,城市垃圾、粪便等生活废弃物的收集、清除、运输、中转、处理、综合利用,城市环境卫生设施规划、建设与管护等。近年来,部分城市利用现代化信息技术,在环境卫生设施基础数据管理、环境卫生作业车辆与作业人员管理、机械化作业、垃圾转运与处置、垃圾分类、公厕管理等方面开展探索与实践。

图 12-6　系统配置维护模块

市容环卫系统（见图 12-7）主要面向城市环卫管理部门，将环卫业务管理涉及的设施、人员、车辆、事件等要素整合到信息管理平台，充分发挥平台快速、高效、便捷的优势，加大移动督查力度，确保作业质量进一步提升，同时支持对环卫人员的考勤管理，形成长效化的管理机制。系统主要包含环卫人员管理、环卫车辆管理、环卫设施管理、垃圾分类管理、垃圾收转运管理和公厕管理等模块。

图 12-7　市容环卫系统

12.2.1 环卫人员管理模块

环卫人员管理模块是针对环卫人员环卫作业的全面信息管理平台,从而提高城市环卫工作效率,并实现对环卫作业的追踪、评估和改进,提升环卫人员管理的科学性。主要功能包括环卫人员信息管理、环卫人员查询、网格定义、地图定位、历史轨迹等。通过该系统,环卫管理人员能够全面管理和记录环卫人员的个人信息,快速查询和筛选特定人员,划分网格区域以实现更精细化的管理,准确追踪环卫作业人员的移动轨迹,了解作业范围和活动情况,以及记录报警和作业信息。该模块为环卫管理人员提供了全面的数据支持和决策依据,促使环卫工作更加高效,进一步改善城市环境。

12.2.2 环卫车辆管理模块

环卫车辆管理模块(见图12-8)管理的对象主要是各类环卫车辆,如机械化作业车、垃圾运输车、餐厨垃圾运输车和粪便运输车,它对车辆的基础数据和轨迹数据进行收集。为适应不同部门对不同车辆的需求,系统按部门对车辆进行权限管理。该模块提供了车辆监控、车辆报警、运行管理、电子围栏和以图找车等功能。车辆监控实时跟踪车辆的位置和状态,便于环卫管理人员了解车辆运行状况;车辆报警可以及时发现异常情况并提供警报通知,促使环卫管理人员迅速采取措施;电子围栏设置虚拟区域,车辆进出时可触发报警通知;以图找车通过地图界面显示车辆位置和轨迹,便于环卫管理人员快速定位和追踪车辆。该模块提高了车辆管理效率和作业质量,为环卫管理人员提供即时的车辆信息和报警提示,确保车辆安全顺畅运行。

图12-8 环卫车辆管理模块

12.2.3 环卫设施管理模块

环卫设施管理模块(见图12-9)借助GIS实现了对环卫基础设施的全面管理。通过与现有道路数据、分类小区数据的整合,并结合新普查的环卫设施数据,建立基于GIS的环卫设施数据库。通过GIS的空间数据分析和可视化,实现了对环卫设施的地图管理、集中展示和统计分析。环卫管理人员通过该模块直观地掌握环卫设施的分布情况,快速查询和定位。同时利用GIS的空间数据分析,进行环卫设施的优化和布局调整,提高资源利用效率。该模块还支持对环卫设施的统计分析,生成相关报表,用于决策参考。通过GIS的可视化呈现,提高了环卫设施管理的效率,进一步改善了城市的环境卫生水平,为市民提供更加舒适、宜居的居住环境。

图12-9 环卫设施管理模块

12.2.4 垃圾分类管理模块

垃圾分类管理模块利用综合数据库管理技术,搭建垃圾分类专题数据库。该数据库包含分类小区、企事业单位、分类投放点、分类收集点、转运车辆、环卫人员等基础数据。通过对基础数据的管理,实现对垃圾分类基础台账的添加、编辑、导入和填报等操作,从而实现对垃圾分类涉及的业务主体、作业主体以及设施的精细化管理。通过该模块,各项垃圾分类业务主体和作业主体的基本信息得到了精细化管理。环卫管理人员可以随时查看和更新小区垃圾分类的情况,监控企事业单位的垃圾分类情况,掌握分类投放点和收集点的使用情况,以及调度和跟踪转运车辆和环卫人员的工作进展。精细化管理模式有效提高了垃圾分类的效率,为城市垃圾分类事业的发展提供有力支持。

12.2.5 垃圾收转运管理模块

垃圾收转运管理模块(见图 12-10)与转运站地图软件对接,实现了垃圾数据的在线采集、实时传输和查看。垃圾数据包括进站车辆、出入站时间、皮重、毛重、净重等信息。环卫管理人员通过该模块查看实时数据、详细信息,并分析其变化趋势。此外,汇总统计为用户提供了全面的数据统计和分析工具,有助于优化垃圾收转运管理的效率。

图 12-10 垃圾收转运管理模块

12.2.6 公共厕所管理模块

公共厕所管理模块(见图 12-11)通过以公厕为单位,以公厕运行数据为核心,为环卫管理人员提供一个全面了解公厕状况的平台。该模块包括公厕分布地图、公厕状态展示、客流量分析、保洁员考勤统计、运营情况统计、例行检查评分统计、公厕详情面板以及臭气指标检测报警处置等子模块。公共厕所管理模块通过这些功能的整合,为环卫管理人员和用户提供了便捷的公厕管理和使用体验,促进了公共设施的优化和城市环境的改善。

12.3 园林绿化

园林绿化管理主要包括园林绿化系统规划管理、园林绿化项目建设管理、园林绿化养护管理、城市公园绿地管理、城市古树名木管理等。近年来,部分城市利用现代信息技术,在城市绿地基础数据管理、园林绿化设施基础数据管理、园林绿化巡查管理、园林绿化养护管理、园林病虫害防治、古树名木管理、城市公园管理、园林城市评价等方面开展了探索与实践。

图 12-11 公共厕所管理模块

园林绿化系统(见图 12-12)主要面向城市园林绿化管理部门,将园林业务管理涉及的园林技术信息、苗木、公园及园林养护等要素整合到信息管理平台,充分发挥平台的快速、高效、便捷优势,加大移动督查力度,确保作业质量进一步提升,同时实现对环卫人员的实时考勤管理,形成长效化的管理机制。该系统包括园林基础数据管理、古树名木管理、城市公园管理和配置管理等模块。

图 12-12 园林绿化系统

12.3.1 园林基础数据管理模块

园林基础数据管理模块(见图12-13)的管理对象是园林绿化部门管理的各种关键设施与构件,以行道树、独立树木、花架花钵、绿地护栏、护树设施以及其他附属设施为主。该模块致力于完善园林绿化设施的高效管理,提供全面的信息查询和更新功能,可以准确把握设施的分布情况与状态。该模块便于园林绿化管理人员掌握各类设施的详细资料与特点,行道树的种植位置、种类和生长情况,独立树木的数量、树种和保养状况,花架花钵的布局,花卉种类和季节变化,绿地护栏和护树设施的形式与材质,以及其他附属设施的用途与位置分布等信息。该模块具有设施分布、设施查询、设施统计、设施编辑和重点设施功能。

图 12-13　园林基础数据管理模块

12.3.2 古树名木管理模块

城市各类古树名木属于稀缺资源,所以迫切需要针对古树名木进行精细化养护,及时掌握古树名木的生长情况及病害情况,以便第一时间进行预防处置。对于古树名木基础数据缺失的、古树已普查但普查属性不完整的情况,可以通过古树名木管理模块(见图12-14)将古树名木信息登记入库,纳入信息化管理。该模块具备古树管理、树木类型、古树养护、养护统计、古树统计等功能。这些功能的综合运用,能够实现古树名木的精细化养护,提前发现问题并采取相应措施,从而保护这些宝贵的自然遗产。

12.3.3 城市公园管理模块

城市公园管理模块(见图12-15)的对象以城市的公园和开放式绿地为主,通过实时监测实现对其的有效管理。利用GIS结合现有的公园视频监控资源,可以对公园的基本信息、绿地设施和养护工作等进行全面管理,在减少人力和物力投入的同时还能简化管理流程,降低管理的复杂性。城市公园管理模块具备多项功能,包括基础数据、综合查询、公园实景以及客流量等。城市公园管理模块利用实时监测手段,对城市的公园和开放式绿地进行综合管理,提升了公园管理的质量和效率。

图 12-14　古树名木管理模块

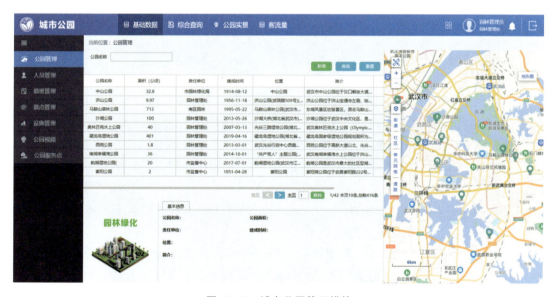

图 12-15　城市公园管理模块

12.3.4　配置管理模块

配置管理模块(见图 12-16)是专为系统管理员设计的模块,是园林绿化系统的管理和维护工具。通过配置管理模块,系统管理员能够方便快捷地对系统进行调整,以满足业务需求。它支持园林绿化管理人员根据实际情况进行组织机构的调整和优化,确保系统中的各个部门和岗位的设置与实际业务相符。对人员权限的灵活管理,尤其是合理控制系统内各个人员的访问和操作权限,对于保障系统的安全性和数据的完整性有着重要意义。配置管理模块还支持根据业务需求的变化不断完善系统。持续地优化配置,有助于确保系统与用户需求保持一致,并保障系统高效运行。

图 12-16　配置管理模块

12.4　综合执法

综合执法是指城市管理执法部门联合多个执法主体,协同执行城市管理相关法律法规,综合运用各项执法手段,以维护城市秩序、提升城市环境质量和保障市民生活品质。随着城管执法体制改革的不断推进,各地都在积极推进城管执法信息系统建设,一方面,强化执法记录仪、移动智能执法终端、穿戴式智能执法终端、无人机、执法车、车载视频监控等装备建设,对执法活动全过程进行记录,实现全过程留痕和可回溯管理;另一方面,打造集移动执法、执法办案、执法监督、勤务管理、绩效考核等于一体的综合执法系统,规范执法行为,提高执法办案效率。

综合执法系统(见图 12-17)运用物联网、互联网、云计算、大数据等信息技术,从日常执法管理、执法办案和执法监督需求出发,实现综合执法工作网上开展、执法文书网上制作、执法监督实时进行、执法管理精细落实。通过精细化执法管理、智慧化执法办案、智能化执法监察完整覆盖综合执法系统,打造新时代综合执法新模式、新方向、新形象。该系统包括移动执法、人员管理、执法办案、法律法规、行政执法监督以及统计查询等模块。

图 12-17　综合执法系统

12.4.1　移动执法模块

移动执法模块是专为现场执法人员配备的,依托无线网络,完成专业执法数据库与多种无线终端之间的双向信息交换,实现执法业务处理的"信息上路"。现场执法人员通过该模块上报案件,根据案件查询到对应的违规罚则,填写相对人的基本信息、事发地点,并对现场情况拍照留取证据,将相关信息统一上报至系统。该模块支持通过连接蓝牙打印机开具罚单,现场进行处罚。该模块包括通用功能、即时通信、地图、公文通告、法律法规、移动考勤、巡查上报、案件上报、案件处置、案由查询、"门前三包"、审批查询、综合查询、一键挪车、违停、移动执法监督等。

12.4.2　人员管理模块

人员管理模块主要用于办理执法人员的入职和离职,对执法人员的信息进行修改和展示,对即将转正和合同到期、证件到期的执法人员进行提醒,实现对执法人员的精细化管理。人员管理模块为城市管理执法部门的运行提供了重要的支持,确保了人力资源的优化配置和合理调配。通过该模块的综合应用,能够更好地管理和维护执法人员的档案信息,保障整个机构高效和有序地运行。

12.4.3　执法办案模块

执法办案模块在推进执法工作的标准化和高效化方面起到重要的作用。它将办案流程规范化,确保各类执法文书的格式化和标准化,以及违法行为案由和裁量的标准化和统一化。该模块为满足执法人员在现场执法时的需求,以及办案管理方面的需求,建立了移动端和办公端的双端接入,并确保双端数据和业务之间的互通,有效提升了执法人员的效率,降低了人为错误的发生率,并且实现执法信息的快速传递和共享。

12.4.4 法律法规模块

法律法规模块主要是对法律法规进行录入、编辑和查询以及案由、自由裁量的编辑、维护。它详细规定了每一类执法问题的管理要点、执法单位、处置标准。通过建立完善的法律法规编码机制,以及事由编码到罚责编码、违责编码和处罚内容相互对应的机制,以便于执法人员选择相应执法事项后,系统自动关联违则、罚则、自由裁量标准等,亦可作为执法人员日常学法的工具,从源头保障法律的执行能够公平公正。

12.4.5 行政执法监督模块

行政执法监督模块作为综合执法系统的一部分,集成了各个业务系统的功能和信息,提供了一个统一的窗口,可用于获取全市范围内综合执法的实时动态信息和业务管理资源。行政执法监督模块可以展示在线执法人员,提供轨迹数据查看功能,并显示案卷定位,统计每支队伍上报的案卷数量及详细信息。行政执法监督模块为综合执法工作提供了实时的信息展示和全面的数据统计,让执法管理人员能够更好地掌握执法情况和资源分配情况,进一步提升城市管理行政执法的水平和效能。

12.4.6 统计查询模块

统计查询模块主要是对执法案卷、执法人员和主体等进行统计。数据主要来源于业务受理及执法办案系统。数据以表的形式存储在数据库中,因而通过自定义配置,即可统计和查询各类数据。通过对综合执法系统的信息查询,实现对历史数据的统计,将其以图形化或表格化的方式显示出来为执法考核提供依据。同时通过可视化的图表宏观分析辖区执法行为,为执法管理人员宏观决策提供依据。

第 13 章 城市应用示范模式及案例

应用示范是检验人机物融合的城市网格化综合管理应用支撑平台的有效途径。项目组在对北京等示范城市进行充分调研分析的基础上,集成项目研究的新模式、关键技术、智能装备等研究成果,在数字政通团队广泛推广人机物融合的新一代城市网格化综合管理应用支撑平台上充分验证并推广。

人机物融合的新一代城市网格化综合管理应用支撑平台实现了跨部门和跨系统的数据交互、深度关联与决策分析,创新了基于空间区块链的多部门城市运行数据的认证透明化、管理安全化、工作协同化,并在北京、上海、天津等超大/特大城市开展应用实践。但各城市的信息化基础、管理体制等不同,导致研发内容无法全部落地实践,因此需要针对各城市状况,分析归纳平台的应用路径,找到不同类型城市的应用范式。

13.1 示范模式

为了更好地开展应用示范,我们调研并分析了各个示范城市的基本状况,将城市信息化基础设施建设的信息化程度与专业网格化建设状况进行了分类,大致可以分为以下四类:

(1) 第一类是城市基础设施集中建设信息化程度高且专业网格化建设充分。这类城市包括市政、环卫、园林、执法、公用等网格化管理部门,具备完善的网络设施和信息化管理系统。这些系统的应用程度较高,可以有效实现对城市的网格化管理。然而,由于专业网格化管理部门相对独立,缺乏有效的信息共享和协同机制,导致在实际应用中存在一定的孤立现象。

(2) 第二类是基础设施建设信息化程度高但专业网格化建设不齐全的城市。这类城市在基础设施建设信息化方面取得了较好的成果,但在某些领域的专业网格化建设仍然存在不足。这可能会对相关领域的管理和服务产生一定的影响,需要进一步提高专业网格化建设的完善程度。

(3) 第三类是基础设施建设信息化程度低但专业网格化建设充分的城市。这类城市的基础设施建设信息化程度相对较低,但在专业网格化建设方面却做得较好。尽管专业网格的业务应用和推广效果可能不如其他类别的城市,但由于整体的网络覆盖和信息化水平较为均衡,仍然能够提供较好的管理和服务。

(4) 第四类是基础设施建设信息化程度低且专业网格化建设差的城市。这类城市的基础设施建设信息化程度相对较低,专业网格化建设存在明显不足。这可能会对城市的管理和服务水平产生较大的影响,需要加大投入力度,提升城市的信息化建设水平和网格化管理能力。

由此可见，不同类型的城市在信息化建设水平和网格化管理能力方面存在差异，需要根据实际情况制定相应的发展策略和措施，以提升城市的信息化建设水平和网格化管理能力，为市民提供更好的管理和服务。在充分考虑了上述的城市分类以及各城市管理体制与运行机制的差异后，我们归纳出了人机物融合的新一代城市网格化综合管理应用支撑平台的部署策略和示范推广路径。大致来说，这些策略和路径可以分为三种模式：

（1）集中部署模式（见图13-1）。这种模式适用于上述的第二类和第四类城市。在这种模式下，应集中化地建设和部署网格化综合管理应用支撑平台，完善专业网格化建设。通过这种方式，可形成一个紧耦合的一网统管系统应用，这个系统能够实现对城市的全面管理和控制，同时，也需要建立一个统一的城市运行大数据、关联分析和综合决策机制，以便更好地服务于城市的发展和管理。

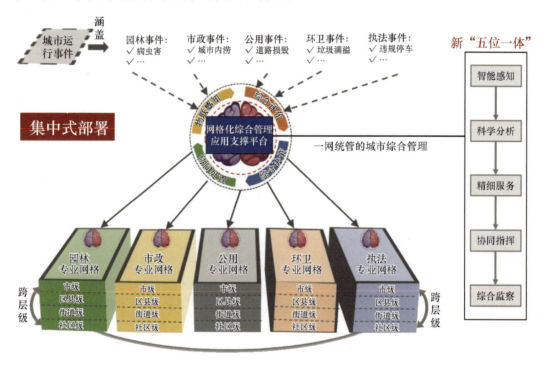

图13-1 集中部署模式

（2）联邦部署模式（见图13-2）。这种模式适用于信息化程度高的城市，比如第一类城市。在这些城市中，需要依托已有的网格化综合管理应用支撑平台。对于信息化程度低的城市，比如第三类城市，需要采取独立建设的方式。无论是依托已有设施还是独立建设，都需要以原有的建设水平较高的专业网格为基础，通过空间区块链关联各专业网格，形成一个松耦合的一网统管系统应用。

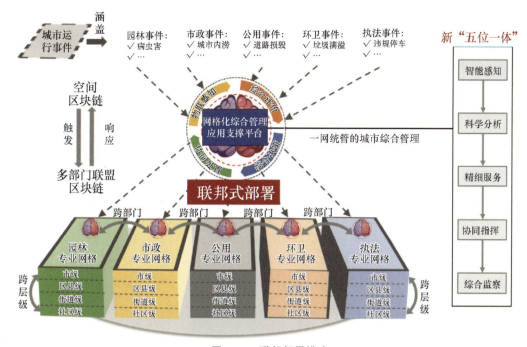

图 13-2　联邦部署模式

（3）个性化建设增选模式（见图 13-3）。这种模式是基于前两种模式进行的，在这种模式下，需要根据各城市的特点和管理需求，增加个性化的网格建设选项。例如，对于具有旅游特色的杭州市和青岛市，需要强化面向旅游和流动人口的专业网格建设，以满足这些城市的特殊需求。

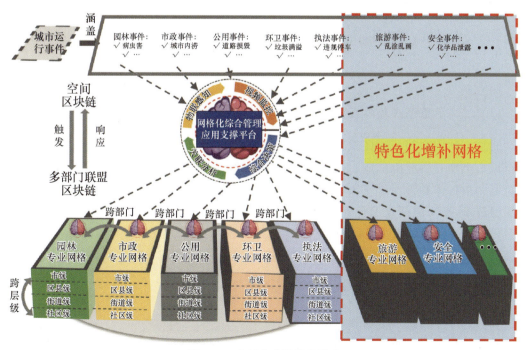

图 13-3　个性化建设增选模式

这三种模式都旨在通过城市网格化综合管理应用支撑平台，提高城市的信息化建设水平和网格化管理能力。同时，这三种模式也考虑了各城市的特殊情况，以确保平台能够在实际操作中得到有效的应用。

13.2 北京市应用示范

13.2.1 城市基本底数

13.2.1.1 城市基本情况数据

从城市基本情况数据方面来讲，北京市是首都、直辖市、国家中心城市、全国政治中心、文化中心、国际交往中心、科技创新中心、超大城市。它下辖16个市辖区，其中中心城区面积约1378平方千米，有139个街道（镇、乡）和2319个社区（村）。根据2020年11月的数据，北京市常住人口为2189.3万人，其中中心城区人口为1098.8万人。

13.2.1.2 城市管理部门职责

从城市管理部门职责方面来讲，北京市的城市管理部门为北京市城市管理委员会，其职责除了负责城市网格化管理工作外，还主要承担包括城市容貌、环境卫生、燃气、供热、煤炭、电力、市政管线及附属设施、地下综合管廊、再生资源回收、加气（电）站、户外广告设施、城市照明设施等方面的安全监管或管理责任。

13.2.1.3 城市信息化基础现状。

从城市信息化基础现状方面来讲，北京市于2005年建成以网格化管理为基础的北京市信息化城市管理系统，并实现了与原城八区城市管理平台的联网，是全国第一个覆盖大部分城区范围的信息化城市管理系统。系统具有信息采集、传递、协调处置、监督指挥和统计分析功能。它可以实现案件的接收、登记、分派、核实核查、结案等，也可实现案件的查询、统计等功能，并集成了地理空间数据、单元网格数据、地理编码数据等数据资源。

13.2.2 示范范式及内容

北京市适用联邦部署模式。本项目团队在北京市开展应用示范时，将其列为特色示范城市类型开展应用示范，主要应用了一网统管下城市网格化综合管理新模式、城市运行监测指标体系等理论成果，多渠道城市运行事件关联分析、城市运行事件预警预报等关键技术，城市网格化综合管理在线服务，通过搭建的城市网格化综合管理应用支撑平台作为应用示范的载体，并个性化建设冬季奥林匹克运动会（简称"冬奥"）指挥、地下管线运行安全、智慧园林等系统。

13.2.3 应用示范案例介绍

13.2.3.1 北京冬奥运行调度实践案例

为适应冬奥对城市治理提出的更高要求，全力保障赛区城市（区）项目建设和运行工作，结合研究的新一代城市网格化综合管理应用支撑平台构建城市运行指挥调度系统,以保障努力构建高效顺畅的城市运营和整洁优美的城市环境,助力打造北京冬奥靓丽名片。

1. 打造智慧冬奥大屏

北京市城市运行调度指挥平台,助力构建多层级高效顺畅的指挥体系,实现冬奥组委、各区、各场馆方方面面力量的汇集。该平台按照一网统管与"智慧城市"总体设计理念,基于北京城市管理全行业领域业务数据,以"数据—信息—知识—智慧"的数据梳理脉络,形成城市管理领域"指标—体征—脉搏"体系,按行业对业务指标、热点主题、重点工作、高发问题、专项工作等进行数据采集、汇聚与分析,达到预测、预警的新型智慧城市管理目标。通过增强各业务领域数据及跨领域综合数据的实时掌控能力,构建城市管理领域的一网统管,支撑领导实现准确高效决策,实现精细化城市治理。

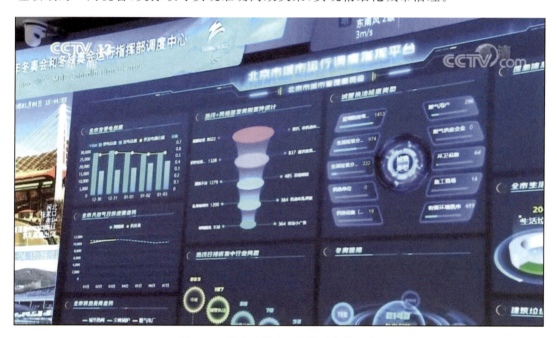

图 13-4 北京市城市运行调度指挥平台

该平台冬奥专题的数据来源于 2022 年冬奥和冬残奥北京市运行保障指挥部城市运行及环境保障组。主要从应急保障、环卫保障、市政专业保障和安全检查等四个方面来反映城市运行的状态,每天进行常规化检查和巡查,对发现的问题及时解决和整改,全力保障冬奥顺利进行。

2. 营造石景山冬奥景貌

石景山网格化融合平台和石景山 12345 市民服务热线智能分析平台按照"绿色办奥、共享办奥、开放办奥、廉洁办奥"的理念,全面做好冬奥组委会及场馆进驻服务保障工作。

冬奥筹备期间,石景山区致力按照高端绿色和"五个典范"标准,营造更高水准的城市景观风貌。在网格化平台支撑下,结合"疏解整治促提升"专项行动,加大对大杂院、直管公房、低端落后市场的疏解力度,加强城市主干路网、重要功能区周边建筑立面环境整治,强化背街小巷环境、便民市场卫生综合治理,整治沿街道路和社区乱停车,改善人居环境。通过多维度精细化、网格化治理,石景山区事件处理效率得到极大提高,市民满意度直线提升。

3. 构建延庆冬奥特色网格

北京市延庆区作为2022冬奥赛区之一,其网格化服务管理融合平台建设项目划分了41个冬奥特色网格,为冬奥的成功举办提供保障服务。

平台建设以落实区委、区政府关于"坐实一张基础网格、整合一个信息系统、梳理一份权责清单、打造一支专属队伍、健全一套运行制度"的"五个一"工作标准,以"未诉先办"为工作目标,完善网格化管理发现问题处置机制,建立健全区级委办局、街乡镇、社区(村)、微网格四级联动,高效配合的处置机制。全面加强区城市管理相关单位与城市网格化管理体系的协调和对接,提高问题处置效率,加快组建与城市管理相适应的网格员队伍。通过人员入格,实现定人、定格、定责,形成"横到边、纵到底、全覆盖、无缝隙"的服务管理责任网格。全面提升城市指挥中心受理、指挥、考评、采集、分析的能力,进一步深化网格化管理的工作成果,提升全区城市管理精细化服务水平以及社会治理现代化管理水平,形成全区统一的网格化服务管理运行体系。网格化服务管理运行体系可以实现"四个统一",即统一受理中心、统一指挥中心、统一考核中心、统一决策中心。

通过将项目研究成果的充分转化,网格化管理平台将持续助力区城管委全面加强冬奥场所环境治理,解决城乡环境突出问题,为冬奥、测试赛打造干净、整洁、有序、优美的环境新面貌。

13.2.3.2 北京市地下管线运行安全防护实践案例

为降低北京市因施工破坏导致地下管线破损事故,形象、直观、系统地反映全市地下管线运行管理态势,以公开公示、互动共享、监督评价、分析预测等功能实时监察运行管理情况、提供综合协调服务,牵引和带动各级各行业各相关单位健全管理机制、补齐管理链条、提高管理质效,提升城市治理科学化、精细化、智能化水平,以研究的新一代城市网格化综合管理应用支撑平台中的行业应用系统为基础,为北京市搭建了政府、企业、公众共同参与的地下管线运行综合管理平台。

1. 运行机制

北京市地下管线运行管理参与部门包括城市管理委员会、行业管理部门、管线权属单位、专项职能部门、属地政府等,因此在系统运行过程中需要建立配套运行机制。

一是厘清部门职责。梳理不同部门在投融资阶段、规划阶段、建设阶段、运行阶段等过程中的相关职责,压实不同阶段责任主体,保障系统规划、建设、运行等阶段顺利进行。

二是完善管理制度。印发《关于进一步做好施工现场地下管线保护工作的通知》《限额以下工程施工安全管理办法(试行)》《北京2022年冬奥会和冬残奥会防范施工破坏地下管线工作方案》和《北京市燃气管理条例》等管理条例,实现运行管理有据可依。

三是完善地下管线运行管理的体系架构。推动地下管线权属单位各级片区管理人员到属地报到,建立市、县(区)、乡镇(街道)上下贯通的地下管线运行管理组织体系,调动和发挥管线权属单位、市场主体、社会组织、物业单位、市民群众等各方面的积极作用,形成政府管理主体与其他各管理主体密切协同、多元共治的地下管线运行管理格局。

四是细化行业管理和属地管理的具体职能。细化明确各区、街道(乡镇)地下管线运行管理责任的具体内涵,规范相关重点业务工作的基本内容和运作规程,破除属地责任"市、县(区)、乡镇(街道)上下一般粗"和"属地责任就是抢险维修"的误区。

2. 建设内容

北京市地下管线运行综合管理平台共建设管线信息查询、管线安全防护、井盖运行监管、管理态势监察、综合统计分析、信息公示曝光和管线应急调度7个系统。

3. 建设成效

北京市通过地下管线运行综合管理平台,构建了城市地下管线运行管理一网统管模式,取得了良好的成效。

(1) 平台自2022年9月1日正式上线以来,共有1134家建设单位发布4780项工程信息,均建立了对接配合,均未发生挖断管线事故。2022年全市发生施工破坏事故26起(均未在平台发布),比2021年下降58%,2023年至今全市尚未发生施工破坏事故。

(2) 统筹道路大修和地下管线消隐工程,道路大修和地下管线消隐计划同步实施,通过管路互随模块减少"马路拉链"现象。

(3) 拓展公众参与、信息公开、举报奖励的信息渠道,增强地下管线运行保护的公众参与程度,提升管理工作透明度,促进构建政府、企业、公众共同参与治理的新格局,提升市民对城市精细化管理的获得感。

13.2.3.3 北京市智慧园林实践案例

为了实现城市园林绿地规划设计、建设施工和管理养护全过程的数字化、网络化、可视化、智能化和自动化,北京市通过结合园林绿地管理实际需求,以研究的新一代城市网格化综合管理应用支撑平台中的行业应用系统为基础,建设了具有绿地信息采集、绿地资源监管、多级任务管理、行业企业管理、数据分析决策、数据服务赋能等子系统,用于服务北京市园林绿地精细化管理。

1. 主要做法

(1) 加强绿地信息采集管理。通过建设绿地信息采集系统,合理分配采集职责,建立完善的绿地信息采集体系,形成完善的绿地数据的采集、更新和维护管理,实现各管理单位统一数据采集界面。

(2) 加强绿地资源监管。通过建设绿地资源监管系统,为园林绿地管理提供一个有力的先进工具,使其在绿地规划及管理,绿地现状和历史数据的查询、统计、分析,绿地的审批与执法,古树名木的管理,绿地改造与设计,义务植树与绿地认养,植物物种和生物多样性的分析等应用方面发挥作用。

(3) 加强多级任务管理。通过建设多级任务管理系统,面向北京市园林绿化局公园风景区处及下属各单位,提供一套有效的任务下发及办理途径,实现派发即时化、办理便捷化,并对相关任务提供分类归档服务,方便复用,推进日常运营管理工作的开展。

(4) 加强行业企业管理。通过建设行业企业管理系统,以信用管理为抓手,提供企业信息、信息审核、任务管理、现场管理、不良行为管理、消息发布和投诉/举报记录等实用功能,强化事中事后监管,以规范园林绿化市场有序发展。

(5) 加强数据分析决策。通过建设数据分析决策系统,有效地将绿地信息采集系统、绿地资源监管系统、多级任务管理系统以及行业企业管理系统中的多方数据进行了业务分类和处理,形成各类统计分析,提升资源管理能力、过程管理能力和统一决策能力。

2. 建设成效

北京市通过智慧园林系统建设,推动新一代信息技术与现代生态园林相融合,构建智慧园林数据库,把人与自然用智慧的方式连接起来,达到人与自然的互感、互知、互动。目前正在整合公园风景区、城市绿地管理、野生动植物保护、林木病虫害防治、生态工程等12类核心业务数据,近300个图层,不断深化智慧园林创新研究,不断改善人文环境。如图13-5所示为北京智慧园林数据综合展示平台。

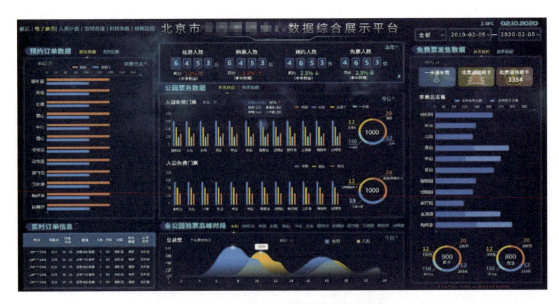

图 13-5 北京智慧园林数据综合展示平台

13.3 上海市应用示范

13.3.1 城市基本底数

13.3.1.1 城市基本情况数据

从城市基本情况数据方面来讲,上海市是直辖市,中国最大的经济中心和重要的国际金融中心城市、超大城市。它下辖16个市辖区,行政区划面积6340.5平方千米,有213个街道(镇、乡)和6125个居村委会。根据2020年的数据,上海市常住人口为2487.08万人。

13.3.1.2 城市管理部门职责

从城市管理部门职责方面来讲,市数字化城市管理中心承担上海市城市网格化管理的技术支撑和运行监督,指导各区和专业部门进行相关的规划建设和运行管理,制定各类工作规范、管理计划并组织实施,对各区城市网格化管理工作进行监督、检查、评价,定期分析各类案件信息。

13.3.1.3 城市信息化基础现状

从城市信息化基础现状方面来讲,上海城市网格化管理已经覆盖了全市16个区,215个街道镇,其中包括107个街道、106个镇、2个乡,另外还有20个独立划分的工业区、开发区、管委会等区域,总共划分了3851个责任网格。

13.3.2 示范范式及内容

上海市适用联邦部署模式。但因为上海市管理模式的差异性,本项目团队在实际进行应用示范的过程中,将上海市列为特色示范城市类型开展应用示范,仅对部分核心内容进行了应用示范,其中包括一网统管下城市网格化综合管理新模式。

13.3.3 应用示范案例介绍

一网统管下城市网格化综合管理,将以更安全、更有序、更干净为城市管理目标,以全覆盖、全过程、全天候和法治化、社会化、智能化、标准化为着力点。目前,上海市全市按照市委、市政府的要求,通过几轮的建设,已初步构建起"三级平台、五级应用"的基本架构,正在推进"多源感知、智能分析、协同指挥、精细服务、综合评价"的城市网格化综合管理新模式体系。

聚焦市政设施、市容环境,并立足于社区治理,在现有的街镇城市网格化综合管理信息平台上进行试点。

依托现有的街镇城市网格化综合管理平台,以补充、优化现有平台服务功能为目标,具体赋能点包括:

(1)物联感知监测服务:基于视频识别的城市运行复杂事件感知和基于多源多模态数据的城市运行复杂事件标识技术,提升城市运行事件的识别精度和效率。应用场景有非法工地、大面积垃圾堆放、大面积违章建筑的对比监测,工地非法施工等城市运行事件监测。

(2)预警预判管理服务:发现城市运行监测指标间的关联关系,建立事理图谱,为异常事件的预警提供技术支撑。根据城市运行管理需求设定参考值,当触发系统预先设定的报警条件时,实时对城市运行管理中的问题进行报警,并提供预判分析服务。它包括公众诉求演变趋势预警、城市运行风险隐患点预警等。

13.4 天津市应用示范

13.4.1 城市基本底数

13.4.1.1 城市基本情况数据

从城市基本情况数据方面来讲,天津市是直辖市,国家中心城市、环渤海地区的经济中心、超大城市。它下辖16个市辖区,行政区划面积11 966.45平方千米,有124个街道、125个镇、3个乡,3520个村和1953个社区。根据2020年的数据,天津市常住人口为1386.6万人。

13.4.1.2 城市管理部门职责

从城市管理部门职责方面来讲,天津市的城市管理部门为天津市城市管理委员会,其职责除了负责城市网格化管理工作外,还主要包括市容市貌管理,环境卫生管理监督,生活废弃物清扫、收集、运输和处置,生活垃圾分类,渣土治理综合管理,园林绿化工作,园林绿化行业管理,市政公用基础设施运行管理的监督检查等。

13.4.1.3 城市信息化基础现状

从城市信息化基础现状方面来讲,天津市数字化城市管理信息系统项目于2009年10月建成并投入使用。平台建设至今从管理区域上覆盖全市16个区县590平方千米。此外,天津市在城市管理行业信息化建设方面,陆续建成市供热应急与能耗监测管理平台、市供热规划一张图信息化管理系统、市道桥设施动态养管应用平台、市路灯管理指挥监控系统、市政道路巡查管理平台,对相关行业进行有效监管。

13.4.2 示范范式及内容

天津市适用集中部署模式。本项目团队在天津市开展应用示范时,将其列为特色示范城市类型开展应用示范,主要集成应用了一网统管下城市网格化综合管理新模式、城市运行监测指标体系、服务评价体系等理论成果,多渠道城市运行事件关联分析、城市运行事件预警预报、基于互联网和大数据的城市管理服务评价等关键技术,城市网格化综合管理在线服务,面向城市综合执法的现场智能执法装备,以智能手机为载体的城市综合管理服务集成装备,通过搭建的城市网格化综合管理应用支撑平台作为应用示范的载体,并个性化建设智慧公厕、行政执法监督等系统。

13.4.3 应用示范案例介绍

13.4.3.1 天津市滨海新区智慧公厕实践案例

为确保公厕设施按设计标准正常运转,天津市滨海新区以实现公厕建设规划科学化、监管智能化、服务便民化为总体目标,以研究的新一代城市网格化综合管理应用支撑平台中的行业应用系统为基础,通过物联网、传感器、视频监控、移动作业等信息化技术的应用,开展了环卫公厕数字化、智能化改造,整合了现有资源,创建了公厕管理数据库,搭建了智慧公厕监管平台,实现了公厕业务管理更加高效、智能、有序。如图13-6所示为公厕实时监测数据。

1. 主要做法

(1) 公厕运行情况监测感知实时化。通过建设物联感知设备,实时监测公厕运行指标情况,包括安装厕所异味传感器、多气合一传感器、人流监测传感器、一键呼叫、红外感应传感器、引导屏幕等。这些物联网终端和各种传感器子系统,可以多维度探测和采集公厕内的异味/气味、人流/人次、蹲位、厕内环境、评价、人员考勤等数据,形成可量化的数据,汇聚形成全区统一的智慧公厕信息资源池,再经过大数据的统计分析、处理和挖掘,形成动静态公厕数据中心,为管理服务提供数据基础,并与外部平台实现数据共享及交互。

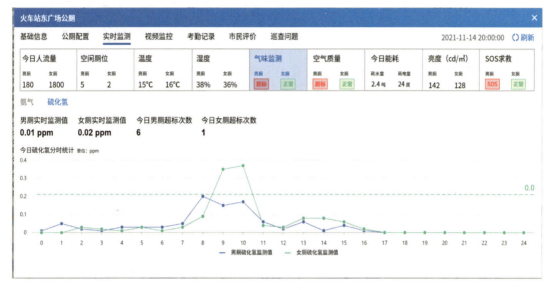

图 13-6 公厕实时监测数据

（2）公厕运行管理服务可视化。通过可视化界面实时展现公厕运行情况，实现对异味/气味、人流/人次、蹲位、厕内环境、评价、人员考勤等数据的动态监测，具备对多种资源和数据管理的调度和优化配置功能，以及对公共资源联网运营管理功能，形成城市动静态运营中心，在云端实现统一监管、统一运营、统一服务。

（3）公厕运行大数据分析价值化。项目通过大数据分析，为实现公厕的智能化管理提供数据支撑。实现公厕的环境指标、人流量、厕位状态和其他业务数据的自动化采集、统计和分析，为公厕监管者提供精确可靠的决策支持。智慧公厕监管平台主要包括客流量分析、热点公厕分析、评价统计分析、满意度分析、报警分析、卫生情况分析、业务分析等，通过多维度、细颗粒的数据，运用大数据模型，形成可量化的评价指标，实现对公厕管理及运行的全区统一评价，为公厕业务标准化管理提供辅助支撑。

（4）满足公众公共服务需求便民化。通过对接"津滨海"APP，为公众提供便捷的公厕智能查询服务和反馈公厕问题的通道，让公众在舒适解决如厕问题的同时，能够参与到对公厕的监管和建设中来。公众可以通过"津滨海"寻找到附近的公厕，了解公厕的实时信息（如人流量、厕位占用信息等），以及在线进行评价和问题反馈等。

2. 建设成效

天津滨海新区公厕管理部门通过智慧公厕监管平台实时了解公厕运行情况，实现智慧化统一管理，为新建公厕选址、公厕运维提供数据参考，减少公厕运维成本。智慧公厕解决了公众找厕所难、上厕所难、政府部门管理公厕难的问题，加强了公众互动机制的建立，以便捷性、时效性为导向，提高了公众出行满意度。

目前智慧公厕监管平台已监管 126 座公厕、557 个男厕位、632 个女厕位、82 个残疾人厕位；整体日均客流量 20 000 余人次，单个公厕日均设备报警数为 3 次。通过建设并运用智慧公厕监管平台，天津市滨海新区有效提高了公厕的利用率，大大降低"经验主导"传统管理手段的成本，推动公厕管理走向了精细化、科学化，有效地节约了管理成本、办公经费。采用"防微杜渐"的管理模式,配合现有的管理机制,提高了天津滨海新区公厕管理部门对城市公厕问题的应急响应能力,有效应对各类突发事件,从而提高对公厕业务的综合管理水平。

13.4.3.2 天津市滨海新区行政执法监督实践案例

为实现"执法监督、执法协作、执法协调、执法动态、执法投诉、执法考核"六大功能,天津市滨海新区重点监督"行政处罚、行政许可、行政收费、行政强制、行政征收、行政检查"六类执法行为,以研究的新一代城市网格化综合管理应用支撑平台中的行业应用系统为基础,分步建设集执法办案与执法监督为一体的行政执法监督平台。如图 13-7 所示为天津市滨海新区行政执法监督平台展示。

图 13-7 天津市滨海新区行政执法监督平台展示

1. 主要做法

(1) 执法监督。

① 业务数据分类汇总。统一监管行政处罚、行政许可、行政收费、行政强制、行政征收、行政检查等六类执法行为。实现对每一个执法主体、每一个执法人员、每一个执法案件的实时监督。依托平台的数据统计功能,分析每部法律法规的适用情况。

② 执法现场实时监督。基于 5G 以及手持视频记录仪、动中通取证等硬件设备,可实时查看执法人员现场执法情况和车辆巡查情况。统一监督指挥执法现场活动,保障人员安全执法。

③ 执法主体、人员实时监督。平台可实现对执法主体的执法队伍、执法案件、履行职权等基本情况的监督,还可实现对执法人员每天巡查的轨迹、检查记录的上传、执法案件的办理等情况的监督。平台能监督到每个执法主体、每个执法人员,督促每个主体、每个人员依法履职、规范办案。

(2) 基于 GIS 地图宏观展示。结合滨海新区提供的基础地形地图,可实现对每日在岗人员、每日上报案件、每日在线视频等数据实时监控。按照执法程序可对案件进行分类查询,并形成热区分析图,统计辖区内的高发案件,为解决重点违法案件提供参考。

(3) 移动智能监管。借助移动互联网技术,结合滨海新区依法行政、执法监督的管理要求,实现在移动终端通过登录软件,能够实时监督每个执法主体的履职情况,查看每个案件的执法过程以及执法文书。

(4) 执法办案。

① 执法文书电子化。平台开发建设了 11 套执法办案业务系统,分别为 1 套全市通用的街镇综合执法办案业务系统,1 套发改委等多部门通用的执法办案业务系统,为业务部门"量身定做"的安全生产、环境保护、市场监督管理、劳动保障、规划国土、房屋管理、建设交通、水务管理和文化市场综合执法等 9 套专用执法办案业务系统。平台将所有涉及的纸质文书配置生成电子文书,执法人员在办案过程中,只需填写案件的基本信息,就能实现执法文书信息的自动关联,提升执法办案工作的效率。

② 法律法规自动关联。平台制定标准化的法律法规编码体系,按照法律、行政法规、地方性法规、部门规章、政府规章等法律位阶对法律法规进行分类,赋予每一部法律法规的条、款、项、目一个唯一的代码,整理拆分形成执法事项(处罚案由)、违则(规范性条款)、罚则(处罚依据)等基本信息,并与权责清单相关联。

③ 执法全过程记录。结合滨海新区各执法主体日常的执法办案流程,平台定制化开发各业务审批流程体系,实现执法人员通过系统办案,可对执法全过程的文字信息、音频信息、视频信息进行留存,结案后可通过平台查看案件的办理过程,实现对案件的回溯管理。

④ 执法办案移动化。通过平台可实现在移动终端上报执法检查、宣传教育、简易程序、一般程序等案件信息,并可通过连接蓝牙打印机,现场打印简易处罚决定书、调查询问通知书等执法文书,全面提升执法效率。

(5) 法治业务。

① 行政复议在线办理。建立行政复议电子化的执法文书,设计开发行政复议的业务审批流程,实现复议案件的在线办理、打印、归档等功能,并获取复议案件的统计事项,统一汇总到监督平台中,实现对行政复议案件办理全过程的记录。

② 行政应诉案件录入管理。建立行政应诉案件填报表单,通过填写行政应诉案件的基本信息,扫描相关的附件材料,实现对滨海新区行政应诉案件的归档、分类、统计等功能。

2. 建设成效

滨海新区行政执法监督平台自上线试运行以来,已实现全区 18 个街镇、所有委局执法监督平台全部正式运行。平台共梳理法律法规和规章共 975 部、归纳整理行政处罚事项(案由)14 109 个、归集行政处罚信息 10 172 条、行政检查信息 137 097 条,对全区各执法部门的 4180 名执法人员基本信息进行逐一核对,强化对行政执法人员的动态管理,为全面落实"三项制度"打下了坚实基础。

13.5 重庆市应用示范

13.5.1 城市基本底数

13.5.1.1 城市基本情况数据

从城市基本情况数据方面来讲，重庆市是直辖市，国家中心城市、长江上游地区经济中心、超大城市。它下辖 38 个区县（26 区、8 县、4 自治县），全市面积 8.24 万平方千米，有 239 个街道、621 个镇、157 个乡，7977 个村和 3209 个社区。根据 2020 年的数据，重庆市常住人口为 3208.93 万人。

13.5.1.2 城市管理部门职责

从城市管理部门职责方面来讲，重庆市的城市管理部门为重庆市城市管理委员会，其职责除了负责网格化城市管理工作外，还包括城市道路、桥梁、隧道、道路照明、景观照明、市政设施维护、供水、供热、环境卫生、市容环境综合整治、户外广告、店招店牌设置管理、生活垃圾、城市建筑垃圾、城市水域垃圾等的监督管理、园林绿化管理、古树名木保护管理等工作。

13.5.1.3 城市信息化基础现状

从城市信息化基础现状方面来讲，2008 年，重庆市根据"二元城乡结构"实际情况，在数字化城市管理建设推进中提出了主城十区一体化、远郊区县集约型分类建设的模式。全市除秀山、城口和巫溪外，其他 35 个区县完成数字化城市管理平台建设；2009 年 12 月 31 日，开通 12319 管理热线，实现与 12345 政务服务便民热线、110 报警服务台、"12369"环保举报热线等的三方接转机制；2015 年，优化完成市级监督管理平台，主城及部分远郊区县平台结合智慧城市技术应用发展，数字化城市管理覆盖面积达到 1200 平方千米，其中，主城十区基本实现建成区域数字化城市管理全覆盖，达 634.07 平方千米，成为全国第三个主城区数字化管理全域覆盖的城市，永川区、荣昌区等远郊区基本实现全覆盖；全市有 28 个区县成立了数字化城市管理中心，基本实现数字化城市管理专业化。数字化城市管理为市政行业插上了科技的翅膀，并成为日常工作的重要组成部分。

13.5.2 示范范式及内容

重庆市适用集中部署模式。本项目团队在重庆市开展应用示范时，将其列为特色示范城市类型开展应用示范，主要应用了一网统管下城市网格化综合管理新模式、城市运行监测指标体系、城市综合管理服务评价体系等理论成果，基于视频识别的城市运行复杂事件感知、基于多源多模态数据的城市运行复杂事件标识、基于互联网文本大数据的民情事件标识、多渠道城市运行事件关联分析、城市运行事件预警预报、基于互联网和大数据的城市管理服务评价等关键技术，以及城市网格化综合管理在线服务，并将上述内容集成至新一代城市网格化综合管理应用支撑平台进行集中示范。重庆市在示范过程中，被列为特色示范城市类型开展应用示范。

13.5.3 应用示范案例介绍

为创新驱动城市运行管理服务平台高起点、高质量、高水平建设发展,提升城市运行管理效率和安全防控水平,结合研究的新一代城市网格化综合管理应用支撑平台,重庆市构建了自己的平台并开展应用示范。

1. 体制机制

(1) 定位精准。立足直辖市"市、县(区)、乡镇(街道)"三级行政体系,市级在平台功能上,兼备省级平台宏观层面的监督管理和市级平台应用层面的指挥作战;在建设规模上,实现与全市全部县(区)平台的互联互通、数据共建共享、业务协同协作;在建设内容上,侧重于以数据融合创新应用提升行业指导、监督管理、规划决策等综合治理效能;在体系架构上,积极推动直管市政设施、城市公园的数字化试点示范改造,构建完善的技术架构。

(2) 融合创新。持续深化大城"智管"、推进"细管"、促进"众管",突出网格化、马路办公、视觉智能融合应用,打造城市管理智能视频融合应用监察平台,兼容多厂家视频系统软硬件和问题采集算法,支持网格实地暗查、发动群众找茬、线上智能监察、马路现场办公等相结合,有力支撑城市管理部门对城市建成区、城市快速路、主次干道、桥梁、隧道等重点路段和商圈、车站、码头、景区等窗口地区的监督监察,让"高效处置一件事"更高效。

(3) 数据赋智。一是聚焦基础普查、年度增补、专项普查数据更新,全市完成基础普查 1609 千米,1011 万个部件编码确权校验入库。完成全市桥梁、隧道、城市快速路及主干道、古树名木等专项普查和城市公厕、公园、停车场、饮水点、劳动者港湾、过街设施、规范摊点等专题调查。二是数据要素动起来。重庆市在全国率先启动省级层面城市管理大数据平台建设,编制全要素目录清单,确定各级主体数据资源权责,推进跨层级、跨部门、跨系统的资源共享,接入行业信息系统 153 个,共享汇聚数据资源 3.5 亿条。三是数据价值用起来。完善行业数据资源治理体系,构建综合性城市管理数据库,创建专题数据集 21 个、专题图层 272 个,成功探索问题高发预测、事件伴随、处置效能评估等决策建议模型,对比分析准确率达 90% 以上,辅助支撑了问题有效预防、事件精准采集、主体快速处置。

2. 主要做法及建设成效

(1) 一网统管推动城市治理全面精准。一是全市建成区网格化管理覆盖率达 95%,划设单元网格 6.45 万个,接入专业处置部门(单位)2200 余个,推动城市管理下沉街道、社区,综合治理运行体系不断健全。二是市、县(区)两级城市综合管理领导小组由政府主要领导亲自挂帅,组建城市管理监督指挥中心,建立责任主体履责绩效评价体系,属地为主、条块结合的大联勤、大联动格局趋于完善。三是建立月排名、季考核的"评督考"长效机制,提升了县(区)平台第一时间发现、处置、解决问题的能力,2020 年 1—8 月立案处置各类城市管理问题 290 余万件,总体结案率保持在 95% 以上,市民急难愁盼问题、城市安全风险隐患得到及时有效地解决。四是深化建筑垃圾、环卫作业、垃圾分类、古树名木、城市供节水、城市公园等行业智能监管,推动行业精细化管理。五是着力城市照明绿色发展,全市路灯智能控制覆盖率达 90%,"多杆合一"智慧路灯试点 1200 根,两江四岸城市核心区域 36 千米沿江堤岸、20 座跨江大桥、600 座沿江楼宇及趸船、长江索道等景观照明"一把闸刀"统一控制、智能调演,效果明显。

(2)"一屏通览"促进运行安全风险可防可控。一是以城市治理风险清单管理试点工作为牵引,建设城市运行安全监管子系统和主题数据库,编制风险清单,确定"红橙黄绿"风险等级,绘制空间分布图。二是建设城市管理物联网平台和布设前端物联感知模组,对 9000 名作业人员、4500 台作业车辆、445 座垃圾中转站/处置场、7600 个化粪池危险源、19 座跨江市政大桥、3 座超长隧道等安全监管对象实时监测、预测预警。三是打造了化粪池气体超限处置、餐厨垃圾收运监管、城市低洼积水预警、超重车辆通行大桥违法监察等应用场景,实现对重大事故隐患的挂牌督办。四是依托"城安办"的监管枢纽作用,建立风险防控和突发事件快速响应机制,实现与规划自然资源、应急、公安、消防等成员单位的综合统筹、部门联动。

(3)"一键联动"实现融合指挥调度可呼可视。一是依托城市管理大数据基础支撑能力,整合行业应急视频会议系统、各类音视频终端设备,实现跨平台的移动通信系统融合、跨终端的视频指挥调度。二是完成市级指挥中心智能化改造,实现功能场景可视化、指挥调度扁平化、通信资源集约化。三是围绕常态监督管理、重点专项保障、安全应急指挥等需求,构建可视化的行业应急指挥系统,该系统具备日常巡查、应急指挥等任务一键下达、4G 集群对讲、远程可视研判等能力。

(4)"一端服务"推动便民利民惠民共治共享。一是统一打造城市管理公共服务系统、公众号,满足市民的使用习惯和功能需求,切实解决跨区域、多平台、差异化服务等问题。二是畅通民生热线、舆情监测、公众号、APP 等民生渠道,打造积分奖励、红包激励系统,及时解决民怨民忧民盼,年均受理市民诉求 6 万余件,办结率达 99% 以上,市民满意度保持在 95% 以上。三是提供精准化、个性化、人性化服务,完成 1960 个城市公园、1080 处公共直饮水点、1620 个劳动者港湾、13 000 个停车场(点)、13 600 个公厕、960 座过街设施的基础普查和数据入库发布,形成便民服务"一张图",实现行政审批、游园健身、劳动休憩、停车、饮水、如厕、过街等服务一屏可查、一键直达。四是与市民加强互动,开辟志愿者、义务植树、点子征集、动植物课堂、政策宣讲等活动专栏,让群众了解、理解、支持城市工作,推动人民城市共建、共治、共享的良好局面。

13.6 青岛市应用示范

13.6.1 城市基本底数

13.6.1.1 城市基本情况数据

从城市基本情况数据方面来讲,青岛市是沿海重要的中心城市,也是副省级城市、计划单列市和特大城市。它下辖 7 个市辖区,总面积是 11 293 平方千米,并代管 3 个县级市。全市共有 145 个街道(镇)和 6626 个社区(村)。根据 2020 年末的数据,青岛市常住人口为 1007.17 万人,其中市区人口为 768.87 万人。

13.6.1.2 城市管理部门职责

从城市管理部门职责方面来讲,青岛市的城市管理部门为青岛市城市管理局(青岛市综合行政执法局),其职责除了负责城市网格化管理工作外,还主要包括燃气供热、市容景观、环境卫生、城市管理领域便民服务等工作。

13.6.1.3 城市信息化基础现状

从城市信息化基础现状方面来讲,青岛市作为数字城管第三批试点城市,于2009年9月建成了数字化城市管理信息系统,2017年实现数字化城市管理全市建成区全覆盖。2019年作为全国7个首批城市之一,与住建部城市综合管理服务平台实现了对接联网。

13.6.2 示范范式及内容

青岛市适用集中部署模式。本项目团队在青岛市开展应用示范时,将其列为综合示范城市类型开展应用示范,主要应用了一网统管下城市网格化综合管理新模式、城市运行监测指标体系、城市综合管理服务评价体系等理论成果,基于视频识别的城市运行复杂事件感知、基于多源多模态数据的城市运行复杂事件标识、基于互联网文本大数据的民情事件标识、多渠道城市运行事件关联分析、城市运行事件预警预报、基于互联网和大数据的城市管理服务评价等关键技术,以及城市网格化综合管理在线服务,面向城市污染事件的现场智能巡查装备、面向小区治理的便民智能装置、面向城市综合执法的现场智能执法装备、以智能手机为载体的城市综合管理服务集成装备、面向公共安全事件的非现场智能巡查和执法集成装备等,并将上述内容集成至新一代城市网格化综合管理应用支撑平台进行集中示范。并针对青岛的海水浴场等进行个性化增补示范。

13.6.3 应用示范案例介绍

13.6.3.1 青岛市城市运行管理服务平台实践案例

为进一步提升城市管理的科学化、精细化、智能化管理水平,青岛市在原有城市网格化管理系统基础上,不断推动平台迭代升级,探索城市运行一网统管,推动城市治理手段和治理模式创新。项目以研究的新一代城市网格化综合管理应用支撑平台作为基础,结合青岛市的实际情况,充分发挥青岛市在城市网格化管理模式、智能化技术应用等方面的建设基础和创新优势。

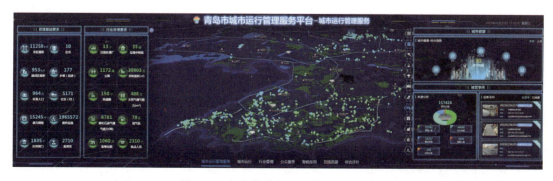

图 13-8 青岛市城市运行管理服务平台

1. 主要做法

(1) 总体设计。

① 提高平台联通性。青岛市城市运行管理服务平台(见图 13-8)与住建部、省住建厅以及各区(市)平台实现了数据交换、互联互通,同时,依托青岛政务云平台,建立了"以共享为原则、不共享为例外"的数据共享机制,打通了数据统一汇聚联通的"高速路",实现平台间数据共享、业务协同和安全保障。目前已建成包含 1400 余项数据目录、44 个专题库的运行管理服务平台数据中心,并与青岛市"城市云脑"互联互通,实现了数据跨系统、跨行业、跨部门共享运用。

② 提高平台适用性。在对标国内一流城市运行管理服务平台建设经验和应用成果基础上,着眼数字青岛建设长远规划和"城市云脑"融合发展需要,确定了以城市运行管理一网统管为目标,以"抓统筹、重实战、强考核"为核心,以数据资源"一中心"、业务支撑"一平台"、城市运行"一张图"、行业应用"一张网"为主要建设内容,打造高效处置一件事的一线作战平台。

③ 提高平台开放性。全面开放城市管理场景,汇聚"政产学研用"各方力量,实现资源共享。与深圳中兴网信科技有限公司等 10 家企业成立了青岛市城市治理智联盟,联合发布"AI(人工智能)算法中台"等十大攻关项目,征集 17 项智能化创意策划方案,形成了"建筑垃圾监管"等 9 项具体合作成果,为完成青岛市运行管理服务平台建设、构建城市治理智能化监管体系提供了智力支撑。

(2) 数据体系建设。

① 汇聚资源构建"专题数据库"。全面整合供热、燃气、环境卫生、综合执法等 18 个城市管理行业数据,汇聚住建、园林、公安等 30 个部门(区(市))数据,形成城市管理基础数据、网格数据、公众诉求数据、网络舆情数据等各类专题数据库和综合分析模型,并根据各行业不同特点建立数据定期更新和审核机制,确保为行业应用提供精准数据支撑。

② 开展普查建立"数字身份证"。对全市建成区范围内的 114 类、312 万个城市管理部件标识编码,明确位置、权属、规格型号等基础属性,形成城市管理部件"一张图",为推进城市管理问题精准流转、快速处置、高效解决奠定坚实基础。

③ 拓展方式打造"感知一张网"。在人工采集基础上,通过运用 3.8 万余路高低点视频和全市城管系统视频采集车、无人机等方式,对市容秩序、环境卫生等 11 类常见城市管理问题进行自动"识别—抓拍—派遣—处置",形成立体式感知体系和问题自动流转处置创新模式,在创城巡查、违建治理、市容秩序管控等城市管理重点攻坚行动中发挥了重要支撑作用。

(3) 运行模式更新。

① 创建城市运行新模式。着眼青岛实际,制定《青岛市城市运行管理服务平台运行工作机制》,搭建平时状态、战时状态和重大活动保障期间三种运行模式,推进运行管理服务平台运行场景实际作用发挥和监测效能提升。

② 构建运行监管新体系。将城市供热、燃气、供排水、道桥、管廊等城市运行专题全部纳入平台体系,积极构建涵盖地下、地面、空中等多层面、立体化智能监管体系,明确安全责任分工,初步形成城市运行、保障情况实时监测、一屏展示、综合分析和预测预警的

智能化新模式,日均产生物联感知数据 500 万余条。

③ 拓展城市运行新场景。为了督导供热安全和服务质量,建设了供热监测场景,对全市 1200 余座换热站实现实时监测,并结合青岛市 12345 政务服务便民热线来电,对反映暖气不热问题进行对比分析、及时研判、督促整改,推动供热服务质量显著提高,市民供热投诉率下降 56.9%;为了保障城市燃气运行安全,建设了燃气智能监测场景,对全市 37 个燃气场站远程视频监控,对 525 处燃气重要管线、重点路口、人员密集区域等关键节点 24 小时监测预警,平均每年依托平台发现并及时处置燃气泄漏 5 起(占燃气泄漏总量的 40%),大幅提升了城市燃气安全水平。

2. 建设内容与成效

(1) 行业管理。

① 让一体化指挥体系调度更加有力。将平台作为加强基层治理的重要工具,形成了"1 个市中心、32 个市直单位(企业)、10 个区(市)中心、141 个街镇工作站、443 个基层作业单位"联动一体的指挥调度体系。目前,平台月均发现处置城市运行管理类问题 62 万余件,同比提高 64.96%,处置率保持在 99% 以上,青岛市 12345 政务服务便民热线受理城市管理问题同比下降 39.32%,市民满意度和获得感持续攀升,城市精细化管理成效逐步显现。

② 让城市管理更精准、更精细。打造了市政、园林、环卫等 15 个行业场景,行业监管能力全面增强,实现了环卫作业"数字管控"、渣土车"统一监管"、责任区"电子承诺"、户外广告"智能监管"等。其中,为提升城市洁净度,建设环卫监管场景,整合全市 2000 余辆环卫车、2400 余座公厕、转运站等数据,实现环卫保洁、垃圾收运、垃圾处理等各环节全链条监管,环卫机械化作业监管覆盖面从 5% 提高到 100%,道路洁净度大幅提升;全市 380 余处工地、6000 余辆渣土车、400 余处消纳场等全部实现线上监管,新型渣土车违规率和事故率实现"双降",有力保障市民生活环境更加安全、整洁。

③ 让综合执法更规范、更高效。建设了违建治理、执法办案等 6 个执法场景,实现了执法信息"一屏统览",执法办案"移动高效",规划执法"远程监管",违建治理"精准管控"。其中,违建治理场景实现了对全市 9000 余处存量、新生违建的清单化管理、智能化分析、远程化调度,严密筑牢违建治理防线;执法办案场景,实现了对全市 600 余个工程、2600 余栋单体建筑的远程监管,现场监督环节减少 80%、出现场人员减少 50%,大大提高监管效率,切实为建设项目有序进行保驾护航,助力打造良好营商环境。

(2) 公众服务。

① 拓宽群众参与渠道。开通"点・靓青岛"微信小程序"我拍我城"模块,市民通过系统随时查询上报问题的处置进度和办理情况,目前已累计接收处置问题 66 万余件。创设"有奖随手拍"模块,激发市民参与城市管理的热情,共奖励市民 1 万余人次,解决环境卫生、市容秩序等 12 类热点及难点问题 3.1 万余件。切实以群众需求为导向,畅通了市民反映城管问题的渠道,实现了市民诉求有门、主管部门化解有道,营造了共建、共治、共享的良好氛围。

② 搭建便民资源平台。为了巩固"小广告"治理成果,本着疏堵结合的原则建立"家政服务查询"模块,吸引入驻开换锁、修理上下水等商户 688 家,为市民查询正规资质家政服

务提供便利。开设"秀摊"模块,汇聚了全市 200 余处摊点群、3 万余个摊位以及流动商贩信息,形成市民群众网上找摊贩、摊贩网上找摊位的良性互动,实现了管理与服务工作的"双赢"。与高德地图合作,建设"查公厕"模块,将全市 2000 余处公厕的位置信息、开放时间等在电子地图上进行全面标注、实时更新、共同发布,实现公厕"查"的快捷,"找"的便捷。

③ 拓展智慧便民服务。创新建设"门头招牌前置服务"模块,让大有"门道"的门头招牌设置变得简单方便、触手可及,开发设计了 6 大类常见业态、108 种店招设计模板,为商户提供规范的招牌设计模板和安装等相关咨询,已有近 1 万户商家享受到"一对一"贴心服务。"智慧物业"系统服务全市 4608 个物业小区,为业主提供物业缴费、报事报修、房屋租售等便民服务,使业主足不出户即可享受指尖上的便捷。

(3) 综合评价。

① 完善评价指标体系。从城市生命力维度,围绕住建部明确的运行监测指标及评价标准,开展城市综合评价工作。从城市治理维度,结合全国文明典范城市创建工作指标,围绕市政园林、环境卫生、综合执法、广告亮化、物业管理等重点领域设置了 8 大类 52 个指标,对区(市)进行城市精细化管理评价。从平台应用维度,进行平台系统应用绩效评价,促进提高平台系统应用成效和功能利用率。形成了城市运行管理服务综合评价、行业管理评价、系统绩效评价三位一体的综合评价指标体系。

② 搭建综合评价系统。按照评价指标的"平台上报、现场测评、问卷调查、实时监测、GIS 分析"等不同数据采集方式,构建包括评价数据采集、任务管理、结果管理等内容的综合评价系统,实现了自动采集录入数据、逐项分析评分、生成个性化报告、进行可视化展示,简化了评价程序,提高了评价效率,减轻了被评单位和基层应考负担。

③ 强化评价结果运用。将城市管理领域评价项目列入全市高质量发展综合绩效考核和全国文明典范城市创建工作区(市)测评,同时采用奖惩、通报、曝光、约谈等方式建立激励约束机制。充分挖掘数据价值,通过平台运行周报、月报、专报等方式,对城市运行管理服务问题态势进行研判、评估,对趋势性、苗头性问题及时提出意见和建议,为提高城市管理科学化、精细化、智能化水平提供基础数据支撑。

13.6.3.2 青岛市海水浴场精细治理实践案例

为了加强和规范海水浴场的监督和管理,维护海水浴场秩序,提升应急处置能力,青岛市以研究的新一代城市网格化综合管理应用支撑平台中的行业应用系统为基础,结合青岛市实际情况创新建设海水浴场智能化管理应用场景,以智能化的管理体系,建设海水浴场信息管理系统,加强对青岛市海水浴场等人员密集区域的安全监管。

1. 建设模式

青岛市海水浴场信息管理系统(见图 13-9),以互联网、物联网、云计算、地理信息系统、移动互联网、高性能计算、人工智能数据挖掘等信息技术为支撑,底层对接海水浴场基本信息数据、状态数据、关联事件数据、人流量数据、视频监控数据,并通过系统填报不断完善数据,形成该系统的底层数据资源支撑,实时掌握每一个海水浴场的动态信息。

上层设定海水浴场基础信息管理模块、信息上报模块、检查督办模块、综合评价模块、救生救护模块、监控视频模块、冲浴与更衣室管理模块和安全管理模块,发布浴场信息为群众提供便利,加强日常巡查与倾听群众需求,提升服务水平,开展综合评价,增强管理能力，同时加强安全监管，针对应急事件能够快速反应处置，使青岛市海水浴场初步实现了精细化和智能化管理。

图 13-9　青岛市海水浴场信息管理系统

青岛市为更好地为人民群众服务，营造优质的旅游景区，依托"点·靓青岛"微信小程序发布"海水浴场导览"模块，游客通过微信小程序即可实现精确浏览青岛的各个海水浴场，并获取各海水浴场发布的实时信息。一是基础信息，提供浴场简介、旅游导览图、服务项目、公交站点、监督电话、周边景点及美食指南；二是开放信息，每日浴场开放及关闭提示、气象及水文信息、安全提示信息；三是实时信息，通过对接，实时展示海水浴场相关停车场停车信息及浴场人流量信息。

2. 建设成效

青岛市立足工作实际，开展海水浴场精细化和智能化管理，建立海水浴场信息管理系统，打造符合当地特色的海水浴场导览应用场景，以智能化的手段在旅游体验、产业发展、行政管理等方面开展应用，使旅游物理资源和信息资源得到高度系统化整合和深度开发，并在食、住、行、游、购、娱、教、管、研 9 大领域服务于公众，建立以旅客为中心的全程服务体验，有效提升游客满意度、海水浴场旅游形象、旅行服务品质，从而提升城市的综合竞争力、公共服务能力和服务形象，为城市和所属区域的发展创造巨大的社会效益和经济效益。

13.7　杭州市应用示范

13.7.1　城市基本底数

13.7.1.1　城市基本情况数据

从城市基本情况数据方面来讲，杭州市是浙江省省会城市，也是副省级城市、特大城市、长江三角洲中心城市。它下辖10个区,1个县级市,2个县。全市有191个乡镇(街道),其中乡23个,镇75个,街道93个,居委会1379个,行政村1906个。全市总面积16 850平方千米,其中市区面积8289平方千米。根据2020年末的数据,杭州市常住人口为1196.5万人,其中城镇人口为996.64万人。

13.7.1.2 城市管理部门职责

从城市管理部门职责方面来讲,杭州市的城市管理部门为杭州市城市管理局(杭州市综合行政执法局),其职责除了负责城市网格化管理工作外,还主要包括燃气供热、市容景观、环境卫生、城市管理领域便民服务等工作。

13.7.1.3 城市信息化基础现状

从城市信息化基础现状方面来讲,2006年杭州市实现了城市网格化管理平台的上线运行。2015年,杭州市搭建城市管理日常运行管理平台、公共服务与互动平台、应急指挥平台及政策研究分析平台,提升城市管理管控智能化、服务人性化、应急快速化、决策科学化水平。2017年,杭州市在已有"贴心城管"APP的基础上,建成了涵盖"贴心城管"APP、"杭州城管"公众号和支付宝生活号的信息惠民"公共服务"平台,推出了城市管理服务功能,并建立市民参与积分兑换激励机制,鼓励市民通过客户端举报问题,让广大市民成为"民间城管员",让城市管理信息化更多惠及民生。

13.7.2 示范范式及内容

杭州市适用联邦部署模式。本项目团队在杭州市开展应用示范时,将其列为特色示范城市类型开展应用示范,主要应用了一网统管下城市网格化综合管理新模式、城市运行监测指标体系、城市综合管理服务评价体系等理论成果,城市网格化综合管理在线服务,并将上述内容集成至新一代城市网格化综合管理应用支撑平台进行集中示范。此外,增加智慧停车应用作为个性增补示范内容。

13.7.3 应用示范案例介绍

为了解决市民停车难、道路停车泊位周转率低的问题,杭州市以新一代城市网格化综合管理应用支撑平台中的行业应用系统为基础,结合杭州市实际情况创新建设"全市一张网"的停车管理系统。

1. 主要做法

(1) 数据集成,形成全域一体的静态交通。在市委、市政府的大力支持下,由杭州市城市管理局负责牵头搭建的"城市大脑"停车系统建设完成,为实现"全市一个停车场"奠定了基础,目前,接入系统的泊位数由最初的40.7万个增至138.4万个,汇聚停车场及停车场管理部门48亿条涵盖停车生态各要素的停车数据。2022年以来,副城区及县(市)的道路停车泊位管理系统也陆续接入市级统一平台。目前,全市4.6万个道路停车泊位基本实现统一管理,全域一体的静态交通初步形成。

(2) 科技辅助,让管理"无感",让安全"有感"。探索道路停车智能化服务,研究物联网、5G等前沿技术在道路停车服务中的应用。分别在上城区、拱墅区、滨江区和余杭区进行了不同场景的高位视频智慧停车试点,借助路灯杆、公安安防监控杆等,随时记录泊位车辆驶入、驶离以及泊位状态，实现"科技换人、减员增效"的目的。同时，通过改造管理系统，残疾人车辆可在城区范围内1.4万个道路停车泊位和103个政府投资建设公共停车场库实现停车优惠自动减免，保障残疾人停车权益。

（3）数字赋能，助力实现"停车自由"。全面打造"全市一个停车场"，实现停车多场景赋能。通过对停车指数、泊位指数、余位数进行聚合计算，已为浙江大学医学院附属第一医院、浙江大学医学院附属第二医院、杭州市第一人民医院、浙江大学医学院附属儿童医院（滨江院区）等提供周边停车场泊位忙闲信息，实现抬头见泊位、短信见链接的智能诱导。通过制定一套商圈停车场"通停通付"的标准化接口，打通了"城市大脑"停车系统、商场会员系统、场库本地停车系统，实现车辆同商圈的跨场库优惠互认、费用自动结算，商圈停车资源进一步有效配置，有效降低消费者寻找泊位的难度，化解商场配建泊位不足的问题。

（4）部门协同，发挥数据分析的"力量"。通过车辆布控监测分析功能，实现将相关地区车辆停车数据信息向城区、街道及物业单位实时推送，累计预警300万余条（次），帮助街区第一时间筛查3.8万余车辆、6.5万余人次。通过将车辆进场信息、驻场信息和图片信息与综合治理部门的重点管控车辆信息结合，与江干法院探索套牌车、稽查车和嫌疑车的智能发现特色业务协同，已累计发送告警4.9万余次。

（5）多点齐发，开通多样性的便民渠道。为满足市民不同消费习惯的需求，在现金、市民卡支付的基础上，推出支付宝、银联、"先离场后付费"（见图13-10）等多种支付方式，并推出"先放行、后付费"的停车信用支付模式，满足市民个性化支付需求。同时，市民可通过支付宝、市民卡等渠道进行停车费补缴、停车包月缴费等在线办理，实现市民办事最多跑一趟。

图13-10 杭州市停车管理"先离场后付费"

（6）双管齐下，便捷寻找停车泊位。一是通过建立停车引导系统，为市民实时提供450余个对外开放的社会公共停车场库、12.7万余个停车泊位和1.4万余个道路停车泊位、103个政府投资建设公共停车场库信息，并通过"浙里办"APP"贴心城管"模块为车主提供查询和导航服务。二是通过搭建"共停"平台，将机关企事业单位、商业楼宇、住宅小区、产权业主、居民个人五大类的时段性空闲停车泊位纳入共享系统，供需配对，整合盘活存量停车泊位资源，充分利用和释放潜在空闲时段停车泊位利用率。目前平台已成功吸引包含政府类、国企类、社会类、小区类等各种类型停车资源共计1000余个停车泊位。

2. 建设成效

杭州市连续三年市民停车服务满意度达到 99% 以上，道路停车泊位周转率从 2021 年的日平均 3.3 次提升至目前的日平均 3.7 次左右，"先离场后付费"便捷泊车服务基本实现全覆盖。

13.8　宁波市应用示范

13.8.1　城市基本底数

13.8.1.1　城市基本情况数据

从城市基本情况数据方面来讲，宁波市是副省级城市、计划单列市，中国东南沿海重要的港口城市、长江三角洲南翼经济中心、特大城市。它下辖 6 个区，2 个县，2 个县级市，全市陆域总面积 9816 平方千米。全市共有 73 个镇、10 个乡、73 个街道办事处、840 个居民委员会和 2152 个村民委员会。根据 2020 年末的数据，宁波市常住人口为 942 万人。

13.8.1.2　城市管理部门职责

从城市管理部门职责方面来讲，宁波市的城市管理部门为宁波市综合行政执法局（宁波市城市管理局），其职责除了负责城市网格化管理工作外，还包括市场监管、生态环境保护、文化市场、交通运输、农业等领域间和领域内相关部门间的执法协调和指导工作，以及城市市政养护、园林绿化养护、市容环境卫生（城市生活垃圾分类）、燃气热力的行业管理等。

13.8.1.3　城市信息化基础现状

从城市信息化基础现状方面来讲，宁波市数字化城市管理系统于 2011 年建设完成，管理范围覆盖全市，纳入多家市、县（区）两级网络协同单位。系统自上线运行以来，累计已受理问题超过 760 万件，月均案件量接近 14 万件，为宁波市城市管理工作长效化、精细化、网格化管理提供了技术保障。宁波市在城市管理信息化建设方面，有效整合了城市管理供排水信息、内河闸内外水位信息、园林绿地信息、环卫户外广告数据、停车诱导信息等，对相关行业进行有效监管，并于 2019 年入选全国数字城市管理典型案例。

13.8.2　示范范式及内容

宁波市适用集中部署模式。本项目团队在宁波市开展应用示范时，主要应用了一网统管下城市网格化综合管理新模式、城市运行监测指标体系、城市综合管理服务评价体系等理论成果，城市网格化综合管理在线服务，并将上述内容集成至新一代城市网格化综合管理应用支撑平台进行集中示范。

13.8.3　应用示范案例介绍

为了进一步健全跨部门多场景城市运行协同管理机制，完善问题并及时发现高效解决闭环机制，宁波市以研究的新一代城市网格化综合管理应用支撑平台为基础，通过流程优化、制度重构、数字赋能,做精城运体征,做强实战网格,实现城市治理全区域覆盖、全过程闭环、全天候运行、全生命周期管理,铸就"一网统管、一键通办、整体智治"新态势,打响宁波城市运行智治品牌,不断提高城市治理体系和治理能力现代化,为建设现代化滨海大都市提供平台支撑和智治示范。如图 13-11 所示为宁波智慧城管市、县(区)两级工作流程。

智慧城管工作流程

宁波智慧城管市、区(县)两级工作流程

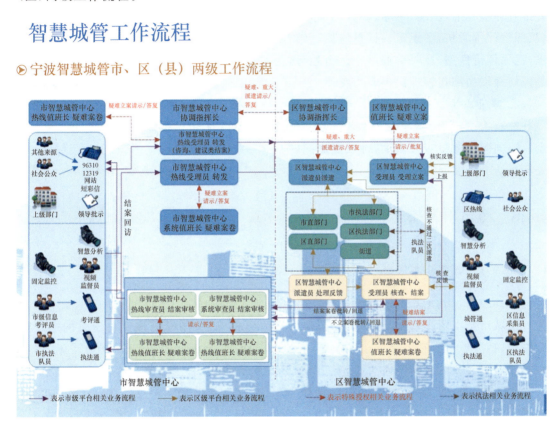

图 13-11 宁波智慧城管市、县(区)两级工作流程

1. 主要做法

(1) 统一受理,实现"多源归口"案件汇聚。在原智慧城管基础上,进一步增加案件来源渠道,汇聚网格巡查、热线上报(宁波 12345 政务服务热线、宁波 81890 求助服务中心、110 联动)、随手拍(微信、"甬城管+"APP)、领导督办、媒体曝光、网络舆情(宁波民生 e 点通、微博)、智能发现等案件来源,实现多来源案件的统一展现,打造"入口多源,出口统一"的案件汇聚中心,加速问题处置。

(2) 统一运行,实现"三级平台、五级联动"。迭代升级市、县(区)、乡镇(街道)三级平台作为城市运行管理服务主要载体,打造全市贯通的城市运行管理服务平台。依托数字化改革体系,优化再造业务流程,建立多元共治的"发现、协调、处置、执法、监督、评价"全链条闭环处置机制,推进跨平台案件交办、闭环处置,实现城市运行管理全过程数字化、全场景智能化、全流程可视化监管。

(3) 统一队伍,实现"联动一体"管控融合。充分结合浙江省"大综合一体化"行政执法改革,打通省、市执法监管平台,在理顺监管执法内在关系、优化层级的基础上,加速推

进"一支队伍管网格"探索。将综合行政执法力量向乡镇（街道）一线下沉，与行业巡查员、网格监督员等各类监管巡查队伍有机整合，融入基层网格，形成统筹协调、专兼结合、分工协作、联勤联动的综合网格巡查队伍，集成网格要素，整合应用终端，进一步精简队伍、提升网格化管控水平。

（4）统一标准，实现"五维度"综合评价。充分依据住建部定义城市综合管理服务的五维度评价标准，围绕"干净、整合、有序、安全和群众满意度"优化业务运行标准，构建区域、部门评价考核，实现考核评价应用。结合文明典范城市创建、重大活动保障等评价要求，优化评价模型，及时掌握城市运行趋势，为城市管理的精准施政提供决策依据，也为各部门开展精细化管理提供有力支撑。

2. 建设成效

2021年，宁波市级平台共发现问题259.6万余件，通过与市级53家、县（区）级450余家协同网络单位有效联动，确权疑难问题1.9万余件，实施"代整治"1.2万余件，全年处置率达99.92%。

13.9 郑州市应用示范

13.9.1 城市基本底数

13.9.1.1 城市基本情况数据

从城市基本情况数据方面来讲，郑州市是河南省省会、国家明确支持建设的国家中心城市、特大城市。它下辖6个区、1个县、5个县级市，全市总面积7567平方千米，市中心城区城市建成区面积744.15平方千米（2021年的数据）。全市共有70个镇、12个乡、125个街道办事处、1067个居民委员会和2138个村民委员会。根据2020年末的数据，郑州市常住人口为1261.7万人。

13.9.1.2 城市管理部门职责

从城市管理部门职责方面来讲，郑州市的城市管理部门为郑州市城市管理局，其职责除了负责城市网格化管理工作外，还主要包括督导各区背街小巷的市政设施管理工作、环境卫生行业管理、垃圾处理厂的建设与管理、环卫设施管理、污水处理、垃圾处理等公用事业监督管理、城市户外广告和招牌设置管理工作等。

13.9.1.3 城市信息化基础现状

从城市信息化基础现状方面来讲，郑州市作为全国第二批试点城市，将数字化城市管理系统建设列入2006年"城市管理年"的重点工程，并于当年启动数字城管一期建设。经过近两年建设，建成了当时全国规模最大、核心平台最宽广的数字化城市管理系统。2008年11月底通过住建部验收，被正式授予"全国数字化城市管理试点城市"。2009年1月，郑州市数字化城市管理系统正式运行。数字城管一期建设内容主要包括：体制机制、数据资源、网络资源、视频资源、运行环境、软件平台。其中，软件平台包括数字城管9大基础子系统和5个拓展子系统。2015年，为进一步拓展城市管理内容，扩充城市管理手段，强化城市网格化管理功能，郑州市推进数字化城市管理系统升级工作，夯实系统的软硬件建设基础。

13.9.2 示范范式及内容

郑州市适用集中部署模式。本项目团队在郑州市开展应用示范时,将其列为特色示范城市类型开展应用示范,主要应用了一网统管下城市网格化综合管理新模式、城市运行监测指标体系等理论成果,基于视频识别的城市运行复杂事件感知、基于多源多模态数据的城市运行复杂事件标识、基于互联网文本大数据的民情事件标识等关键技术,城市网格化综合管理在线服务,以及以智能手机为载体的城市综合管理服务集成装备,并将上述内容集成至新一代城市网格化综合管理应用支撑平台进行集中示范。

13.9.3 应用示范案例介绍

为了提升城市治理效率,全面提升城市综合管理和公共服务能力,促进"城市大脑"与城市现代化管理的深度融合,郑州市结合研究的新一代城市网格化综合管理应用支撑平台构建城市运行指挥调度系统。

1. 主要做法

(1) 高位协调挂图作战。2019年起,郑州市成立了"数字郑州"建设领导小组,由市委、市政府主要领导担任组长,高位协调、统筹指导、挂图作战推进全市数字城市各领域建设工作。今年以来,"数字郑州"领导小组凝练提出了"一云、一网、一平台、一中心和政府、社会、经济三条数字化转型主线"的"数字郑州"体系。高规格的领导小组和管理机制,强力保障和推动了"数字郑州"建设工作的顺利推进。

(2) 六大平台筑牢底座。郑州"城市大脑"在充分整合、挖掘、利用信息技术与数字资源的基础上,全力打造政府数字化转型的基石,构建了"六大统一平台",即:统一计算资源平台、统一数据平台、统一政务平台、统一视觉计算平台、统一物联网平台和统一区块链平台,为各委办局、各市、县(区)提供标准化、集约化、一体化服务,实现计算、存储、数据、网络、视频能力的共建共用。

(3) 全域全集汇成总库。一是建立了覆盖全市的全域全集城市数据中心,涵盖政务服务、交通出行、文化旅游等10个领域,深度对接14个委办局,累计归集数据量超过600亿条。二是在城市数据中心之上,抽取建立了城市管理专题库,整合燃气、供水、供热、排水、市政、环卫、渣土、停车、执法、防汛等相关行业应用数据表726张,数据总量达7.11亿条。建立了城市管理感知中心,以基于接入的3500余路视频为基础,优化升级了33类视频分析算法,同时对接了井盖、油烟、水位计、流量计等物联网传感器5187个。

(4) 四级联动一图多屏。建设了城市级、委办局/县(区)级、街道级、社区级等四级联动的运行监测指挥体系,该体系均基于融合提供2D、3D、数字孪生、CIM服务的全市统一的一张底图。面向城市级,建设了郑州市城市运行管理中心,突出一屏观全景的能力;面向委办局/县(区)级,开发了二级端口,实现业务条线和所辖区域的专题展示;面向街道级,侧重于基层治理工作的处置支撑;面向社区级,侧重于身边资讯、社区服务、活动运营等贴身服务的能力。

2. 建设内容与建设成效

(1) 智慧停车。郑州市已经实现了全市停车资源的数字化,并通过大数据、人工智能等技术进行停车智能诱导,有效提升了停车场利用率。目前,已接入停车泊位433 039个,其中道路内停车泊位39 472个,经营性停车场1719个,泊位393 567个。已为市民提供路内停车服务超过1651.18万次,线上缴费1194.63万笔,累计金额4828.29万元。

(2) 综合执法。郑州市城管局以城管执法为先行,强力推动城市管理数字化转型的工作。郑州市城管执法支队,施行了"体制重塑、全员打散、全员竞聘"的大力度改革。改变原来以业务条线为划分的大队管理架构,重组形成以县(区)为管辖范围的全业务大队管理架构。配合建立了综合执法智慧平台,包括引导式执法、移动执法、案件处置管理、电子文书管理、执法存证管理、执法监督考核、信访举报、督查督导、执法业务库、违法建筑、智能专题执法等模块,提供了从案件来源、初查核实、立案审批、调查取证、事先告知、决定、执行、结案全过程管理,全面支撑了98类执法文书。

(3) 污染治理。为了提高空气质量,建设了生态环境一张图系统,已全量接入13 578家污染源企业,做到污染源一企一档,可以快速锁定污染来源,做到精准管控。目前,郑州市已经圆满完成退出"全国城市空气质量20名"的环境改善工作目标。

(4) 为民服务。郑州市建设了面向全市所有市民和企业主体的移动端服务入口——"郑好办"APP。"郑好办"APP架构于"城市大脑"统一基础底座之上,为广大市民提供全方位、多维度、有温度的服务。它涵盖社保、医保、公积金、税务、不动产、交通、户籍、法律援助、住房保障、医疗卫生、人才工作、教育等事项类型。在全国首创了公积金提取"刷脸秒办","五日审核,十日领证"的居住证快速核发,及新生入学"零材料"掌上办。2年来累计上线政务服务、便民服务事项1603项。2年来已经累计办件358.9万件,日均办件量4916件,最高日办件量4.6万件。事项办结率从2020年3月上线首月的60%提高到的99.7%以上。截至2022年8月初,"郑好办"APP用户注册数量已经突破1500万。

13.10 西安市应用示范

13.10.1 城市基本底数

13.10.1.1 城市基本情况数据

从城市基本情况数据方面来讲,西安市是陕西省省会、副省级城市、国家中心城市、特大城市。它下辖11个区,2个县,全市总面积10752平方千米。截至2021年年底,全市共有135个街道、37个镇、1323个社区和1927个行政村。根据2020年末的数据,西安市常住人口为1296万人。

13.10.1.2 城市管理部门职责

从城市管理部门职责方面来讲,西安市的城市管理部门为西安市城市管理局,其职责除了负责城市网格化管理工作外,还包括全市城市道路桥涵、公园广场、园林绿化、路灯照明和夜景亮化、燃气和供热、户外广告和门头牌匾、环境卫生、生活和建筑垃圾、排水管网设施等管理工作。

13.10.1.3 城市信息化基础现状

从城市信息化基础现状方面来讲,西安市于2013建成市级数字化城市管理平台并正常投入运行,借助现代信息技术,整合城市管理资源,采用万米单元网格管理法、城市部件管理法与西安 12345 市民热线相结合的方式,整合利用视频资源,创建城市综合管理新模式。数字化城市管理平台已成为西安市城市管理重要的信息化手段,为西安城市管理精细化水平的提升和市容环境的有效治理提供了可靠保障。此外,西安市还建成了供水管网信息系统、排水管网信息系统、燃气管网安全监管系统、供热管网安全监管系统、城市内涝监测预警系统等行业系统。

13.10.2　示范范式及内容

西安市适用集中部署模式。本项目团队在西安市开展应用示范时,将其列为特色示范城市类型开展应用示范,主要集成应用了一网统管下城市网格化综合管理新模式、城市运行监测指标体系、城市综合管理服务评价体系等理论成果,基于视频识别的城市运行复杂事件感知、基于多源多模态数据的城市运行复杂事件标识、基于互联网文本大数据的民情事件标识等关键技术,城市网格化综合管理在线服务,以及以智能手机为载体的城市综合管理服务集成装备,并将上述内容集成至新一代城市网格化综合管理应用支撑平台进行集中示范。而且个性化建设城市内涝防汛管理系统。

13.10.3　应用示范案例介绍

西安市汛期降雨以局地突发性暴雨及连阴雨居多,2020 年以来汛期局地短时强降雨频发,可预报时效短,易造成城区发生内涝灾害,且存在旱涝并存的情况,其城市内涝问题在全国也深具代表性。为了落实城市防汛抗旱相关工作要求,抓好城市防汛排涝能力提升,西安市以研究的新一代城市网格化综合管理应用支撑平台中的行业应用系统为基础,开发建设了西安市城市内涝防汛管理系统。

1. 运行机制

按照西安市防汛应急预案分工要求,市城市防汛办公室设在市城管局。市城管局负责城市排水设施运行管理、城六区市政设施防洪排涝,以及指导协调督促相关部门做好城市防汛排涝工作和指导市区汛期城市排水等市政公用设施安全运行工作。

系统按照集约统建统管模式,由西安市大数据局统筹管理,市城管局提出建设需求,西安大数据资产经营有限责任公司通过市场化方式建设实施。主要服务用户包括分管防汛指挥工作的政府领导,市防汛指挥部城市办公室、市政设施管理中心、市水务集团等。依托西安市城市运行管理服务平台,由西安市数字化城市管理信息处置中心提供运行服务保障。

2. 建设内容

系统重点围绕气象监测预警信息和城市防汛重点部位进行建设,主要包括水位监测模块、视频监控模块、水雨情预警模块、防汛积水管理模块、内涝点统计分析模块、内涝指挥调度模块、内涝移动端应用及城市内涝"一张图"等。

一是接入气象部门高精度天气预报信息和气象灾害预警信号(见图 13-12),第一时间掌握降雨预警信息,督促指导各单位及属地做好防汛应急响应工作。

二是接入气象和水务部门的 474 个实时雨量监测点位信息以及气象云图(见图

13-13)、气象雷达数据,可实时掌握全市各区域雨量数据,为精准决策提供参考依据。

三是对全市排查出的131个防汛重点部位布设视频监控设施(见图13-14)和物联感知设备,当水位超过警戒值,系统会自动生成预警信息,并可随时查看积水现场。

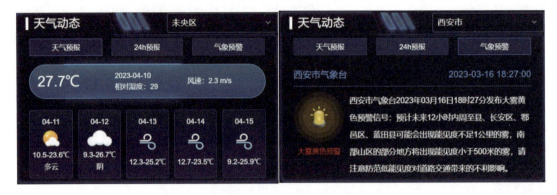

图 13-12　天气预报信息和气象灾害预警信号

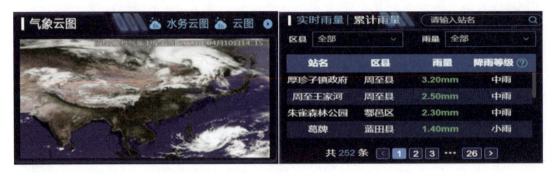

图 13-13　实时雨量监测点位信息以及气象云图

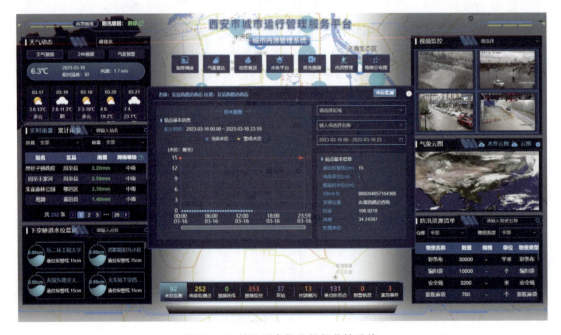

图 13-14　防汛重点部位视频监控设施

四是与城市运行管理服务平台无缝对接,将超警戒值的积水点位,通过平台立案派遣至属地监督处置(见图13-15)。

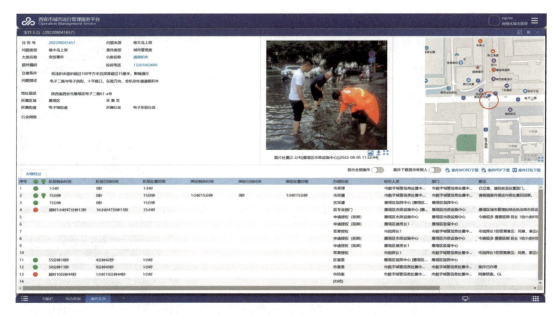

图 13-15　通过城市运行管理服务平台对汛情立案派遣

五是可实现防汛任务的下发以及防汛信息的自动整理上报,并自动生成汛情简报(见图13-16)。

汛情简报

(截至2023年03月22日16:06)

　　市城市防汛办按照三级防汛应急响应要求安排各防汛单位对市本级管辖道路及易积水点进行巡查。降雨期间,各区域防汛负责人精心组织、合理安排,市本级出动防汛巡视车辆47台次,出动防汛人员99人次(不含各区、开发区)。采取清理下水井篦,安排人员值守,及时利用机械抽排,调用大型"龙吸水"等抽排设备,现场道路管控,疏导交通。

　　突发强降雨,造成多处市政道路和低洼地段积水,截至目前本次降雨共造成较大积水点3处:

　　1、陕西省西安市新城区东新街256号(南新街与东新街丁字口)新城广场的西北方向34m,积水深度10cm,积水面积 5m²,强降雨

　　2、陕西省西安市新城区东五路/长乐西路(路口)的东北方向15m,积水深度8cm,积水面积6m²,管道堵塞

　　3、西安市新城区幸福中路幸福中路/韩森路(路口)的附近,积水深度11cm,积水面积7m²,强降雨

西安市城市管理和综合执法局
2023 年 03 月 22 日

图 13-16　汛情简报

六是实现了城市防汛信息"一张图"(见图13-17)展示,结合GIS,可切换展示多类数据,包括防范重点部位分布、雨量监测点、视频监控分布、积水案件处置情况等数据,在地图上点击具体点位,可以查看积水点、人员定位等详细信息。

图 13-17　城市防汛信息"一张图"

七是通过"一点一策"查看重点防范点位的相关信息,获取该点位的积水原因、处置措施以及抽排路径等信息(见图13-18)。

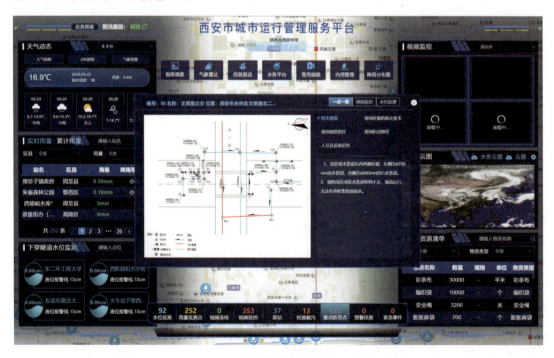

图 13-18　"一点一策"查看重点防范点位的相关信息

八是采用人工智能,通过图像识别算法,利用摄像头识别重点防范点位水尺的水位高度(见图 13-19)。通过智能感知积水情况,进一步增强了城市内涝监测预警能力和决策指挥能力。

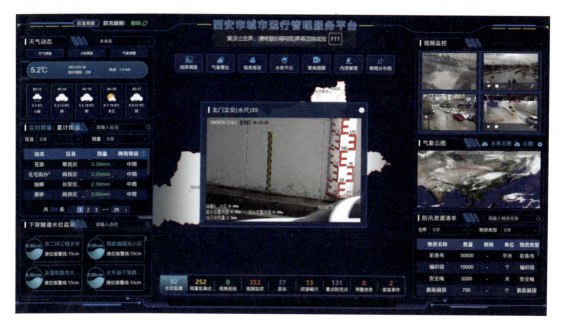

图 13-19　讯息展示

九是开发了西安防汛 APP,在数字城管 APP 的基础上,集成开发城市防汛信息展示板块,便于决策者能随时随地了解防汛的最新情况。

十是通过视频呼叫系统,完善与一线防汛人员视频对讲功能,进一步增强市、县(区)两级防汛应急指挥调度能力。

3. 建设成效

西安市城市内涝防汛管理系统共纳入 21 个政府成员单位及部门,18 个企业单位,接入物联网监测设备共计 519 个。

视频监控 153 路,雨量计 252 路,液位计 92 个,控污截源设备 13 套,标注重点防范点位 131 个,其中制定"一点一策"点位 90 个,自运行以来积水上报案件 993 件,其中移动端上报 809 件,公众上报案件 184 件。

西安市城市内涝防汛管理系统的建设运行,有效提升了城市防汛工作的科技支撑能力。系统实现了第一时间获取天气预报和雨情、汛情,进一步提升了城市防汛的风险防控和应急响应能力;实现了对城市道路积水和排水的实时监测,快速发现并及时处理各种防汛问题,进一步增强了城市内涝监测预警能力和决策指挥能力;实现了对防汛信息的自动实时汇集,内涝点位现场情况和防汛责任人员履职情况一目了然,进一步提高了防汛工作效率和精细化管理水平。通过"人防+技防"模式,让城市防汛更加智能、科学、精准,辅助实现"小雨不积水、大雨不内涝"的总体目标。